幸福双重奏

我做语文教师与班主任的三十年

陈　茹◎著

中国海洋大学出版社
·青岛·

图书在版编目（CIP）数据

幸福双重奏：我做语文教师与班主任的三十年／陈茹著. --青岛：中国海洋大学出版社，2024.6.
ISBN 978-7-5670-3910-0

Ⅰ. G624. 202；G625. 1

中国国家版本馆 CIP 数据核字第 20241SP419 号

出版发行	中国海洋大学出版社
社　　址	青岛市香港东路 23 号　　　　邮政编码 266071
出版人	刘文菁
网　　址	http://pub.ouc.edu.cn
电子信箱	Wangjiqing@ouc-press.com
订购电话	0532-82032573（传真）
责任编辑	王积庆　　　　　　　　　　　电　　话 0532-85902349
装帧设计	青岛汇英栋梁文化传媒有限公司
印　　制	青岛国彩印刷股份有限公司
版　　次	2024 年 6 月第 1 版
印　　次	2024 年 6 月第 1 次印刷
成品尺寸	170 mm × 240 mm
印　　张	14.75
字　　数	270 千
印　　数	1—1000
定　　价	59.00 元

发现印装质量问题，请致电 0532-58700166，由印刷厂负责调换。

春耕夏耘　秋收冬藏

——守望教室这片辽阔田地

1992 年我中师毕业，被分配到天津市南开区中营小学工作，一干就是三十年。岁月悠悠，我见证了学校的现代化发展、课堂的信息化变化、师资的专业化成长。如今我朝花夕拾，感叹教育工作的日新月异。

回首三十年，我从青涩走向成熟，由一名教育新兵成长为天津市学科骨干教师、天津市中小学十佳班主任。其间，我不曾停下学习的脚步，不断学习新的知识和技能，大胆尝试新的教育教学方法和策略，努力践行一名语文教师兼班主任"立德树人、教学相长"的使命。

中营小学的语文教学有着扎实的功底。我很幸运，19 岁那年踏入中营小学工作，更幸运身边拥有那么多的教学名师指引。我默默地跟着资深教师学习，跟着身边的小伙伴学习，不断探索、实践、反思，不断优化语文课堂，逐步形成了自己的教学主张——以生为本，求真善导，情思融合。我备课、上课，抑或布置作业，都从学生的实际学情出发，以学生能够达到"每课一得"为目的，同时尊重学生的学习体验，鼓励他们大胆质疑，激发他们在问题驱动下独立思考，积极探究，个性化表达。每一节语文课师生间、生生间思维火花相互碰撞；文本、学生、教师情感产生共鸣。可以说，我们的课堂充满活力与魅力。一届又一届学生就是在这样的课堂中提升听说读写能力，语文核心素养就是在这样的课堂中落地生根。

作为班主任，我的治班理念是"致广大而尽精微"。这句话出自《中庸》。它启示我们在追求目标的过程中，既要有远大的志向，又要尽心于精细微妙之处。这恰恰体现了班级管理的双重性。其一，"致广大"，为了帮助学生树立远大理想，我每学期都会带领班级开展丰富多彩的活动。在活动中学生学会了知识，提升了技能，理解了自身与社会的联系、个人成长对于社会进步的重要性，更看到那些为了实现理想而努力奋斗的先锋代表。其二,"尽精微",就是要学生从点滴做起,养成好习惯。叶圣陶说过一句简明扼要的话:"教育是什么? 简单来说,教育就是培养习惯。"小学阶段是一个人形成良好习惯的关键时期, 也是一个人成长的关键时期。由此,我时刻关注学生良好习惯的养成,期待每一届学生都能以良好习惯提升个人品质,提高学习效率,养成健康体魄,获得审美能力,拥有劳动意识。

这本书记录了在我的教学主张、我的治班理念引领下,我从教三十年的点滴经验。其中,有我的教学实践研究,有我的教学案例,有我的带班方略,有我与学生一起活动的温暖时光。希望这本书能让我认识更多的教育同仁,希望我们携手共同做学生成长的筑梦人,做教育改革的先行者! 让我们用师者之心奏出教育路上最幸福的乐章!

CONTENTS

目 录

········ 第三辑　幸福成长篇——养成良好习惯 ········

········ 第四辑　幸福集体篇——参加多彩活动 ········

第一辑

幸福课堂篇——邂逅语文之美

学起于"思"，思源于"疑"

——六年级语文阅读教学中培养学生质疑能力的策略

摘要："质疑"是创新的基础，是学生主动思考、深入探究的体现。小学生处于学习习惯养成的重要阶段，教师应从小培养学生的质疑能力，帮助其养成主动探索、求真求知的学习态度，激发其创造潜能与想象力。鉴于此，文章从培养小学生质疑能力的重要性、导致"质疑能力培养薄弱"的原因、六年级语文阅读教学中学生质疑能力的培养策略等三方面进行阐述。

关键词：小学六年级；语文教学；阅读教学；质疑能力；培养策略

培养创新型人才是国家、民族长远发展的大计。当今世界的竞争说到底是人才竞争和教育竞争。"培养创新人才"成为2024年的教育热点，而创新的基础在"质疑问难"。清华大学讲席教授丘成桐曾分析，假如学生对于见到的事物、阅读过的书籍文章都没有兴趣，不愿意去发掘问题、找寻其中真意，这些学生不大可能有创意的成果。对于质疑能力的培养，须从基础教育抓起。笔者结合实践经验，从培养小学生质疑能力的重要性、导致"质疑能力培养薄弱"的原因、六年级语文阅读教学中学生质疑能力的培养策略等三方面进行阐述。

一、培养质疑能力在小学语文教学中的重要地位

2022年版《义务教育语文课程标准》中提出语文课程内容以学习任务群组织与呈现。在三个层面的学习任务群中，思辨性阅读与表达作为发展型学习任务群，总体要求有三条：一是梳理观点、事实与材料及其关系；二是保持好奇心和求知欲，养成勤学好问的习惯；三是负责任、有中心、有条理、重证据地表达，培养理性思维和理性精神。其中，第一条主要指向"学"，第二条主要指向"问"，第三条主要指向"理"。儒家经典《中庸》中有句名言"博学之，审问之，慎思之，明辨之，笃行之"，其将学、问、思、辨、行五种行为放在一起，意在强调它们之间不可分割的关系。其中，"博学""审问"是"慎思""明辨"的基础。"博学"可以让人积累丰富的知识，但是，如果一个人只会一味地积累知识而不去思考，就会成为别人思想的木偶和奴隶。避免这种情况发生的一个有效方法就是不断地质疑和提问。

小学生处于思维发展的关键时期，质疑正是学生思维活动的开端，对学生思维能力的发展有重要的锻炼作用，对学生思维创新、知识探究过程均有积极影响。美

国学者布朗和基利将强调知识获得的模式称为"海绵式思维",将强调学思结合的模式称为"淘金式思维",并用一个很形象的比喻论证了"提问"的重要性:对话就像面对一堆沙砾,如果你想从中找出金子,就得频繁地问问题,并对问题的答案进行探究。在语文阅读教学中,质疑可以促使学生针对文本产生疑问并进行深入钻研,找出问题的答案,这样有助于学生更加全面、更加深刻地了解知识内容,体会文本的主旨。同时,在学生运用所学知识来解决问题或进行创新的过程中,还可以有效地促进学生综合思维能力的形成,建立良好的思维体系。

二、简析小学语文教学中"质疑能力培养薄弱"的原因

虽然语文课程标准一直对质疑能力的培养非常重视,但是在实际的教学中"质疑能力培养薄弱"的问题却是语文教学的积弊。究其原因主要有三个:一是传统教育观念"重传授轻质疑"。在我国传统教育中,教师是知识的传递者,学生是知识的接受者;教师的任务是提问和讲解,学生的任务是回答和记诵。教师和学生是教与被教的关系,而非平等对话的朋友。二是应试教育导向"重记忆轻质疑"。多年来,小学生尤其中高学段学生面临的评价几乎都是纸笔为主的卷面考试。这类考试重点考查的就是记忆、理解等认知过程,难以考查学生质疑解疑的能力和实践创新能力。为了在纸笔考试中获得优秀成绩,学生、教师、家长均将大部分时间和精力用到反复记忆正确答案和反复训练答题技巧上,答案逐渐走向套路化和单一化。学生每次放学回家,家长大多问的是:"今天考试了吗?考了多少分?"却很少有家长关心孩子:"今天上课你向老师提问了吗?""提了几个问题?""你的同学和老师回答上来了吗?"从家长的问题中,不难发现,"应试""分数"还是教学的风向标和助推器,对课堂教学产生重要的导向和推动作用。三是教师对于学生质疑能力的培养缺乏一定的方法。有一些教师敢于打破以纸笔考试作为教学评价的壁垒,愿意在学生质疑能力培养方面下功夫,但"如何培养学生质疑能力,如何引导学生提出有价值的问题"又成了摆在小学语文教师面前的最大困惑,导致其心有余而力不足。

三、探究六年级语文阅读教学中质疑能力的培养策略

(一)创造自由和谐的心理氛围,增强"质疑"自信

人本主义心理学认为,在教学的诸多因素中,心理氛围是最为关键的。只有在自由、和谐、安全的心理氛围中,学生才敢于激活自己的思维,打开自己的心灵,分享自己的想法。为了让学生走进教室,时刻感受到"学"与"问"的关系,笔者在教室墙壁上贴出以下格言。东汉哲学家王充:"智能之士,不学不成,不问不知。"唐代文学家韩愈:"人非生而知之者,孰能无惑,惑而不从师,其为惑也,终不解矣。"

南宋哲学家陆九渊："为学患无疑，疑则有进。"一句句格言，就像一个个小老师，在无声中营造出心理氛围——学习离不开质疑。笔者还向学生提出了课堂交流"三问"原则，即向课本提问，向教师提问，向同学提问。这"三问"极大地消除了学生的戒备心理，增强了学生的质疑自信心。

（二）打造民主友好的师生关系，激发"质疑"兴趣

在传统应试环境下，教师是支配者，学生是服从者。学生往往不敢有自己独特的观点，更不敢向教师质疑；也有些学生怕自己的问题招来教师的嫌弃或同学的嘲笑，好于面子便咽下疑问，选择缄默。

民主友好的师生关系是保障学生和教师进行有效沟通的重要前提，也是培养学生质疑能力的必要途径。只有拉近师生之间的关系，关注学生的课堂参与感，学生才会在沉浸式体验中提升对教师的信任度，才会积极地对教学内容进行思考和质疑。也许学生的问题太过简单、与课文内容无关、超出教师的知识储备，无论怎样，教师都要采取积极的态度给予鼓励。如果师生、生生长时间处于平等友好对话中，学生就会打消顾虑，喜欢质疑。

（三）学习过程提供充分的时间和空间，搭建"质疑"平台

为了培养学生的"质疑"能力，教师须给学生提供充分的时间和空间，让学生的"提问"贯穿教学全过程。

1. 学前质疑

在预习单上，除了呈现学生需要预习的生字词，概括的主要内容，归纳的中心思想外，还增加一个专项，即质疑。请学生在预习单上记下自己预习后的疑惑。这样既可以督促学生深入走进课文，也能让教师依据学生提出的问题选择相应的教学策略和教学方法。针对学生的课前质疑，教师可以先组织学生在小组内互助解决。如果小组内经过探讨仍找不到答案，就为问题打上"☆☆☆"，说明这个问题有深度有价值。对于预习单上拥有"三星"的同学，教师要大力表扬，并将这些"三星"问题作为教学重点融入课堂。

2. 课中质疑

在上课过程中，教师要鼓励学生随时质疑，敢于向权威的教材、教师的分析、同学的观点质疑。课堂允许学生畅所欲言，发表观点，发散思维。当然，这样的课堂，学生很有可能给教师提出难题。例如，在《十六年前的回忆》课堂上，当谈到"法庭上"部分，学生提出疑问："为什么作者怕父亲把哥哥说出来？""李星华的哥哥是谁？"这两个问题笔者提前没有预设，也没有查阅资料，一时回答不出来。

"你这个问题很好,把老师问住了,表扬你,这样,咱们今天都回去查一查。明天我们交流。"下了课笔者就上网查找李星华哥哥的资料,并做成了 PPT。但第二天上课,还是先请学生来介绍,恰恰昨天提问题的学生手举得最高,他为同学详细介绍了李星华的哥哥李葆华的情况,其他同学给予了补充。虽然昨天的课堂笔者没有满足学生的求知欲,但已勾起学生的极大好奇心,学生通过主动探究,不仅解决了自己的疑惑,还当了一回"小老师"。必须承认,教师在课堂上并非百科全书,遇到难以解决的问题是常态,但要重视学生的问题,要与学生合力,共同释疑解惑,从而培养学生主动探究的习惯。

3. 课后质疑

学完课文,教师所要布置的作业不能仅仅停留在字词书写、课文记诵上,还要树立"课虽然结束,思考不能停止"的理念。在临近下课的时候,问问学生还有哪些问题,或者让学生在作业本上留下自己的课后质疑。如,学习完《穷人》,学生问:"桑娜从早到晚地忙碌,渔夫冒生命危险打鱼,还只能让孩子勉强填饱肚子,再增加两个孩子,他们一家怎么生活?""课文结尾不应该用句号,因为故事还没有写完。结尾为什么不用省略号?"学习完《少年闰土》,学生问:"后来闰土和鲁迅又见面了吗?"

由此可见,语文阅读教学不仅要让学生"带着问题"走进课堂,还要追求学生"带着问题"走出课堂——思考永远在路上。

(四)发挥积极的指导作用,掌握"质疑"方法

在常规听课中,笔者发现如今很多教师会在课堂中设计质疑环节,但小学生质疑质量并不高,大多数问题比较浅显。比如:学习《十六年前的回忆》,一开课,教师先请学生质疑。学生问:"谁在回忆?""回忆的是谁?""回忆什么事?"这一连串的问题,其实只需读一遍课文便可知晓。再如,学生在预习单上提问:"《穷人》中'忐忑不安'的意思是什么?"对于词语的理解其实可以课前借助字典或联系上下文去了解。这样的质疑针对的是具体的知识点,并没有问到关键的地方,易造成上课时间的浪费。为此,教师应当适时指导质疑的方法,让学生不仅爱"问",还要问到"点"上。

1. 立足课文题目质疑

题目往往概括文章的主要内容,表现文章的中心思想,揭示文章的线索。在教学中,教师可以将题目作为质疑方向,请学生围绕题目产生问题,而且积极引导学生提出有价值的问题、有深度的问题,促使学生带着思考阅读课文。表1中给出了统编版六年级教材中针对文章题目提出的问题例子。

表1　针对统编版六年级课文题目的浅表问题和深度问题

统编六年级	题目	浅表问题	深度问题
上册	《狼牙山五壮士》	"五壮士"是哪五位？课文写了"五壮士"的一件什么事	"壮"是什么意思？为什么不用"战士"而用"壮士"
	《宇宙生命之谜》	"谜"是什么意思？奇妙的宇宙中有什么吸引人的秘密呢	宇宙中，除了地球外，其他星球上是否也有生命存在？科学家是怎么判断其他星球有没有生命的呢
下册	《他们那时候多有趣啊》	"他们"指谁？"那时候"指的是什么时候	为什么说他们那时候"有趣"？为什么说这是一篇科幻小说
	《表里的生物》	"生物"是什么意思？"表里的生物"指的是什么	这篇课文和单元主题之间有什么联系

与众不同的文章题目，往往能唤起学生的注意力，勾起学生的好奇心，为此，教师要有意识地引导学生将题目作为切入点，不仅要提出疑问，还要提出高质量的疑问，从而对课文内容形成阅读期待。

2.紧扣课文细节处质疑

细节描写是一种描述事物、人物或环境细微特征的写作手法，浅读时往往被学生忽略。但如果引导学生关注文本中的细节，在细节处深入分析和挖掘，在看似"无疑"处打上问号，必然激发学生思考和探究的潜能，也必然会让学生收获惊人的发现，顿觉作者精心设置和安排此处细节的妙意。

细节描写是最生动、最有表现力的手法，教师要引导学生在文本细微处发现问题——探究问题——解决问题，进而感受细节"虽有微末技艺，确是顶上功夫"的魔力。表2列举了从教材细节处提出疑问的例子。

表2　统编版六年级教材从教材细节处提出疑问

统编六年级	课题	细节	质疑
上册	《穷人》	睡觉还早。	现在已经很晚了，为什么桑娜却说"睡觉还早"
	《月光曲》	姑娘说："哥哥，你别难过，我不过随便说说罢了。"	盲姑娘这么渴望听到贝多芬弹奏乐曲，为什么跟哥哥说自己是"随便说说"
下册	《腊八粥》	晚饭桌边，靠着妈妈斜立着的八儿，肚子已成了一面小鼓了。	为什么课文没有具体写八儿喝粥的过程，直接写了八儿的"肚子成了一面小鼓了"
	《十六年前的回忆》	我看到了他那乱蓬蓬的长头发下面的平静而慈祥的脸。	透过"乱蓬蓬的长头发"，我想知道李大钊遭受了怎样的酷刑

3.围绕课文矛盾点质疑

六年级教材中很多课文是在叙述事情的发展变化。课文依照"起因—矛盾—矛盾解决—结局"的规律对事件变化进行显性表述。学生要想领会课文主旨,就要循着文本中"矛盾—矛盾解决"路径,再联系自己的生活实际,从而感悟到作者写作的意图。

以《穷人》为例,这篇课文的矛盾处便是"已经极端穷困的桑娜和渔夫要不要收养已故邻居西蒙的两个孤儿"。课上,笔者鼓励学生围绕这个矛盾处提问。

一学生问:"俗话说'三思而后行',为什么课文却先写桑娜把西蒙的两个孩子直接抱回家,后写桑娜忐忑不安的思虑?这样是不是颠倒了?"

笔者也进一步追问:"对呀,课文第八自然和第九自然段是不是颠倒了?"

学生再次陷入沉思,陷入与文本的对话中,笔者趁热打铁:"你们还有什么疑问?"

一学生举起手:"为什么'桑娜自己也不知道为什么要这样做,但是觉得非这样做不可'?是不是矛盾了?"

又一学生问:"课文第九段'桑娜忐忑不安地想',她为什么回家后就后悔了?"

这一问题立刻有同学反驳:"她没后悔!""对,没后悔!"

又引发一番讨论。

陶行知先生说:"发明千千万,起点在一问……"文章矛盾处,恰恰是学生问题的枢纽。教师要在矛盾处点燃学生思维探索的火种,鼓励学生多提问。当然,学生所表达的疑惑会显示出他们学习思维的差异,而教师则要抓住这一差异,引导学生互相讨论,从而更好地解放他们的思想,激发他们的学习热情。

四、结语

小学语文课堂上,教师要有意识地将语文学科知识和培养质疑能力结合起来,让学生敢于提出自己的见解和疑问,善于从课文的关键处挖掘有价值的问题,形成质疑意识,养成质疑习惯,从而使学生真正成为学习的主人。

★ 参考文献

[1] 丘成桐.创新的基础在质疑问难[J].中国教育学刊,2021(04):7.

[2] 颜薇.基于"学习任务群"的小学语文阅读教学研究[N].科学导报,2024-02-02(B02).

[3] 程兆梅.融合"海绵式"和"淘金式"思维风格　发展批判性思维[J].教育教

学论坛，2014（03）：141-142.

[4] 刘琨. 人本主义心理学理论在小学语文教学中的应用 [J]. 教书育人，2014（12）：60-61.

[5] 卢杨. 统编语文教材中"矛盾—解决"知识点的理解与运用 [J]. 中小学教材教学，2019（02）：4-8.

[6] 陶行知. 每事问 [J]. 生活教育，2019（12）：1.

落实随文小练笔，开启写作直通车

—— 对统编语文教材六年级课堂小练笔实效性的探究

2022年版《语文课程标准》在课程目标第三学段中要求："懂得写作是为了自我表达和与人交流。养成留心观察周围事物的习惯，有意识地丰富自己的见闻，珍视个人的独特感受，积累习作素材。"课堂小练笔是借助有关文本阅读的内容进行的一种最实用的写作训练，它以读促写，以写促读，使读写紧密结合。小练笔不仅能帮助学生积累习作素材，更能引导学生观察生活，感悟生活，有效激发学生写作兴趣。由此看来，小练笔虽然只占课堂五分钟时间，但作用甚大。若认真挖掘文本资源，便会开启行之有效的提高写作能力的直通车。

当然，在实施小练笔的教学中，老师们也曾走过弯路，进入误区。为此，结合教学实践亟待探究"如何增强课堂五分钟小练笔的实效性"。

误区一，追求小练笔外在的形式

以往，为了体现读写结合，老师们几乎在每堂语文课上都会费尽心思设计"小练笔"的环节，费尽心思展示学生优秀的小练笔，似乎学生写得越精彩，这节课越成功，最终使小练笔成为走过场，成为形式。

误区二，忽略小练笔恰当的时机

课堂上，老师不考虑教学情境的创设，教学情感的铺垫，有时离下课仅有五分钟的时间，急于让学生动笔去"写"，缺乏明确的写作目标、写作方法的引领。学生只能迎合老师的意图写出两三句似真非真的语句，失掉了学生独特的理解、感悟，写出的小练笔内容大同小异，华而不实。

误区三，缺少小练笔及时的评价

小练笔的实效，离不开有针对性的评价，而在很多课堂上，教师只是象征性地选取一两个同学的小练笔进行展示、点评，大多数小练笔得不到再指导的机会，长此以往，学生便对小练笔失去了兴趣。

鉴于上述课堂小练笔中出现的问题，让"课堂随文小练笔与阅读教学、写作教学有机融合"这一话题具有重要意义。本文基于六年级统编教材中的小练笔进行分析，同时结合实践，就"如何把握时机、就文取材，让学生将课堂小练笔与对课文内容的理解有机地结合"这一问题进行深入探究。

一、深钻教材，找准小练笔的切入点

教材	课题	内容要求	方法提示
统编版语文六年级上册	穷人	"两个人沉默了一阵。"联系课文内容，写一写桑娜的心理活动	根据文章主旨，结合小说情节和人物性格特点展开想象，揣摩人物内心
	少年闰土	照片凝固了我们生活中的一个个瞬间。从你的照片中选一张，仿照第1自然段写一写	练习借助环境描写表达情感，借助叙事突出人物形象。即写景＋叙事
统编版语文六年级下册	腊八粥	作者笔下的腊八粥让人垂涎欲滴。再读读课文第1自然段，照样子写一种你喜爱的食物	仿照课文内容，从食材、做法、味道等几个方面来描写自己喜爱的食物。最好再借用侧面描写表现食物的美味
	真理诞生于一百个问号之后	仿照课文写法，用具体事例说明一个观点，如"有志者事竟成""玩也能玩出名堂"	仿照课文举事例说明观点的写法，写一段话

教材课后明确要求的这些小练笔都是习作资源，里面既有主题和内容的提示，又有方法的点拨。老师要把这些"写"的训练渗透于阅读教学过程中。在学生对文本有了整体理解，学习到一些写法，了解到作者的思想感情后，老师利用课堂五分钟随文安排小练笔，不仅能使学生加深对文本的理解，还能更好地提高他们的写作能力。

二、抒情感悟，抓住情感共鸣点

什么是情感共鸣点？即作者与读者的感情交融点，情与景的焊接点，也是某种意境的落脚点。小学生的情感易于被激发，一旦有情感的参与，他们认识的世界就会更生动，更丰富，更深刻。在语文教学中，教师应高度重视情感共鸣的作用，有意识地在情感共鸣处切入小练笔，学生自然会提升写作兴趣，读写结合便取得最佳效果。

在教学《桥》一课时，教师结合课文最后一部分内容切入小练笔：洪水退后，乡亲们来到这里祭奠时会对老支书说些什么。学生一下子跨越时空，置身于当时情境中，似乎自己就是其中一个被老汉扶着走上逃生之桥的村民，此刻有感而发，真情流露，对忠于职守、舍己为人的老支书诉说内心的感激与不舍。

例如，有学生写道：一位七十多岁老汉对着洪水退去的方向喊道："老支书，您放心吧，我们村民都已经安全了，可就是您……"他哽咽得说不出话来。"老哥哥，您就是我们心中的一座山，我们永远记着您！"一个抱着孩子的中年妇女满含热泪。

又如六年级下册《十六年前的回忆》，在庭审就要结束时"父亲又望了望我们"。这一望，意味着李大钊最后一次与亲人见面：李大钊有多少心里话想对女儿说啊，李星华有多少话想对父亲讲啊。由此，教师切入小练笔，请同学们展开想象，透过"这一望"，将李大钊和李星华的心里话写一写。学生进入当时诀别的情境，自选角色，将千言万语化作五分钟的小练笔："星儿，以后我再也不能陪伴你了，但我相信，你是个坚强的孩子，一定会照顾好母亲，也一定会努力学习，我们的革命定会胜利，愿你们过上幸福平安的生活，爹爱你们！""爹，您为了保守党的秘密，经受了严刑拷打，您太伟大了，我知道您的坚强源于您对革命事业必胜的信心，我一定接下您的接力棒，与敌人斗争到底！"学生在文本的指引下入情，在老师的启发下入境，由拿着课本的"学习者"，变身为文本中的人物，自然乐意去写，也有内容可写，一词一句都在阐发着对文本人物的情感共鸣。

文以载道，语以抒情，语文教材中的许多文章，负载着作者浓浓的情感，抒发了作者强烈的感情。对于这些人文性浓郁的文章，假如在学生的情感和作者、文本的情感产生共鸣之际，"趁热打铁"设置小练笔，学生自然"情动"而"辞发"，这种状态，就是小练笔的最佳时机。

三、选取精彩之处，仿写文中创新点

仿写，可以让学生体会各种写作方法，掌握各种写作要领，降低写的难度，更能激发学生的写作兴趣，提高写作能力。正如叶圣陶先生说的那样：语文教材无非是个例子，凭借这个例子，要使学生能够举一反三，练习阅读和写作的熟练技能……。可见，"从仿到创"的确是写作训练的一条重要途径。

例如，六年级上册《草原》第一自然段在景物描写中融入个人感受（想法、体会、感悟），既描写现场所看到的真实景物，又通过想象、联想表达内心感受，在描写所见景物时还使用了比喻、拟人等修辞手法，使所写之景生动形象有趣，同时给读者身临其境之感。学到此，教师切入小练笔：仿照这段所学到的描写方法（情景交融，巧用修辞，展开想象，直抒胸臆），写一写你去过的地方。

学生范文：

这次我看到了海洋。那里的水比别处的更清澈，海风是那么清新，海浪是那么柔情，使我总想献舞一支，表达我满怀的舒畅。那些波浪的线条是那么柔美，就像舞动的绿色绸带。这种境界，既使人沉迷，又叫人赞叹，既愿久驻凝望，又想与浪花嬉戏撒欢。在这种境界里，连小鱼小虾都有时候静立不动，好像在倾听浪花美妙的乐曲。

在六年级教材中，有很多重点句子或重点段落，或采用了精妙的修辞，或使用

了恰当的描写,或运用了特殊构段方式,学生感知、理解了教材,教师若适时、适度地根据文本的不同表达特点,指导学生进行仿写,会达到最佳效果。

例如,课本《匆匆》中的句式:"洗手的时候,日子从水盆里过去;吃饭的时候,日子从饭碗里过去……"(除了作者想到的"洗手""吃饭",你还能想到"时间"在什么时候正悄悄地从你身边溜走。联系自己的生活实际仿写几句话。)

四、捕捉文本省略处,补写语言空白点

统编教材中很多文本留有空白。这是作者把一些内容有意留给读者。教学时,教师可以指导学生把写得简练的地方补充具体,把写得含蓄的地方补充明白。"补白"不仅能提高学生灵活运用、调控语言的能力,促进学生对文本的理解与感悟,而且能培养学生的想象力和创造力。例如,六年级上册《竹节人》最后部分"只见老师在他自己的办公桌上,玩着刚才收去的那竹节人"。课文中只概括地写到"老师玩得全神贯注,忘乎所以",却没有具体描写老师如何像"我们"一样,沉迷于竹节人的。既然课文留下了空白点,教师可以由此切入小练笔:请同学们结合前文内容展开想象,具体描写一下"老师玩竹节人"时的场景。试想,老师坐在办公桌前,嘴里念念有词,他在说什么?两个竹节人又是如何争斗的?学生的思绪在老师的引领下带入了当时的情境,于是,笔尖下流泻出学生丰富的想象。

附学生练笔:

"嘿!哈!看剑!"老师小声喃喃着。左边的竹节人闪躲腾挪,右边的竹节人蹿蹦跳跃。老师也眉飞色舞,像个小孩子。"黑虎掏心!双龙戏珠!"两个竹节人似乎已不受老师的控制,无休止地厮杀在一起,而我俩,似乎也忘记了是在趴窗偷看呢!

再如,六年级上册文言文《伯牙鼓琴》结尾处切入小练笔:想象伯牙在钟子期墓前追悼的情景并描绘下来,感受两人之间的深情厚谊。

五、落实评价,指导小练笔提升点

虽然课堂小练笔的时间紧,但为了提高小练笔的质量,教师要指导学生学会自评互评,使学生在评价中享受成功,发现不足。如小练笔内容是否符合文本主旨,是否表达人物真情实感;小练笔语言是否通顺连贯;小练笔有没有运用课内外积累的语言,有没有运用具有新鲜感的词句。

评价中还要注意多采取表扬激励评语——老师要善于发现和捕捉小练笔中字、词、句等方面的点滴可取之处,给予充分肯定;同时指出小练笔的不足之处及需要修改的地方。

如果课堂时间有限,教师也要另选时间进行小练笔反馈或成果激励。当堂朗读、板报展示或在班级微信公众号上推送等各种方式综合使用,可大大提高学生课堂小练笔的动力,也可使学生间取长补短,达到练而有得、评而有获的目的。

课堂随文小练笔,不是形式上简单的读写练习,它需要老师下大功夫钻研教材,需要学生在阅读中入境,悟情,明理,得法。由此进行的小练笔,必将促进学生更深入地理解文本,更自由地表达独特感受,必将引发学生更浓厚的习作兴趣,从而大大提高学生的写作能力。

◆ 参考文献

[1] 申敏. 小学语文随文练笔教学策略研究 [D]. 重庆:西南大学 2020.

[2] 朱红霞. 探析小学语文课堂小练笔的教学实践 [J]. 教育界,2021(12):53-54.

[3] 肖虹. 让仿有效,让练有力——浅谈小学语文仿写小练笔的运用 [J]. 小学生作文辅导(上旬),2020(12):68.

[4] 李佳. 小练笔 大收获——小学语文课堂小练笔设计分析 [J]. 新课程(小学),2019(10):46.

附教学案例

六年级上册《穷人》第二课时

【教材解析】

《穷人》是统编版教材六年级上册第四单元第二篇课文。这是著名作家列夫·托尔斯泰写的一篇短篇小说,记叙了一个寒风呼啸的夜晚,桑娜和渔夫主动收养刚刚病故邻居的两个孤儿的故事,赞美了桑娜和渔夫在自身生活困难的情况下仍本能地向别人伸出援手的可贵品质。

【学情分析】

学生第一次以单元的方式接触小说,刚刚学完本单元第一课《桥》,初步体会了情节设置和环境描写对塑造人物形象的作用。本课将引导学生从对话和心理描写中体会人物形象,再次启发学生思考环境描写对刻画人物的作用。

【教学目标】

1. 品读小说中的环境描写,体会环境描写对表现人物形象的作用。

2. 通过品读描写人物对话和心理活动的句子感受桑娜和渔夫的形象。

3. 联系课文内容,写出桑娜的心理活动。

【教学重点】

品读小说中的环境描写和描写人物对话、心理活动的句子,感受桑娜和渔夫的形象。

【教学难点】

联系课文内容,写出桑娜的心理活动。

【教学策略】

围绕确定的教学目标,根据学生的学情,教学中主要采用抓关键词语进行对比品析的方法,启发学生借助环境描写感受人物形象。运用比较阅读法,通过两段心理描写的比较,感受心理描写的方法及其作用。通过小组合作分角色朗读的方法,理解语言描写对表现人物内心世界的作用。

【教学过程】

一、回顾旧知,理清小说情节

1. 请同学依照学习单的提示回顾小说情节。

2. 说说渔夫和桑娜给自己留下的初步印象。

二、品读环境描写,感受烘托作用

1. 快速浏览课文第 1 自然段,画出描写环境的句子。

2. 圈出关键词。

3. 体会环境描写作用。

三、品读人物心理描写,再识善良品格

请同学浏览课文第 2-11 自然段,找出描写桑娜心理活动的句子。

1. 课件出示片段"桑娜沉思:丈夫不顾惜身体……没什么可抱怨的。"

(1)找出表现桑娜家境贫穷的词语,感受桑娜的困境。

(2)指导朗读。

2. 课件出示片段"她忐忑不安地想:'他会说什么呢……揍我一顿也好!'"

(1)品析重点词句,感受桑娜乐于助人的美德。

(2)指导朗读。

3. 课件出示片段"桑娜沉思:丈夫不顾惜身体……没什么可抱怨的"和"她忐忑不安地想:'他会说什么呢……揍我一顿也好!'"

(1)比较两段心理描写的不同之处,学习心理描写方法。

(2)指导朗读。

四、品读人物语言描写,走近人物内心

1. 揣摩桑娜的心理。

(1)小组分角色朗读 13-27 自然段,完成学习单第二项。

(2)概括桑娜心路历程。

(3)小练笔:沉默中,桑娜会想些什么呢?写一写桑娜的心理活动。

2. 聚焦重点字"熬",感受渔夫的精神。

五、总结升华,推荐阅读

朗读列夫·托尔斯泰名言。推荐阅读作者的其他作品。

【作业布置】

必做作业:进行小练笔,写一写"自己等待比赛结果时,忐忑不安"的心理活动。

选做作业:同学们继续阅读列夫·托尔斯泰的其他作品。

【教学反思】

本单元的语文要素是"读小说,关注情节、环境、感受人物形象"。如何理解小说中的人物形象,成为本单元教学重点。《穷人》作为单元中第二篇课文,最大的特色是环境描写和心理描写。笔者便抓住本篇小说特点,旨在理解人物丰富的内心世界与高尚品质。

成功之处:

1. 借助环境描写感受人物形象。小说开篇屋内外环境形成鲜明的对比。为了体会其作用,笔者引导学生走进渔家小屋,透过每一笔描写,感受屋外尽管环境恶劣,而屋内却是"干净、温暖、明亮、温馨"。在对比中,学生自然生成对女主人的赞美。这就达成我们的教学目标,理解了小说中环境描写的烘托作用。

2. 透过心理描写感受人物形象。小说重点刻画桑娜的两段心理,一段是"桑娜沉思",一段是"桑娜忐忑不安地想",在研读感悟中,学生体会到不同的心理描写对表现人物形象的不同作用,领会了如何描写一个人忐忑不安状态下的心理。由此结合文章空白点进行小练笔。实践证明,学生很好地迁移了心理描写的表现手法,丰富了人物的内心世界,丰满了文本意蕴,收到了很好的预期效果。

不足与展望:

"读"是学生与文本间实现心灵对话与沟通的最有力的桥梁,课堂上虽然进行了读的训练,但读得仍然不够充分,还应该加大对朗读的指导力度,重点之处还需反复地读。

《穷人》学习单

班级_____　　姓名_____

一、回顾小说情节（将序号填入横线）

开端：_____　　　　发展：_____

高潮：_____　　　　结局：_____

A. 抱回孤儿　　B. 夫妇商量　　C. 不谋而合　　D. 心怀忐忑

E. 渔夫归来　　F. 探望西蒙　　G. 盼夫归来

二、小组合作学习

1. 分角色朗读课文。

2. 完成下面练习。

渔夫回来后，桑娜的心理活动很复杂，试着选择恰当的词语概括一下。

桑娜开始是（　　　）地回答丈夫的话，接着是（　　　）又略带试探地叙述西蒙家的事，最后是（　　　）地告诉丈夫孩子已经抱过来了。

A. 如释重负　　　　B. 提心吊胆　　　　C. 小心翼翼

三、小练笔

> "是啊，是啊，"丈夫喃喃地说，"这天气真是活见鬼！可是有什么办法呢！"
> 两个人沉默了一阵。

沉默中，桑娜会想些什么呢？联系课文内容，写一写桑娜的心理活动。

桑娜想：_____

_____

研读新课标 聚焦新变化 迎接新挑战

拿到 2022 年版语文"新课标",我作为三十年教龄的老师,我的内心也产生了一些激动。不免想起 2001 年,《义务教育语文课程标准》(实验稿)颁布,我们研读,学习;十年后 2011 年版《义务教育课程标准》向我们走来,我们进行比对,进行整理,发现变化,改变传统教学模式。如今,2022 年版《义务教育课程标准》出炉,看着"新课标",想起 2011 版本上被我密密麻麻写满了批注,在它的引领下,我一路前行,收获到语文教学的快乐。面对 2022 年新版本,我静下心来,开始潜心学习,与前面的课标对照,反思自己走过的教学之路,感受颇深。新课标正文部分大概 36 000 多字,哪些是以前有的,哪些没有了,哪些是新增加的,哪些是有调整的,在互文比较中,相信老师们和我一样,对新课标的理解和体会更加深入也更深刻。

我们先来对比一下 2011 年版和 2022 年版两版课标的目录。对比当中,我们能够发现 2022 年版课标里有几个关键词值得我们关注。

首先,我们能够看到在这一版课标里,正式定义"核心素养"并阐释其内涵,明确了义务教育语文课程培养的核心素养包括哪些方面的重要内容、指向及其价值。其次,我们能看到这一版课标以"学习任务群"的形式更新重组了语文课程内容,这也是这一次课标修订的一个重大变化。再次,我们看到这一版"新课标"里加了"学业质量",这也是这么多年来在我们国家义务教育课程标准当中,首次出现学业质量。最后,我们要关注"课程实施"部分的"评价建议",其为我们明确了过程性评价和学业水平考试的标准。下面我就聚焦这几关键词,谈谈一点浅显的学习心得。

一、聚焦语文"核心素养"

(一)核心素养的价值观

2022 年版课标在"课程性质"中明确指出"语文课程致力于全体学生核心素养的形成与发展",这是对语文课程性质的重大调整。

我们可以抓住几个关键词进行理解。

"致力于":这是对核心素养重视程度的一种确认,绝不是"可有可无",也不只是"关注考虑",它要求我们教师在语文教学中应集中精力、专心致志、全力以赴地培养学生的核心素养。

"全体学生"：义务教育阶段的语文课程要面向全体学生，促进全体学生不断形成与发展核心素养。这是生本思想、全面发展思想的具体反映。

"形成与发展"：这要求教师基于过程意识，对核心素养的形成和发展进行动态的把握，体现培养学生核心素养的过程性、阶段性和发展性。

核心素养如何能够贯穿课标全文本，成为课标的灵魂？

课标文本总共有六章，即课程性质、课程理念、课程目标、课程内容、学业质量和课程实施。课程性质与课程理念起着统领的作用，后续的课程目标、课程内容和学业质量评价，都受其影响。此次课标修订，赋予了第二章"课程理念"以重要功能，即明确提出"立足学生核心素养发展，充分发挥语文课程育人功能"。以核心素养为导向的课程标准，在课程目标、课程结构、课程内容、教学实施和教学评价等几个方面的设计思路与实现方式，都使核心素养得以落地，使课程目标、课程内容、学业质量从理念变成现实。引导我们的教学、评价从孤立地追求知识、技能的传递自觉转向学生的核心素养培育上，将语文课程的基本内容、基本方法和基本价值观转化为学生现实的主动学习。我们必须认真处理课程与学生的关系，兼顾语文学科与学生发展双重逻辑去思考课程内容的组织与呈现，做到"目中有人"，使课程真正成为课程。

（二）核心素养的综合观

之前的《义务教育语文课程标准》，也就是 2011 年版的课标，是没有"核心素养"这个概念的。之前提什么？之前的课标只是含蓄地提出"语文素养"，其内涵就非常广泛，涵盖面也非常大了。事实上，"语文素养"要逐一落实，有一定的难度和挑战性，因为"语文素养"的头绪实在太多。后来，高中语文课程标准提出了"语文学科核心素养"，是最先提出的。

"语文学科核心素养"涉及四个方面：语言积累与运用，思维发展与提升，审美鉴赏与创造，文化传承与理解。现在 2022 年版《义务教育语文课程标准》做了进一步的修订，指出核心素养的内涵："核心素养是学生通过课程学习逐步形成的正确价值观、必备品格和关键能力，是课程育人价值的集中体现。"同时，2022 年版课标还提出："义务教育语文课程培养的核心素养，是学生在积极的语文实践活动中积累、建构并在真实的语言运用情境中表现出来的，是文化自信和语言运用、思维能力、审美创造的综合体现。"在此基础上，2022 年版课标对核心素养四个方面的关系做出详细阐释："核心素养的四个方面是一个整体。语言是重要的交际工具和思维工具，语言发展的过程也是思维发展的过程，二者相互促进。语言文字及作品是重要的审美对象,语言学习与运用也是培养审美能力和提升审美品位的重要途径。语言文字既是文化的载体,又是文化的重要组成部分,学习语言文字的过程也是学生文化积淀与发展的过程。在语文课程中,学生的思维能力、审美创造、文化自信都以语言运用为基础,并在学生个体语言经验发展过程中得以实现。"

总之,"核心素养"是一种对应于社会主义核心价值观的价值体现,它既是学校课程致力构建的素养型课程目标体系,又是学生正确价值观所追求的方向。"核心素养"也是学生正确价值观、必备品格、关键能力的具体体现,并不只是以前所指的知识、能力或品格,而是"德"与"才"的融合。"核心素养"更是四个核心内容的综合体现,由此构建起以语言运用为中心的集思维能力、审美创造和文化自信于一体的有机共同体。

(三)核心素养的实践观

2022 年版课标既在"课程理念"中提出实践性要求,即"义务教育语文课程围绕立德树人根本任务,充分发挥其独特的育人功能和奠基作用,以促进学生核心素养发展为目的,以识字与写字、阅读与鉴赏、表达与交流、梳理与探究等语文实践活动为主线,综合构建素养型课程目标体系",又在"课程性质"中提出具体实践方案,如"语文课程应引导学生热爱国家通用语言文字,在真实的语言运用情境中,通过积极的语言实践,积累语言经验,体会语言文字的特点和运用规律,培养语言文字运用能力;同时,发展思维能力,提升思维品质,形成自觉的审美意识,培养高雅的审美情趣,积淀丰厚的文化底蕴,继承和弘扬中华优秀传统文化、革命文化、社会主义先进文化"等。上述要求中,有三个关键词很重要:通用语言文字、真实的语言运用情境、积极的语言实践。同时,根据 2022 年版课标的编写体例,义务教育阶段语文实践活动主要有四种类型:识字与写字、阅读与鉴赏、表达与交流和梳理与探究。这些内容对于教师后续改进教学设计、组织教学都是必要的提示。

总的来说,语文课程以"核心素养"为纲,以"语言实践活动"为主线,以"构建素养型课程体系"为目标,且这一目标的两个基本要点,即基于课程思想和基于核心素养思想,共同构成核心素养的实践观。

二、聚焦语文"学习任务群"

2022 年版《义务教育语文课程标准》的第二个主要变化是优化了课程内容结构。

在全日制语文课程标准实验稿当中,并没有课程内容的出现,采用的是阶段目标,分为"识字与写字、阅读、写话(习作、写作)、口语交际和综合性学习"五个内容领域。2011年版《义务教育语文课程标准》采用的是学段目标与内容的形式，在学段目标下面，依然按照五大内容领域呈现了学习内容，在课标当中还没有具体的或者说独立的课程内容出现。在《义务教育语文课程标准》2022年版当中，首次单独设定了课程内容，让课程内容成为一个独立的板块呈现。"新课标"以"学习任务群"的形式更新重组了语文课程内容，并将之单独列项，彻底扭转了语文课程标准没有"内容标准"的尴尬局面。

（一）初步理解语文"学习任务群"的内涵

"新课标"并未对学习任务群作出明确定义，但在课程理念部分强调："义务教育语文课程结构遵循学生身心发展规律和核心素养形成的内在逻辑，以生活为基础，以语文实践活动为主线，以学习主题为引领，以学习任务为载体，整合学习内容、情境、方法和资源等要素，设计语文学习任务群。"还在"内容组织与呈现方式"部分指出："语文学习任务群由相互关联的系列学习任务组成，共同指向学生的核心素养发展。"

为此，我们看到"语文学习任务"主要由三个含义组成：与语文相关的、与学习相连的、与任务相合的。语文学习任务群，任务一定要有语文性，不能离开了阅读与鉴赏、表达与交流、梳理与探究去谈任务群教学。读写是最基本的语文学习活动，没有充分的阅读，没有对每个文本的独立阅读和思考，由整合而设计的比较阅读就会大打折扣……为此，语文学习任务群需要整合，但也不能放弃对单篇文本的阅读理解。

（二）准确把握"学习任务群"的整体性、连贯性特征

首先，整体性特征体现在学习任务群的整体规划上，"新课标"根据内容整合程度分三个层面建构学习任务群体系：第一层是基础型学习任务群（语言文字积累与梳理），第二层是发展型学习任务群（实用性阅读与交流、文学阅读与创意表达、思辨性阅读与表达），第三层是拓展型学习任务群（整本书阅读、跨学科学习）。从基础到发展再到拓展，"三层"学习任务群形成一个有机整体；六大学习任务群中每一个都贯串义务教育四个学段，致力于学生核心素养的整体提升。

其次，连贯性特征体现在两个方面。其一，每一个学习任务群不同学段的学习内容不仅相互关联，而且富有层次。如"整本书阅读"任务群四个学段的第一条学习内容（从"体会读书的快乐"，到"讲述英雄模范的动人故事"，到"讲述自己感受到的家国情怀和爱国精神"，再到"体会、评析革命领袖、革命英雄的爱国精神和人格魅力"），就直观地体现了连贯性特征。其二，六大学习任务群在第四学段都力求与普通高中相衔接，以突出中小学语文课程的连贯性和一致性。如高中必修课程就设有"语言积累、梳理与探究""实用性阅读与交流""文学阅读与写作""思辨性阅读与表达""整本书阅读与研讨""当代文化参与""跨媒介阅读与交流"七大学习任务群,最后两个学习任务群大致与"跨学科学习"任务群相对应。

(三)力求体现"学习任务群"的时代性、典范性、综合性特征

首先,时代性特征体现为任务群内容充分吸收语言、文学研究新成果,关注信息时代语言生活的新发展,融入社会热点问题等。其次,典范性特征体现为精选文质兼美的作品以加强对学生思想情感的熏陶和感染,重视中华优秀传统文化、革命文化和社会主义先进文化以突出语文课程"以文化人"的价值取向等。最后,综合性特征体现为学习任务群整合目标、内容、情境、活动、过程、评价、资源与技术支持等相关要素,注重语文学科与其他学科以及社会生活的联系,追求语言、知识、技能、思想情感和文化修养等多方面、多层次发展的综合效应。可见,学习任务群既有利于打破语文课程内容依照知识点、能力点线性排列的局限,又能引导语文教学实践跳出依照学科知识逐"点"讲解和学科技能逐"项"训练的怪圈,还能促进学生在听说读写思的协调融通中实现对文化、语言、思维和审美等素养的综合发展。

可以说,语文学习任务群旨在以纵向衔接和横向呼应的方式,促进学生"核心素养"的螺旋发展和整体提升。

(四)积极探索"学习任务群"的教学内容实施路径

当教师面对语文统编教材中的一个具体单元时,首先,应根据该单元的人文主题和语文要素来确定该单元的学习任务群归属;其次,厘清该单元所属学习任务群的功能定位、学段学习内容和相应的教学要求;最后,应根据对教材单元内容的分析和课程内容的分析,以及结合具体的学情分析,选择与确定适宜的语文教学内容。

(五)用心创设真实而富有意义的语文学习情境

在2022年版《义务教育语文课程标准》中课程理念第四条提出:"增强课程实施的情境性和实践性促进学习方式的变革。"为此,在课程内容组织与呈现方式中指出:"语文学习任务群由相互关联的系列学习任务组成,共同指向学生的核心素养发展,具有情境性,实践性和综合性"。而"教学建议"部分也明确说明要"创设真实而富有意义的学习情境,凸显语文学习的实践性"。显然,"学习情境"是语文课程育人方式变革的重要因素。然而,何为语文学习情境,如何设计语文学习情境中的语文教学活动,自然成为我们研究的问题。

1. 对"语文学习情境"的初步理解

"新课标"文本中,有关"情境"的表达共计 48 处。从内容看,这些情境大致可以归为三类:第一,语言类情境,包括语言情境、阅读情境和文学体验情境等;第二,评价类情境,包括试题情境、命题情境等;第三,生活类情境,包括日常交际情境、日常真实生活情境等。从功能看,这三类情境实质上都是学习情境,创设情境的本质意义就在于"为了学生更好学习"。

但语文学习情境不同于其他课程的学习情境,其本质特征是"语言实践性"(其中"语言"特指中华人民共和国国家通用语言文字)。北京师范大学王宁教授也曾言简意赅地强调所谓情境就是"课堂教学内容涉及的语境",可见只有基于语言实践立场而创设的语文学习情境,才能更好地保障语文教学实践符合语文课程特性。因此,语文学习情境就是指根据学习目标和内容而有意创设的可以用来维持并促进学生有效学习祖国语言文字运用的情景语境,它包含一定的背景、信息、目的、任务和问题等要素,一个有品质的学习情境就是对这些要素进行恰当地复合性建构。学习任务群的设计与实施都需要创设情境,这里的"情境"基本包括以下几方面。

(1)整体性情境。学习任务群中的情境不是传统课堂上频繁使用的小情境,如用一幅画、一首歌激发学生的兴趣等。它是一种整体性情境,是一个贯穿整个学习任务群的情境,能够有效促发学生的丰富想象和发散思维。教材是最重要的学习资源,但教材的容量是有限的。统编小学语文教科书通过"教读—自读—课外阅读"建构"三位一体"的阅读教学体系,以"1+X"的方式扩大学生的阅读量,这些编写意图需要教师通过构建语文阅读的整体性情境来进一步落实。

(2)真实性情境。语文学习情境源于生活中语言文字运用的真实需求,服务于解决现实生活的真实问题。所谓"真实",是指学习情境对学生而言是真实的,这样的情境是他们在后续学习和今后生活中能够遇到的,能够引起他们联想的,帮助他们积累必要的资源、丰富语言文字运用经验。以前,我们误以为真实性情境就是创设一个与课文相关的外部环境,其实不然,真实性情境应当贯穿于所有学习环节中,一开始由教师"领进门",之后在师生互动的过程中步步推进,每一步都是真实的,每一步都是有提升的,如此方能让语文学习在课堂里真实发生、发展。

(3)语文性情境。在语文课程中,学习任务群中的"情境"是指将语文知识置于真实的语言世界中,构建语文知识生产与应用情境之间本质性的联系。不仅如此,教师还要将语文知识与学生已有的知识储备结合,促进学生完善语文知识体系,不断提升语文学习的关键能力。如今很多老师已经具备创设语文情境的意识和能力,但是,如何让情境更具有"语文味",成为我们进一步研究的问题。特别是统编小学语文教科书中编排有阅读策略单元和"综合性学习"单元,对我们教师创设具有学科特质的语文性情境和凸显语文要素的语文情境提出了更高的要求。

2. 对"语文学习情境"中的教学活动设计策略的初探

立足"核心素养"和"学习任务群"的语文教学是一种单元整体教学设计,该设计强调从学生语文生活实际出发,创设真实的语文学习情境,设计富有挑战性的语文学习任务和丰富多样的语文学习活动。语文学习任务和活动都要在具体的语文学习情境中开展和完成。因为"任务是目标,是为了解决真实的问题;活动是手段,是完成任务的路径,是完成任务的保证",所以任务和活动是目标和手段关系。那应该如何创设学习情境并据此设计学习任务和活动呢?主要有两种思路,一种基于虚构情境,一种贴近生活情境,可以立足单元主题来设计,亦可对接日常生活来设计。

总之,创设语文学习情境需要贴近学生的既有经验,符合学生的认知水平,努力将语文学习置于多样的日常生活场景和社会实践活动之中。设计语文学习任务和活动时应基于真实的语文学习情境,指向语言文字运用的真实需要,整合关键的语文知识和能力,融汇听、说、读、写、思等语言实践,体现运用语文思维解决典型问题的过程和方法。

三、聚焦语文"学业质量"

2022年版《义务教育语文课程标准》的又一个新变化,就是增设了"学业质量"部分。这一部分是课程性质、理念、目标和内容等的最终落脚点。它是"课程目标"的具体化,又是各内容板块中"学业要求"的综合体现。应该说,有了"学业质量"这一部分,课程标准才真正完整。前期听了课标组核心专家吴欣歆教授讲解关于学业质量标准的研制思路。专家主要梳理了国际上学业质量的一些文献资料,国际上重要考试的一些测评框架以及前期的课程文件当中对于学业质量的一些调研和反思的资料。接下来按照语文实践活动和能力表现做了初步的描述,在初步描述之后,做了检验修订,印制了一批测试题目,开展了实证性的研究,根据实证性研究的数据,进一步去准确、科学地划分学生的学业质量水平,进而面向社会、面向更多的语文教育研究者和语文教育工作者去征求意见,在征求意见的基础上进行修改、完善,这就是老师们现在看到的"学业质量"。从总目标、学段目标、各内容板块的学业要求,到学业质量标准的研制,形成了一个"总—分—总"的内在一致的"目标—评价"系统。那么什么是"语文课程学业质量"呢?

（一）语文课程"学业质量"的内涵

首先，学业质量是学生学业成就的阶段性表现。学业质量水平，又称成就标准、表现标准或表现水平，是描述学生在语文学科或学习领域的学业成就或精熟度的系统。一般反映的是学生在单元、主题学习后的阶段性学习效果和水平。

其次，学业质量是学生核心素养的具体性表现。语文学业质量标准以"核心素养"为主要维度，体现的是一种素养质量观，而不是单纯地关注知识、技能的掌握水平。因此，学业质量并不以确定性解题过程和标准答案为评判标志。

再次，学业质量是语言运用的关键性表现。我们看到，学业质量整合"识字与写字""阅读与鉴赏""表达与交流""梳理与探究"等语文实践活动，分别对四个学段学生语文学业成就表现进行整体刻画，体现学生在该学段结束时语文核心素养应达到的水平。四个学段的语文学业质量标准之间相互衔接，体现了层次性、整体性，为评价学生核心素养发展水平提供了基本依据。

教师应全方位理解学业质量标准，明晰其与课程内容标准的关系，解析学生学业质量的表现要点。同时，还要从任务设计与评价反馈方式角度入手，在学业质量标准与考试评价、日常教学间建立有效关联。例如，在课堂互动中，我们要深入分析学生的学习表现，从知识基础、认知过程、思维方式和态度情感等方面判断其表现质量及影响因素，及时给出有针对性的指导。

（二）语文课程"学业质量"的导向

此次课标的"学业质量"，明确以核心素养发展为导向，因此在课程目标的总体指向、各内容板块的"学业要求"、最终的"学业质量标准"等各部分，都依据核心素养维度做具体的指标描述，使核心素养不再是空洞的口号而变成学生真实的能力、品格和价值观。语文课程提出要培养学生四个方面的核心素养，即文化自信、语言运用、思维能力和审美创造。那么，核心素养与学业成就的关系是什么？如何测评学业质量才能反映学生的核心素养发展水平？核心素养在不同学段有什么不同的水平表现？学段之间的进阶与连续性是如何表现的？用哪些指标去测评？

对此种种问题，2022年版《义务教育语文课程标准》在学业质量的内涵中阐释得非常清楚："学业质量是学生在完成课程阶段性学习后的学业成就表现，反映核心素养要求。语文课程学业质量标准是以核心素养为主要维度，结合课程内容，对学生语文学业成就具体表现特征的整体刻画。依据义务教育四个学段，按照日常生活、文学体验、跨学科学习三类语言文字运用情境，整合识字与写字、阅读与鉴赏、表达与交流、梳理与探究等语文实践活动，描述学生语文学业成就的关键表现，体现学段结束时学生核心素养应达到的水平。四个学段的语文课程学业质量标准之间相互衔接,体现学生核心素养发展的进阶,为核心素养评价提供基本依据。"在语文课标这里,用"学业成就"来刻画核心素养的发展。学生的"学业成就"不再孤立地用掌握了多少知识来衡量,而是要通过知识是否转化为学生现实的力量即核心素养的发展来衡量。这样的评价,就不只是静态的知识复现,而是要在真实的情境中,让学生以学科特有的实践活动来展现其能力、品格和价值观。这样的学业质量标准,呼应课程目标,呼应结构化的课程内容,既是对课程目标达成度的具体检验,也为课程内容的结构化提供了评价支持,形成了"目标—内容—评价"的逻辑闭环。

配合"学业质量"部分,课标在"课程实施"的"评价建议"版块,给出了日常学习评价和学业水平考试的可操作性评价建议。例如,课标在学业水平考试建议版块,给出了命题原则、命题规划和试题要求三个方面的建议;在试题要求方面,还特别指出"考试命题应以情境为载体,依据学生在真实情境下解决问题的过程和结果评定其素养水平。命题材料的选取要具有时代性、典型性和多样性。这些建议为教师进行科学命题提供了坚实的支持,保障素养导向的质量评价能够落实到位。

可以说,素养导向的学业质量标准,既是对学生核心素养发展水平的具体化,又是对课程内容转化为学生素养的评估。

四、聚焦语文"评价建议"

2022 年版课标在"课程理念"中提出"倡导课程评价的过程性和整体性,重视评价的导向作用"。由此可以提炼语文课程评价的三个思想。

(一)综合性评价

新课标在课程理念第五条指出:"义务教育语文课程评价要有利于促进学生学习,改进教师教学,全面落实语文课程目标。课程评价应准确反映学生的语文学习水平和学习状况,注重考查学生的语言文字运用能力、思维过程、审美情趣和价值立场,关注学生学习过程和学习进步。根据不同年龄学生的学习特点和不同学段的学习目标,选用恰当的评价方式,抓住关键,突出重点,加强语文课程评价的整体性和综合性。注重评价主体的多元与互动,以及多种评价方式的综合运用,充分利用现代信息技术促进评价方式的变革。"这是从评价目标、评价内容、评价对象、评价方式、评价主体等方面提出了整体的、综合性的要求。

(二)过程性评价

语文课程评价包括过程性评价和终结性评价。课标提出:"过程性评价贯穿语文学习全过程,终结性评价包括学业水平考试和过程性评价的综合结果。"同时也明确指出，"过程性评价重点考查学生在语文学习过程中表现出来的学习态度、参与程度和核心素养的发展水平，应依据各学段的学习内容和学业质量要求，广泛收集课堂关键表现、典型作业和阶段性测试等数据，体现多元主体、多种方式的特点"。

2022年版课标具体提出了过程性评价的五个原则要求。首先，过程性评价应有助于教与学的及时改进。教师要有意识地利用评价过程和结果发现学生语文学习的特点与问题，提出有针对性的指导意见，促进学生反思学习过程、改进学习方法。要依据评价结果反思日常教学的问题和不足，优化教学内容，改进教学设计，调整教学策略，完善教学过程。其次，过程性评价应统筹安排评价内容。评价内容应立足重点，关注各个学段的水平进阶。再次，过程性评价应发挥多元评价主体的积极作用，引导学生开展自我评价和相互评价；应综合运用多种评价方法，增强评价的科学性、整体性。可通过课堂观察、对话交流、小组分享和学习反思等方式，收集和整理学生语文学习的过程性表现，如学生日常写字、读书、习作、讨论、汇报展示、朗读背诵和课本剧表演等方面的材料，记录学生核心素养发展的典型性表现，了解学生的学习态度和个性特点，考察其内在学习品质的发展。最后，过程性评价要拓宽评价视野，倡导学科融合。

这五个原则要求，其中较有新意的是"引导学生开展自我评价和相互评价""要拓宽评价视野""要注重校内外评价的结合，关注学生在家庭生活和社会生活中的语言发展情况"等，这些都值得我们在教学中积极实践、努力落实；同时应大力探索过程性评价的实践策略，切实解决可操作性难题。

（三）阶段性评价

2022年版课标认为："阶段性评价是在教学关键节点开展的过程性评价，旨在考察班级整体学习情况和学生阶段性学习质量，是回顾、反思和改进教学的重要依据。"这里提出的"节点"非常重要，强调了评价时机的问题。"教学关键节点"一般是指一个单元教学之后、一项主题活动之后、一次习作练习之后。同时，2022年版课标还对阶段性评价提出了具体要求："阶段性评价应秉持素养立意，紧密结合四个学段的课程内容，关注内容之间的进阶关系和横向联系，合理设计评价工具。"另外，"阶段性评价可以根据不同情况灵活选择评价手段，可以采取纸笔形式，也可以设计综合的学习任务，如诵读、演讲、书写展示、读书交流、戏剧表演、调查访谈等"。"纸笔测试要注意与日常教学的融合，增强测评题目的科学性、多样性，发挥阶段性评价的诊断、调节功能，避免消极影响和干扰日常教学；非纸笔测试要整体设计测评内容，科学制定评价标准，合理规划实施时间，并对学生个体作出及时反馈和有效指导。"除此之外，2022年版课标还专门提出"应关注整本书阅读和跨学科学习的阶段性评价，采用读书笔记、读书报告会、读书分享会等方式引导学生高质量完成整本书的阅读；可通过观察报告、实验报告、研究报告等，评价学生跨学科学习的阶段性成果"。

下面我结合新课标的课程理念谈谈对"学业水平考试"的理解。

"新课标"从命题原则、命题规划、命题要求等方面，对"学业水平考试"命题工作提出了具体的实施建议，为我们引领考试评价改革方向。2022年版课标明确提出："学业水平考试的目的主要是通过学生的学业质量表现检验学生在义务教育阶段结束时核心素养的发展水平，为高一级学校招生录取提供依据，为评价区域和学校教学质量、改进教学提供参考"。

首先是命题原则。2022年版课标提出了三个命题原则：一是坚持素养立意，二是依标命题，三是坚持科学规范。并且，2022年版课标还为命题指出了总体方向："以核心素养为考查目标，通过识字与写字、阅读与鉴赏、表达与交流、梳理与探究等语文实践活动，全面考查学生核心素养的发展水平。"可见，考试命题与核心素养之间的关系是重中之重，命题不宜单纯聚焦知识和技能的掌握程度。

其次是命题规划。2022年版课标重点提出三个观点：一是"重视命题规划，明确学业水平考试命题的目标要求，规定内容范围与水平标准"；二是"系统设计考试形式，一般采用纸笔测试，有条件的地区可以考虑逐步引入基于信息技术的考试形式"；三是"科学设计试卷结构，明确规定主观性和客观性试题的比例，倡导设计基于情境的探究性、开放性、综合性试题"。

再次是命题要求。2022年版课标对考试提出了较为详细的要求。"命题要以情境为载体，依据学生在真实情境下解决问题的过程和结果评定其素养水平。命题情境可以从日常生活、文学体验、跨学科学习等角度设置，也可从个人、学校、社会等角度设置。抓住社会生活中常见但又值得深思的真实场景，创设新颖、有趣、内涵丰富的情境，设计多样的问题或任务，激发学生内在动机和探究欲望"。对小学生而言，情境化命题贴近其生活经验，能充分激发他们的兴趣。对教师而言，情境化命题可以有效考查学生在具体情境中运用语言文字和分析解决问题的能力与素养。

下面，我就依照新课标学业水平考试命题原则、命题规划、命题要求，依照课标中对第三学段学业质量描述，从小学五六年级以下几个题例谈谈自己对新课标命题要求的理解。

例1：

下列词语中书写完全正确的一项是（　　）

A. 参谋　　牲蓄　　情不自禁　　一针见血

B. 委托　　耻笑　　养尊处优　　心惊胆战

C. 纵横　　保拇　　出谋划策　　摩拳擦掌

D. 簇拥　　飞弛　　风平浪静　　一声不吭

试卷中"选择例词语中书写完全正确的一项",这是依照第三学段"学业质量描述"考查学生是否"能独立识字,能辨识同音字形近字,纠正错别字"。比如A选项中的形近字"畜"与"蓄",C选项的同音字"姆"与"拇",D选项"弛"与"驰",考查学生在具体语境中区分同音字不同用法。

例2:

① 看拼音,写词语。(要写正楷字,写得规范、端正、整洁)

dù jì　　　fàng sì　　　cí xiáng　　　píng zhàng

② 根据拼音,在句子方格中写出正确词语。

例如招呼人,都由其他四指上前点头,大拇指只能呆呆站在一旁,给人 sāo

yǎng　　　　,人舒服后,感谢的是其他四指。

试卷中,题 ①"看拼音,写词语"是依照第三学段"学业质量描述",考查学生是否"能用硬笔规范、端正、整洁地书写常用汉字"。题 ② 主要考查学生能否理解不同语境中词语的意思。"搔痒"和"瘙痒"两个词语如果没有具体语境书写都正确,但这句话中要学生能区分"搔痒"应该是一种动作,用手去抓。而"瘙痒"是皮肤的一种自觉症状。结合语境,学生可以做出正确的选择。

例3:

下列句子标点使用有误的一项是(　　　　)

A. 外祖父年轻时读了不少经、史、诗、词,又能书善画。

B. 拍一拍手,仿佛大树都会发出声响;叫一两声,好像对面的土墙都会回答似的。

C. "你是军人!"沃克医生一针见血地说。"我当过军医,这么重的伤势,只有军人才能这样从容镇定!"

D. 刷子李看着曹小三发怔发傻的模样,笑道:"好好学本身吧!"

这道选择题,主要考查五年级学生能否根据表达需要,准确使用常用的标点符号。重点考查学生能否掌握冒号引号的一般用法。能否区分顿号与逗号、分号与句号的正确用法。

例4：

暑假，有一小部分同学在家缺少约束力，迷恋上手机游戏。作为他的好朋友，你会怎样劝说他？建议尝试使用幽默风趣的语言。

第三学段"学业质量描述"中提出，学生乐于参与讨论，敢于发表自己的意见，能抓住要点，根据对象和场合，做简单的发言，能根据积累的知识和经验，形成自己对社会热点问题的初步认识。例4就是结合当下时代生活热点问题，考查学生对"迷恋网络游戏"危害的认知，同时尝试使用幽默风趣的语言进行劝说。任务明确，指向清晰。这道题我们是依据五下教材第八单元的语文学习任务，同学们体会了三篇课文极具趣味性的语言，同时在语文园地语句段运用中，也鼓励学生学会用这样的语言表达自己的想法。由此，教师最终可以通过学生写成的一个完整语段，来考查其语言表达能力。

例5：

非连续性文本阅读

在流行性感冒高发季节，城乡居民丢弃的口罩该如何处理呢？有些省市这样规定：

摘取口罩	无发热、咳嗽等症状市民	有发热、咳嗽等症状市民
1. 抓住耳带取下口罩。 2. 将口罩内层朝外对折两次。 3. 拉开口罩耳带的橡皮筋，缠绕在口罩上两至三圈	将提前处理好的口罩扔进废弃口罩专用收集箱	用84消毒液按1:99配比稀释后，喷至口罩表面或使用密封袋将口罩密封后丢入废弃口罩专用收集箱

1. 判断下列说法是否正确。（对的打"√"，错的打"×"）

（1）摘取口罩时，要抓住耳带取下口罩，将口罩外层朝内对折两次。（　　）

（2）有发热、咳嗽等症状市民摘取口罩，用84消毒液按1:99配比稀释后，喷至口罩表面或使用密封袋将口罩密封后丢入废弃口罩专用收集箱。（　　）

（3）无发热、咳嗽等症状市民可以将提前处理好的口罩扔进门口垃圾箱。（　　）

2. 小敏的妈妈将生活垃圾扔进了废弃口罩专用收集箱，她的做法对吗？你想对她说什么？

这篇非连续性文本与当下社会热点问题紧密联系，是实用性很强的文本，依照课标中的"学业质量描述"，题1主要考查学生能否依据非连续性文本的关键信息，做出正确判断。题2"小敏的妈妈将生活垃圾扔进了废弃口罩专用收集箱，她的做法对吗？你想对她说什么？"是在考查学生是否能根据积累的知识和经验初步判断信息的真伪，是否具有一定的思辨能力，是否能够运用恰当的语言进行表达。这道题我们是基于新课标第三学段发展型任务群的要求,紧扣"应用性"特点,结合日常生活的真实情境进行设计,旨在考查学生能够根据具体交际情境和交流对象清楚得体的表达,有效传递信息。

非连续性文本,往往创造出某种情境,既能考查学生在具体情境中对语言文字的灵活运用,又综合考查了学生的语感。学生专注地沉浸在"情境"中,在运用语言文字进行理解与表达中展示思维能力,使命题能够准确评价学生"学"的成果,精准引导教师"教"的方向。

作为一线教师,应深入理解并落实命题原则、命题要求,发挥考试对教学的正向引导作用;还要努力创设新颖、内涵丰富的命题,设置多样化任务,激发学生的学习动机和探究兴趣,充分展示其核心素养的发展水平。

面对 2022 年版《义务教育语文课程标准》,我们还都是小学生,需要不断学习,努力探索,大胆尝试,及时吸取教训,总结经验,老师们,愿我们一道在新课标的指引下,勤勉认真,行而不辍,积极践行德育为先,努力聚焦学生发展核心素养,把育人蓝图变为现实。

附 统编教材五下第四单元《青山处处埋忠骨》任务型活动式教学设计

《青山处处埋忠骨》第二课时

【教学目标】

1. 学习课文第二部分,找出描写毛主席动作、语言、神态的语句,体会他的内心世界,感受毛主席作为父亲的真实感情和身为国家领导人的伟大胸怀。

2. 能结合资料,说出对"青山处处埋忠骨,何须马革裹尸还"的理解。

3. 能运用课文中学到的写法,用动作、语言和神态描写表现人物内心。

【教学重点】

1. 学习课文第二部分,找出描写毛主席动作、语言和神态的语句,体会他的内心世界,感受毛主席作为父亲的真实感情和身为国家领导人的伟大胸怀。

2. 能运用课文中学到的写法,用动作、语言和神态描写表现人物内心。

【教学难点】能结合资料,说出对"青山处处埋忠骨,何须马革裹尸还"的理解。

【教学准备】搜集资料

【教学过程】

一、情境导入

同学们,4 月 5 日清明节很快就要到了,我们班要举行一次"缅怀先烈,致敬英雄"主题活动,届时你可以用讲故事,诗歌朗诵,书法作品,课本剧等形式向英雄致敬,那么这节课,就让我们继续走近我们的伟大领袖——毛泽东!

二、回顾旧知,梳理课文内容

1. 请同学回忆课文内容,完成学习单思维导图。

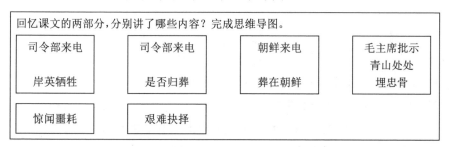

2. 指名核对答案,梳理课文内容。

3. 提出本节课学习目标:走进课文第二部分,揣摩毛主席艰难抉择背后的内心活动。

【设计意图】通过回顾课文内容,梳理文章脉络,导出本课重点:第二部分,艰难抉择。

三、学习活动

学习活动一:品读词句 感悟内心

1.【独学】默读课文5~10自然段,勾画描写毛主席动作、语言和神态的语句;揣摩毛主席的内心世界,并批注在侧。(4分钟)

2.【对学】小组讨论交流自己的感受,补充笔记,准备汇报。(4分钟)

3.【群学】抽小组进行汇报。

预设组员1:

经过讨论,我们组一共找到了四处对毛主席动作、语言和神态描写的相关语句。

毛主席不由自主地站了起来,仰起头,望着天花板,强忍着心中的悲痛,目光中流露出无限的眷恋。

(1)谈体会:这一句是对毛主席动作和神态描写。"不由自主""站""仰起头""望着"体会到毛主席很想见儿子最后一面,他的内心是希望爱子的遗骨可以归葬。他仰起头看着天花板就是在强忍着不让眼泪流下来,我们生活中难过时就会有这样的动作。

(2)师点拨:同学们有关注到"眷恋"这个词吗?这又是什么意思?

(眷恋就是留恋,是深切的怀念,是毛主席思念自己的儿子毛岸英。这一处也可以看出毛主席对毛岸英的牺牲感到万分难过与不舍。)

（3）指导朗读这句话：语速慢，声音低沉，读出悲痛。

预设组员2：

他若有所思地说道："哪个战士的血肉之躯不是父母所生？不能因为我是主席，就要搞特殊。不是有千千万万志愿军烈士安葬在朝鲜吗？岸英是我的儿子，也是朝鲜人民的儿子，就尊重朝鲜人民的意愿吧。"

（1）谈体会：这句是对毛主席的语言描写。从这里我体会到了毛主席把自己的儿子与千千万万志愿军烈士一视同仁，虽然他很不舍，但他还是决定把岸英葬在了朝鲜。这体现了毛主席以国家为重，不搞特殊。

（2）作为父亲，主席的心里想什么？

（"儿子活着不能相见，就让我见见遗骨吧！"毛主席想。）

作为领袖，他又是怎么说的？

（"哪个战士的血肉之躯不是父母所生？不能因为我是主席，就要搞特殊。不是有千千万万志愿军烈士安葬在朝鲜吗？岸英是我的儿子，也是朝鲜人民的儿子，就尊重朝鲜人民的意愿吧。"）

（3）小结：由此，我们体会到毛主席既是一位普通的父亲，又是一位国家的领袖，既有一位父亲最真实的情感，又有国家领导人的伟大胸怀。

预设组员3：

秘书将电报记录稿交毛主席签字的一瞬间，毛主席下意识地踌躇了一会儿，那神情分明在说，"难道岸英真的回不来了？父子真的不能相见了？"毛主席黯然的目光转向窗外，右手指指向写字台，示意秘书将电报记录稿放在上面。

（1）谈体会：这是对毛主席的神态、心理和动作描写。体会到主席内心的痛苦和艰难的抉择。

（2）指导体会重点词："黯然"。

（"黯然"意思是情绪十分低落。主席内心对毛岸英的遗骨如何处理还是很纠结。毛主席一旦签字意味着岸英安葬在朝鲜了，那他们父子就永远不能相见。）

前文中提到"就尊重朝鲜人民的意愿吧"，说明毛主席已经做出决定了。那毛主席为何还要"黯然"？

（毛主席虽然已经做出了决定，但他身为父亲，对不能见儿子最后一面还是感觉很难过，很悲痛；作为主席，他又必须以国家为重，他这个抉择很艰难，所以这里才说"黯然"）。

预设组员4：

"毛主席已经出去了，签过字的电报记录稿被放在了枕头上，下面是被泪水打湿的枕巾。"

谈体会:这是一个细节描写,毛主席那一晚一定想了很多,还哭了很久,枕巾才会被打湿。

4. 师评价总结:同学们在刚才的自主学习、小组讨论以及班级讨论中,都能积极参与,发表自己的见解,老师与你们做学习同伴太开心了!

我们来梳理一下,在刚才的学习当中,我们是如何体会人物内心的?

(总结学法:通过人物的语言、动作和神态描写体会人物内心。)教师梳理并板书。

5. 课堂检测一:(见学习单)

品读语段,完成练习。

"儿子活着不能相见,就让我见见遗骨吧!"毛主席想。然而,他很快打消了这种念头。他若有所思地说道:"哪个战士的血肉之躯不是父母所生,不能因为我是主席,就要搞特殊。不是有千千万万志愿军烈士安葬在朝鲜吗?岸英是我的儿子,也是朝鲜人民的儿子,就尊重朝鲜人民的意愿吧。"

(1)这段话主要是对毛泽东主席_____和_____的描写,写出了毛泽东思想感情的变化,先是以_____的身份希望_____;然后以_____的身份决定_____。

(2)毛泽东作出这一艰难、痛苦的决定,体现了他( )。

A. 常人难有的宽广胸怀。

B. 丧子之后的极度悲伤。

C. 世人都有的伟大父爱。

【设计意图】"学习活动一"紧扣课文单元目标和单课目标,从神态、动作、语言描写中体会毛主席内心的悲痛,有利于学生以文本为媒介,走进主人公内心。本学习活动通过"自学——交流——引导——练习"的顺序进行,达成第一个学习目标。

学习活动二:结合资料 感悟主题

1. 导语:毛主席最终做出了什么样的批示呢?我们该如何理解这句话呢?

(青山处处埋忠骨,何须马革裹尸还。)

2. 阅读补充资料,结合课文内容,谈谈对"青山处处埋忠骨,何须马革裹尸还"的理解。

资料一:

在抗美援朝战争中,无数英雄儿女为了保家卫国浴血奋战,他们被称为"最可爱的人"。这其中包括了主动请缨年轻的毛岸英;在烈火中壮烈牺牲的邱少云;用身体堵住枪眼,奋不顾身的黄继光;为救朝鲜落水儿童献出生命的罗盛教……据中朝双方于1953年8月14日通过报纸、电台宣布的数字,共歼敌109万人,约有18万志愿军长眠于朝鲜。

资料二:

2019年4月4日,中国驻朝鲜大使馆在平壤的友谊塔举行活动,祭奠中国人民志愿军先烈,深切缅怀志愿军英烈忠魂。

(1)先谈谈你从每则资料提取到什么信息。

预设生:我从"材料一"了解到在朝鲜战争中牺牲的志愿军人数有18万,人数很多。牺牲的不止毛岸英,还有黄继光、邱少云,这些我在课下了解过他们的故事。当国家有需要的时候,他们毫不犹豫地站了出来,为国家抛头颅、洒热血,兑现保家卫国的誓言。

师点拨:正如林则徐所言(课件出示)——苟利国家生死以,岂因祸福避趋之。

预设生:我从"材料二"了解到虽然战争过去了很久,但大家没有忘记牺牲的志愿军先烈。

(2)结合资料,谈谈你对这句话的理解。

预设生:我觉得"青山处处埋忠骨,何须马革裹尸还"的意思就是青山处处都可以埋尸骨,不一定非要用马皮裹着尸骨回家乡。既然已经把自己交给了国家,那么牺牲后无论葬在何处,都无需考虑了!

师点拨:同学们都有自己的理解,带着理解再读这一句!

"青山处处埋忠骨,何须马革裹尸还。"

师小结:革命者既然把整个身心献给了祖国,即使长眠于异国的土地上又有何妨。这句话既是对毛岸英牺牲后长眠朝鲜这一情况的概括,也是历史上众多为国捐躯的英雄儿女的真实写照。

【设计意图】结合资料谈理解,一是训练学生从文本中提取、概括信息的能力,二是让学生了解背景资料,更有利于理解文章主旨。达成第二个学习目标。

学习活动三:读写结合,学以致用

1. 教师补充资料,创设情境,激发情感,准备练笔。

补充资料:

1990年,中央警卫局在整理毛主席遗物时,意外发现了一个小木箱,里面放着毛岸英同志的两件衬衣,一双灰色的戴补丁的袜子,一顶蓝色旧军帽,还有一条破洞的毛巾。从毛岸英牺牲到毛主席逝世,26年间,毛主席至少搬过5次家,但这个小木箱从未被遗失,也从没有人见到过这个小木箱。将丧子之痛隐于内心,这既是一位普通父亲的人之常情,更是一位伟人以国为重,为了革命不徇私情的伟人胸襟。在无数个孤灯难眠的夜晚,主席都曾打开这个小木箱……

2. 学生完成练笔,当堂展示,师生点评。

课堂检测二:　　　　　　　　　　　　　　自评　☆☆☆☆☆

这一夜,主席彻夜未眠。漫漫长夜,多么煎熬!我们可以想象他是多么的痛苦、矛盾、伤心。在这样凄冷的夜晚,在孤灯独处的时候,毛主席又会说些什么、做些什么?请你展开想象,抓住主席的动作、神态、语言等描写,写一段话,表现主席此时此刻的心情。

_____

_____

自评提示:恰当运用动作、语言和神态描写,三处得三颗星,三处以上得五颗星。

【设计意图】创设情境,将学到的描写人物内心的方法运用于小练笔中达成第三个学习目标。

四、课堂小结:

这节课,我们通过语言、动作和神态描写,体会毛主席的内心,感受到他既是一位国家领袖,更是一名普通的父亲。那么,课下思考"你将在主题活动中如何展示主席的风采"。下节课,我们一起走进军神——刘伯承,继续了解"英雄人物故事",为我们的主题活动做准备。

【作业布置】

必做作业:

修改课堂小练笔,运用动作、神态、语言等描写表现主席的内心世界。

选做作业:

推荐阅读魏巍写的《谁是最可爱的人》这本书,了解志愿军更多的事迹,

深入理解"青山处处埋忠骨,何须马革裹尸还"的含义,同时准备"缅怀先烈,致敬英雄"主题活动。

❖板书设计

青山处处埋忠骨

普通父亲　情感　　　神态

国家领袖　胸怀　　　动作　　　内心　　　语言

依托信息技术，为写作教学赋能

"新课程改革纲要"明确指出：大力推进信息技术在教学过程中的普遍应用，促进信息技术与学科课程的整合，逐步实现教学内容的呈现方式、学生的学习方式、教师的教学方式和师生互动方式的变革，充分发挥信息技术的优势，为学生的学习和发展提供丰富多彩的教育环境和有力的学习工具。而作文教学往往是学校语文教学的难点，如何将信息技术与作文教学整合，让枯燥的作文教学生动起来，调动学生写作积极性是我们不断思考的问题。我尝试改革作文教学，运用现代信息技术，激发学生写作兴趣，优化习作教学。

一、运用现代信息技术，激发小学生习作兴趣

激发学生兴趣，是语文学科人文特性的要求。现代心理学研究表明：兴趣是人们力求认识某种事物或某项活动的心理倾向。它能激发和引导人的思想和意志去探索某种事物的底蕴，直接促进智力的发展和学习效率的提高。正如爱因斯坦所言："兴趣是最好的老师。"作文教学利用多种媒体进行，可突破时空的限制，真实地再现人、事、天气、动植物或生活场景、学习情景和活动情景，从而为学生提供丰富的写作素材。熟悉的画面、逼真的声音能同时调动学生的各种感官，诱发他们的情感活动，使他们身临其境，引导他们自由地感悟，自由地倾吐，自由地抒发真情，即用我心抒我情，用我手写我情，全身心地投入作文情境中。例如，我在教学"写校园的一角"时，先为学生播放一段介绍校园小水池的视频。在背景音乐的渲染衬托下，展现在学生眼前的是：池水清澈见底，各色鱼儿游来游去，偶尔几条小鱼探出头来，吐几个小泡泡。池边的杨树随风飘扬，几只小鸟在树枝上鸣叫……短短一分钟的视频，有声有色，有动有静。学生仿佛身临其境，一下子激发出他们要用文字描绘校园的欲望。

因此，借助信息技术，创设合理而富有情趣的生活情境，避免了枯燥的习作指导，能有效地促使学生产生真切的生活体验，激发学生的习作兴趣。

二、运用现代信息技术，提供广阔的习作素材

1. 运用电教媒体，为学生展示图文并茂的素材

学生在日常生活中缺乏细心观察，用心体验的经历，所以在作文时常常感到

无内容可写。电教媒体能为学生提供丰富的图文并茂的素材,解决了学生"写什么"的难题。例如,六年级教材要求学生结合生活实际,围绕环境保护写一份倡议书。在讨论"写什么"时,学生大多写"不能随便乱扔垃圾""不能随地吐痰"等,写作素材显得单一、贫乏。为此,我利用电脑为学生播放一段段破坏环境的画面,如"破坏水资源""乱砍滥伐""生产使用一次性餐盒""随意丢弃电池"等,学生通过这些触目惊心的画面,与自己的生活体验产生了共鸣,感受到"原来我们身边还有很多破坏环境的行为,我们却一时想不起来",学生各自找到倡议的切入口,在倡议中抒发自己独特的见解,避免了千篇一律。

由此证明,电教媒体可以为学生展示更广阔、鲜活的写作素材,丰富学生视野,能快速打开学生的写作思路。

2. 巧用电教媒体,为学生唤醒生活积淀

有时,我们在作文教学过程中会发现这样一种现象:虽然已经组织学生开展过活动,在活动时,学生也是兴致勃勃,然而到真正提起笔来的时候,还是会觉得无话可说、无事可写。而无话可说、无事可写正是许多学生写作时产生畏惧心理的根源。如何变"无话可说,无事可写"为"有话想说,有事要写",其中就有一个激活学生生活积淀的问题。生活积淀,是学生写作素材的积累。这种积累,大都以无意识积累为主。这时候,教师可以运用现代教育技术,例如组织学生观看以前活动的录像,就能唤醒学生的生活积淀,改变学生"无话可说,无事可写"的状态。

为了使学生学会写参观记,我们老师带学生去参观泥人张展览馆,并邀请了学校"小小电视台"负责拍摄录像。尽管在出发前,教师已经强调学生观察要多看、多听、多闻、多摸(当然是能够摸的),尽可能地利用多种感官去观察,学生还是每人带了一本笔记本,准备记下所见到的泥人种类、导游的介绍,可是回到教室,要求学生说一说看到了什么,再进一步要求学生把自己看到的最感兴趣的部分写下来的时候,学生却面露难色。怎么办?我适时播放了小小电视台拍摄的录像,让学生再次回顾参观经过,并且针对学生都感兴趣或觉得是写作重点的情节,采用画面定格的方法,让学生仔仔细细地观察。这样一来,学生写作时便有内容可写,达到了本次习作训练的目的。

可见,组织教师学生观看录像,如:运动会跑步、跳绳、跳高的镜头,去敬老院打扫卫生的场面,拔河比赛"僵持"的画面,"包饺子技能大赛"中同学们娴熟的动作……,可唤醒学生生活联想,引发学生有目的地进行细致观察,再进行写作,便会收到意想不到的效果。

三、运用现代信息技术,培养学生观察能力

观察是整个作文课堂教学的核心。2022 年版"新课标"在第一学段对写话的要求中提到"对写话有兴趣,留心周围事物,写自己想说的话,写想象中的事物"。在第二学段对习作的要求提到"观察周围世界,能不拘形式地写下自己的见闻、感受和想象"。在第三学段对习作的要求"养成留心观察周围事物的习惯,有意识地丰富自己的见闻,珍视个人的独特感受"。由此可见,各个学段都要重视观察习惯的培养 。观察是一种有意识、有计划、持久的知觉过程,是知觉的高级形态。观察习惯的培养对于小学生习作能力的提高有着重要的意义。

小学生长于形象思维,而抽象思维能力较弱,即对事物的分析、综合、比较和概括能力较差。我们就充分利用小学生以形象思维为主的思维特征,在习作指导过程中巧妙地运用现代电教媒体,如投影、录像和多媒体画面等,通过精心剪辑的画面、音乐和对白,将生活真实艺术地再现,吸引学生有意识进行观察。

如何培养学生良好的观察能力呢?

首先是在播放录像、多媒体画面的时候,教师向学生明确提出观察的目的、任务和观察的方法(由表及里,由浅入深,由个别到一般,由具体到抽象等),使他们对人物、动物、自然和社会的观察有的放矢,抓住重点,讲究方式。例如,在指导五年级习作《漫画老师》时,我为学生提供了一组反映老师生活的典型画面,要求学生一幅幅按照从上到下,由左及右的顺序仔细观察,留下一个整体印象,再通过分解定格、放大和慢镜头的演示着重指导学生回顾"老师的外貌特征""老师课堂变脸过程""老师生气时的样子""老师为参加拔河比赛的运动员助威时的神态",学生从这些画面中选择自己最感兴趣的进行有重点地观察,在观察的同时,还要让学生说说看到了些什么,哪些地方最能突出老师特征,再从老师的动作,神态去揣摩老师的内心活动。这样由浅入深地把握整体观察与细致观察,循序观察与重点观察,静态与动态观察的关系,学生习作的内容就丰富了,思路也开阔了。

其次是要求学生尽可能地用多种感官参与观察,如用眼睛看,用耳朵听,用手势比画比画,用嘴轻轻地说等,使大脑对一些事物能从各个方面加以分析综合,以形成完整而全面的概念。例如,要求学生描写美丽的春天时,我们向学生提出假设:假如让你来当画家,要求你画春天的美景,你会在纸上画些什么呢?先请同学说说,接着让学生欣赏鲜花的绽放、小溪叮叮咚咚的流动、燕子飞上飞下忙搭窝、柳树的枝条在春风的吹拂下翩翩起舞等生动形象的多媒体画面,再让学生自由发挥想象,在老师课前发给大家的白纸上尽情描绘,然后请学生走上讲台,利用实物投影仪与同学们分享自己画的画。看一看,想一想,画一画,说一说,经过这样一

个多感官参与观察的过程,学生下笔时,情动而辞发,语言更富有情趣,大部分同学还能适当地使用联想、比喻、拟人等手法,轻松自如地写下自己对美好的春天的赞歌。

四、运用现代信息技术,提高学生修改作文本领

2022年版《语文课程标准》关于写作的总目标是:"能根据需要,用书面语言具体明确、文从字顺地表述自己的见闻、体验和想法。"要想达到这一总目标,教会学生修改作文,显得尤为重要。我们都知道,好文章是修改出来的。作文修改的效果如何,直接影响着学生作文水平的提高。而对于语文老师,最头疼的事情莫过于作文批改,老师需要耗用大部分课余时间,才能把几十本作文改完,却总感觉费时费力而又劳而无功。老师的辛苦劳动——批改习作,怎样才能真正起到提高作文水平的目的呢?学生写了作文,却不会改,不知在改中提高,品尝不到修改作文的乐趣,写作水平怎能提高呢?叶圣陶先生说过:"文章要自己修改,学生只有学会自己修改的本领,才能把文章改好! "

如果我们能够恰当地利用信息技术,打破传统的作文修改模式,一定能够促进学生整体习作水平的提高。如何在现代信息技术的辅助下有效地指导学生修改作文呢?

1. 明确修改目的,展示典型例文

修改,是写作的最后一个步骤,也是很重要的一个步骤。一篇文章会有很多要修改的地方,但进行作文修改教学时,要有训练的重点。上课开始,教师要给学生讲清楚本节课要修改的侧重点(或分清详略,或突出中心,或描写细节等等),让大家心中有数,明确修改方向。然后,大屏幕展示需要修改的例文,由小作者读给大家听,大家边听边思考:该不该改,该怎样改。

2. 回忆修改要求,分组讨论修改建议

学生简要回忆修改要求,明确修改方向,做到有的放矢,根据修改的侧重点有目的地讨论修改建议。在学生讨论时,教师要加以恰当的引导,使学生不偏离本次习作重点修改内容。讨论后,请同学各自执笔进行个人修改,这样有利于不同水平的学生围绕同一内容,同一话题进行习作修改,达到取长补短、共同提高的目的。

3. 小组代表汇报,作者虚心修改

小组代表大胆提出修改意见,作者参考大家的讨论进行有针对性的修改。修改后的文字用不同的颜色显示。如果有条件,教师还可把这样的修改过程通过网络进行反馈,让每个学生都感受到修改的过程,掌握修改的方法。

4. 例文前后比较，同学相互修改

教师或学生把修改后的文章读给大家听，让大家讨论评价，让学生感受到修改成果。最后再请同学们根据作文修改要求进行自我修改，相互修改，逐渐提高修改作文本领。

教师运用现代信息技术，提高了课堂教学效率，优化了作文教学过程，使得作文教学告别枯燥乏味，变得生动活泼了。我将继续努力，力求实现信息技术与作文教学的有机整合，最大限度地优化习作教学。

依托信息技术，为阅读教学赋能

随着现代信息技术的普及，多媒体的广泛应用，越来越多的教师意识到，信息技术与学科教学整合的重要性。功能各异的现代化资源被越来越多的运用到课堂教学中，并成为现代教学中不可缺少的一项教学手段。它的新鲜性、直观性、趣味性和多样性越来越适宜课堂教学。

《语文课程标准》中提出了培养学生"搜集和处理信息的能力"的要求，建议语文教学"应拓宽语文学习和运用的领域，注重跨学科的学习和现代化科技手段的运用，使学生在不同内容和方法的相互交叉、渗透和整合中开阔视野，提高学习效率，初步获得现代社会所需要的语文实践能力"。针对《语文课程标准》的要求，在语文阅读教学中，教师要注意培养学生搜集、处理相关信息的能力，并形成一种良好的学习素质，同时也要帮助学生提高阅读理解能力，增加知识储量。

学生的学习过程其实就是一个信息的收集、解释、整理、归类、运用和加工过程。学生在语文学习活动中要迎接各种信息的挑战，这就需要我们语文教师要在拓宽学生的语文课程资源，树立大语文观念上下功夫，要把语文教学置于社会的大背景中，把语文教学活动与生活紧密联系起来，充分利用现实生活中丰富多彩的语文资源，优化语文学习环境。而信息技术作为支持终身学习和合作学习的手段，必须落实到学生的主动学习活动中。通过三十年的语文教学，我越来越体会到，教学中合理科学地运用电教媒体，可以把静止的、呆板的文字转化为鲜明、生动的视听形象，由此满足小学生强烈的好奇心和求知欲，激发学生学习语文的兴趣，调动课堂学习气氛，从而提高课堂教学效率和教学质量。因此，现代信息技术与小学语文阅读教学有效整合是必然的趋势，它将给学生创造最有利的语文学习环境。那么，如何将现代信息技术与小学语文阅读教学有效整合呢？

一、阅读教学中，运用现代信息技术，拓展阅读空间

小学语文教材选编的课文涉及背景广泛，诸如社会背景、文化背景和作者的生活背景等。这些背景给小学生理解课文内容造成一定的困难。在上课之前，教师可以引导学生通过上网浏览了解课文背景并在课堂上进行交流，这样，既锻炼了学生搜集、处理信息的能力，又使学生提早入境，为他们理解课文提供了帮助。

例如，六年级上册《我的伯父鲁迅先生》主要讲了作者周晔回忆伯父鲁迅生

前的几件事。为了让学生更好地体会鲁迅先生"为别人想得多，为自己想得少"的伟大品格，我在教学这一课前，布置学生搜集有关鲁迅先生的资料（图片、故事、生平和名言等）。当这些资料汇集到一起时，学生便可以从多个角度了解不同的信息，从而更完整地认识一个有血有肉的鲁迅形象。在这些丰富的感知认识之后，学生对人物充满了个性化的理解，自然产生更进一步走进人物的欲望。这样既让学生"乐学"，又为阅读教学做好了铺垫。

再如，六年级下册《十六年前的回忆》是一篇歌颂李大钊为了理想勇于献身的文章。课文线索清晰，除第一段外，按照时间顺序描写了"被捕前—被捕时—法庭上—被害后"几件事，以此作为文章的"明线"；又以"我"的情感变化与父亲的表现作为"暗线"，明线暗线交织，让"回忆"内容有骨有肉。课文表明了李大钊不仅是一个慈祥的父亲，更是一个伟大的革命者。但学生对先烈的革命事迹了解甚少，而单凭一篇课文，学生是无法真正体会李大钊的"伟大"之处。如何才能让学生走近李大钊，我觉得现代信息技术是化难为易的最好手段，也是减轻学生学习负担的关键。预习时，我组织学生搜集有关李大钊的资料，了解李大钊的生平事迹。课前利用几分钟时间，让学生交流他们搜集的信息，其中有名言，有故事，还有图片等。教学时，我有意识地将这些信息贯穿于教学过程中。在学习"法庭上"部分，我借助现代信息手段给学生提供李大钊在监狱中所受酷刑的资料，学生看到李大钊在狱中所遭受的种种肉体上非人的折磨，再看课文中所描述法庭上的父亲"平静而慈祥的脸"，学生一下子就理解了这神态背后所蕴含的情感，是李大钊作为父亲对儿女无私的爱，作为革命者对党无限的忠诚，对革命事业的坚定信心。通过对多种资料的综合了解，学生在信息交流的过程中体验到了搜集、获取信息的快乐，同时也更深地感受到了李大钊的高贵品质。

以上是围绕课文主要人物进行信息搜集，另外还可以围绕课文主要事件进行信息搜集。例如，五年级上册《开国大典》《长征》，五年级下册《草船借箭》，教师可组织学生围绕课文相关内容进行搜集，让学生有一定的知识储备，由此再走进课堂，我们发现，学生听课的积极性更高了，参与讨论的热情更浓了，甚至在教学中学生主动提出自己独到的见解。这样，40分钟的课堂，在现代信息技术的辅助下，迸发出更多的智慧火花，激发出更多的思维灵感，学生学得轻松愉快而有实效。

二、阅读教学中，运用现代信息技术，激发阅读兴趣

爱因斯坦曾说过："兴趣是最好的老师。"兴趣对学习产生的影响远远超过父母的督促和教师的简单说教。近年来，我尝试将现代信息技术与文本内容有效整合，形成一体化教学，更好地激发学生乐学，爱学，主动学。

1. 新异活泼的开课形式，引发学生的求知兴趣

良好的开始，是成功的先导。独具匠心的新课导入环节，可以起到先声夺人的效果，为整堂课的学习活动打好基础，更有助于学生对文本的理解。例如，我在讲五年级课文《威尼斯的小艇》时，特意到网上查找了大量有关威尼斯的资料：纵横交错的河道，川流不息的小艇，不同风格的建筑，世界各地的游人……我将这些资料加工整理，制作成声图并茂的课件。通过屏幕的展现，学生感受到威尼斯美丽独特的风情，从而培养了学生发现美、鉴赏美和追求美的情趣。再与优美的课文和谐相配，学生自然产生了一种身临其境之感。又如在教授五年级课文《鸟的天堂》时，我先播放一段影像资料——榕树正值茂盛时期的静态美景，后又播放了清晨，到处是鸟影，到处是鸟声的动态美景，让学生伴随画面去听课文的朗读录音，渐渐地，学生被繁盛的榕树所吸引，被娓娓动听地朗读所陶醉，在潜移默化中教师激发出学生学习的兴趣，由此导入新课，会使学生很快进入最佳学习状态，实现了将"要我学"变成"我要学"的理想效果。由此可见，巧妙地利用现代信息技术，将教学形式与教学内容整合，既可引发学生的求知兴趣，又能充分调动学生学习的主动性。

2. 丰富适时的资料补充，满足学生的探究兴趣

教师在阅读教学过程中，巧妙运用现代信息技术，实现适度拓展与自主探究整合，使学生化"被动学习"为"主动研讨"。教师拓展的课外资料，要与文本资源相融相生、交相辉映，为阅读教学打开另一扇窗，使教与学更具张力，满足学生的探究兴趣。例如，讲授六年级下册《北京的春节》一文，我通过制作课件，链接网页，借助多媒体手段，把春节广西的舞鸡、舞春牛，广州的迎春花市，甘肃的舞社火等各具特色的图片展现在学生眼前，并通过文字资料等相关信息的阅读，让学生真切地感受到中华传统民俗的文化内涵，使学生开阔了眼界，丰富了知识，满足了学习欲望。实践证明，这比教师一人唱"独角戏"，泛泛讲读文本的效果要好得多。

3. 阅读教学中，运用现代信息技术，突破课时重难点

在教学中，由于受时间空间的限制，许多教学内容离学生生活较远，其中涉及的一些事物和现象学生无法直接感受，这便成为我们教学上的难点。我国古代大教育家荀子早已提出："不闻不若闻之，闻之不若见之。"由此可见，闻和见是教学的基础。如果结合学生的认知特点，遵循学生认识事物的规律，巧妙地运用现代信息技术把难以理解的或者对理解课文起重要作用的内容展现出来，将有效地化抽象为具体，最大限度地调动学生的感官去感知知识，增强小学阅读教学的直观性、形象性和生动性，为释疑解难创设巧妙的突破口。

例如，六年级上册《月光曲》一文，"引导学生分辨哪些语句写的是实实在在的事物，哪些语句写的是由事物引起的联想，从而体会贝多芬即兴创作《月光曲》的思想感情"是本课教学的难点。这部分不能单靠教师的"讲"，而应发挥教师的主导作用，为学生理解文本"搭桥铺路"，现代信息技术就是最好的、最便捷的"桥"。当教学进行到第八九自然段："一阵风把蜡烛吹灭了……"时，我运用现代信息技术将课文插图放映出来，画面展示出这样的情景："月光照进窗子来，茅屋里的一切好像披上了银纱，显得格外清幽、美丽。穷兄妹俩凝神倾听，贝多芬无限深情地弹奏钢琴。"紧接着播放钢琴曲《月光曲》，使音乐与插图的情景联系起来，随着缓慢而清幽的琴声，学生观其图、听其曲、思其文，那一刻，不仅皮鞋匠仿佛看到了"月亮从水天相接的地方升起来……"，同学们仿佛也看到了一轮明月正从微波粼粼的海面上升起来。此时此刻，学生与文本产生了共鸣，再去体会贝多芬即兴创作《月光曲》的思想感情，去分辨"实实在在的事物和联想"便水到渠成了。同时，学生由对优美乐曲的无意注意转移到对画面上盲姑娘陶醉在乐曲中忘我神情的有意注意上来，为学生体验语言信息所表达的情感内涵铺平了道路，消除了"时空距离"。

当然，现代信息技术与阅读教学的整合并不意味着必能增效，还要体现一个"巧"，这就需要教师精心设计，深入研读文本，在"巧"上做文章。例如，五年级《落花生》一课，父亲在与孩子们谈花生的过程中"借花生说道理"，而这种"借物喻理"的写法就成为我们教学上的重难点，在教学中要巧妙地利用现代信息技术手段，通过优化组合来帮助学生突破这一重点和难点。

例如，出示活动幻灯片：右上方是"落花生"图，形象地演示出落花生"矮矮地生长在地里，果实埋在泥土里，一定要挖出来才知道"的特点；左上方是"高挂枝头、鲜红嫩绿，使人一见就生爱慕之心的苹果、石榴"；下面是活动文字片。这样声形结合、声画并举，学生一边看图，一边听录音，细细品味文字意思。通过观察比较，学生感知到同类植物的不同之处；从语言文字中学生发现了作者抓住事物的特点进行对比的写法，从而体会到两种事物本质的不同；从图文创设的意境中，学生感悟出父亲将花生和苹果等作比较的真正目的，不仅为了突出花生"藏而不露"的特点，更反映花生"谦逊朴实，默默无闻"的品质。同时在读读议议中，学生的情感和作者的情感发生共鸣，自然地悟出"人，要做有用的人，不要做只讲体面，而对别人没有好处的人"这一哲理，文章"借物喻理"的难点迎刃而解。由此证明，巧妙地运用现代信息技术，不但充分体现了以学生为主体的教学原则，也在教学活动的组织过程中切切实实渗透"乐学"的教学思想，减轻了学生理解文本的负担。

综上所述，现代信息技术对小学语文阅读教学不仅是锦上添花，更是雪中送炭，培养了学生自主学习能力，诱发了学生的兴趣，降低了教学的难度，活跃了学生的思维。可以说,现代信息技术与小学语文阅读教学的有效整合,是优化教学过程,提高教学质量,为学生减轻课业负担的重要途径之一。

附教学案例

《跨越百年的美丽》第二课时

【教学目标】

1. 练习有感情地朗读课文,感悟作者的表达方法,体会文章的语言魅力。

2. 能联系上下文理解课文中含义深刻的句子,体会居里夫人为科学献身的精神。

3. 体会作者对居里夫人巨大贡献和人格精神的赞美,理解"跨越百年的美丽"的深刻内涵。

【教学重点】

能联系上下文体会课文中含义深刻的句子,体会居里夫人为科学献身的精神。

【教学难点】

领悟"跨越百年的美丽"的内涵。

【教学准备】

多媒体课件。

【教学过程】

一、课题导入,整体感知

1. 同学们,1898 年,居里夫人以美丽庄重的形象定格在历史上,定格在人们心中。今天我们继续走进《跨越百年的美丽》,去寻觅那永恒的美丽。

板书课题:跨越百年的美丽

2. 上一课我们整体感知了课文。我们知道这里的美丽不仅指外表的美丽,也指内在的美丽。作者是怎样描写居里夫人美丽容貌的。

(出示:玛丽·居里穿着一袭黑色长裙,白净端庄的脸庞显出坚定又略带淡泊的神情,那双微微内陷的大眼睛,让你觉得能看透一切,看透未来。)

【设计意图】这一环节的设计,意在引导学生回顾旧知,引入新课,让学生认识到学习是连贯性的。同时,抓住本课学习的要点,明确本课学习的任务。

二、质疑问难,解读美丽

(一)感受"坚定执着"之美

默读第 3 到 6 自然段,找出最能体现居里夫人内在美的句子,画下来,还可以在旁边写下自己的理解和感受。

预设一：

> 就像在海滩上捡到一个贝壳，别人也许仅仅是把玩一下而已，可居里夫人却要研究一下这贝壳是怎样生、怎样长、怎样冲到海滩上来的。别人摸瓜她寻藤，别人摘叶她问根。

1. 体会对比的写法。感受居里与别人的不同。（仅仅把玩／研究一下）

2. 师生合作读，再次感受居里坚定执着的精神。

预设二：

> 为了提炼纯净的镭，居里夫妇搞到一吨可能含镭的工业废渣。她们在院子里支起了一口大锅，一锅一锅地进行冶炼，然后再送到化验室溶解、沉淀、分析。化验室只是一个废弃的破棚子，玛丽终日在烟熏火燎中搅拌着锅里的矿渣。她衣裙上，双手上，留下了酸碱的点点烧痕。

1. 品析词语：从"可能""一口大锅""废弃的破棚子""终日""烟熏火燎""点点烧痕"几个词语中感受居里夫人对科学研究的执着追求和不懈的努力。

2. 带着自己的理解，再次朗读这段话。

3. 观看"居里夫妇提炼镭"的录像，教师相机解释工作环境。学生感受居里坚定的信念、顽强的毅力。

4. 阅读语文书104页阅读链接第三自然段，体会爱因斯坦的评价。

5. 用书中的一句话直接赞扬玛丽居里的精神。

> 玛丽的性格里天生有一种更可贵的东西，她坚定、刚毅、顽强，有远大、执着的追求。

预设三：

> 经过三年又九个月，他们终于在成吨的矿渣中提炼出了 0.1 克镭。

1. 补充资料。（课件演示计算过程）

据资料显示，要提炼 0.1 克镭，他们至少需要 8 吨以上的矿石残渣，而当时的工作条件非常艰苦，他们需要一口锅一口锅地冶炼，一口锅只能炼 20 公斤，这样算算，他们需冶炼 400 锅。

【设计意图】此环节教学，浅显易懂，教师给学生留出了充分的交流空间，让学生自由表达自己独特的感受。适时插入资料，意在缩短文本与学生的距离，引发学生的情感共鸣。

2. 朗读，体会对比的作用。

【设计意图】反复朗读是这一环节教学的主要方法。通过朗读，学生们深入文本;强化学生对文本的认知,他们在朗读中感受到了居里夫人坚定执着的精神。

（二）感受"勇于献身"的科学精神

预设:

在工作卓有成效的同时,镭射线也在无声地侵蚀着她的肌体。她美丽健康的容貌在悄悄地隐退,逐渐变得眼花耳鸣,浑身乏力。

1. 借助资料,帮助理解:镭是一种有剧毒的物质,居里夫人由于长期提炼镭,慢性中毒得了恶性白血病,于 1934 年 7 月 4 日与世长辞了,医生的证明是夺去居里夫人生命的真正"罪人"是镭。（板书:勇于献身）

2. 小结写法:希望学生以后写文章的时候,也可以采用举事例的方法表现一个人的精神。

【设计意图】文本资料的补充,既是对本文内容的补充,又丰富了文本人物的形象,使学生们既拓展了认识,又升华了情感。

（三）感受"淡泊名利"之美

预设一:

她从一个漂亮的小姑娘,一个端庄坚毅的女学者,变成科学教科书里的新名词"放射线",变成物理学的一个新的计量单位"居里",变成一条条科学定律,她变成了科学史上一块永远的里程碑。

师生合作读这段话:

居里夫人从一个漂亮的小姑娘,逐渐成长为一个端庄、坚毅的女学者,

因为她开创了放射学这门新的学科,所以人们说她变成了……

因为她提炼镭做出了巨大的贡献,人们后来以她的名字作为放射性强度的单位,所以人们说她变成了……

因为她不断地在科学道路上探索,所以人们说她变成了……

因为她终身献身科学,所以人们说她变成了……

练习背诵,体会居里对名利的态度。

预设二:

她一生共得了 10 项奖金、16 种奖章、107 个名誉头衔,特别是获得了两次诺贝尔奖。她本来可以躺在任何一项大奖或任何一个荣誉上尽情地享受,但是,她视名利如粪土,她将奖金捐赠给科研事业和战争中的法国,而将那些奖章送给六岁的小女儿当玩具。

默读,指名谈感受。（板书:淡泊名利）

三、回顾课文精彩片段,感受"美丽"内涵

1. 讨论:在居里眼里,人生的意义指是什么?

【课件出示】

玛丽•居里几乎在完成这项伟大自然发现的同时,也完成了对人生意义的发现。

2. 重温课文片段,再次感受玛丽居里的美丽。

配合课件朗读课文片段:

"跨越百年美丽"是指她端庄美丽的容貌——玛丽•居里穿着一袭黑色长裙,白净端庄的脸庞显出坚定又略带淡泊的神情,那双微微内陷的大眼睛,让你觉得能看透一切,看透未来。

"跨越百年美丽"是指她执着追求的精神——化验室只是一个废弃的破棚子,玛丽终日在烟熏火燎中搅拌着锅里的矿渣。她衣裙上,双手上,留下了酸碱的点点烧痕。

"跨越百年的美丽"是指她取得的一个又一个成就——她从一个漂亮的小姑娘,一个端庄坚毅的女学者,变成科学教科书里的新名词"放射线",变成物理学的一个新的计量单位"居里",变成一条条科学定律,她变成了科学史上一块永远的里程碑。

"跨越百年的美丽"更是指她热爱科学,淡泊名利的人格,爱因斯坦这样说:"在所有的世界著名人物中,玛丽•居里是唯一没有被盛名宠坏的人。"

【设计意图】此环节的教学,为学生创设了充分感悟与表达情感的情境,让学生在乐声中回顾全文,在乐声中品读那些感人的语言,积累语言。

四、拓展延伸,升华美丽

【课件出示】仿写句子

美丽是袁隆平用一生的精力研究出来的杂交水稻。

美丽是居里夫人_____

美丽是_____

五、回读课题,总结全文

通过本节语文课的学习,同学们心里都烙印下了居里夫人对科学事业坚定的信念和执着追求的精神,因为这是(读课题)跨越百年的美丽;也镌刻下了居里夫人献身科学的精神,因为这也是(读课题)跨越百年的美丽;更记录下了她淡泊名利的风骨,因为这更是(读课题)跨越百年的美丽。

> ❯**板书设计**
>
>
>
> **跨越百年的美丽**
>
> 坚定执着　　　对比
>
> 勇于献身　　　举事例
>
> 淡泊名利
>
>

【教学反思】

课文《跨越百年的美丽》是一篇赞美居里夫人的文章。文章以"美丽"为主线,表明了居里夫人的美丽不在于容貌,而在于心灵和人格。她为人类做出了伟大的贡献,实现了自己的人生价值。

我在执教第二课时时,力求从多个方面让学生感受课题中的美丽,力求在教学中做到实与活相结合,我觉得我本课教学的成功之处有以下几个方面。

1. 紧扣题眼"美丽",以一个问题"居里夫人除了美丽的容貌,究竟还有什么样的美丽能跨越百年"贯穿整堂课,学生在问题的驱动下自主学习。

2. 目标清晰,重点明确:这个单元的重点是"科学精神",本课的重点是读懂居里夫人的事迹,领悟"跨越百年的美丽"的含义。基于此,我抓住"美丽"这一线索,整节课中全班的交流都是围绕这一重点进行的有效活动。深入理解之后我又回归课题,让学生说说对跨越百年的美丽新的理解。让学生体会到这份美丽是永恒的。

3. 充分利用现代化教学手段辅助教学,帮助学生理解课文内容。我让学生在充分读议的基础上,播放居里夫人提炼镭时的视频片段,让学生有直观的感觉,进一步体会居里夫人提炼镭的艰辛。

当然,本课的教学也有很多遗憾。

1. 朗读少了。虽然有重点句子的指导朗读。但总体上朗读少了。其实,朗读也是在表达情感,也是思维发展的延伸,也是在和文本对话。今后要注意朗读的指导!

2. 面向全体,做得不够。"面向全体"这是我这节课做得最不到位之处,一节课下来只有少数的孩子举手发言了,课堂上自己在不停地的引导,唯恐学生偏离了自己已经预设好的教学环节,对课堂不能做到游刃有余,我其实也关注到了那些沉默的学生,可是没有能力马上调整。这点要加强研究!

借语文游戏，补课堂短板

随着升入五年级，教材课文越来越长，很多学生预习时不能保质保量地读课文，这样，课堂学习起来就会显得有些吃力。为此，我在班里推出两部"语文游戏"，以此唤醒学生课下自觉捧起课本，自觉与文字对话，鼓励学生将文字转化成自己的表达，自己的创作，由此成为语文学习的主人。

一、做线上"朗读者"抒文本"喜乐情"

古人说过："书读百遍其义自见。"朗读，是语文教学的必修课。以读促学，读中感悟，提高学生阅读理解能力。而在40分钟的课堂中，基于教学时间有限，不能给予足够的时间让学生充分朗读。文本中精美的文字无法深入学生内心，无法架起学生与文本作者对话的桥梁。语文教学不能失去"读"。我组织同学们开展"朗读者"视频录制活动，学生自选所学课文喜欢的片段，进行练习，录制视频，上传到班级微信群。学生在游戏任务驱动下，为了让自己精彩"出镜"，反复推敲课文每一句话，甚至每一个标点，努力将自己带入文本角色中，将对文字的理解幻化出各种情感，朗读入情入境。我汇总全班的朗读视频，分类制成不同版块的美篇，推送到班级微信群。这就巧妙地补上了语文课的关键一环"读"。徐××朗读的《祖父的园子》"倭瓜愿意爬上架就爬上架，愿意爬上房就爬上房。黄瓜愿意开一朵花，就开一朵花……"他将文字读出了自由自在的味道。张×朗读的是《稚子弄冰》，"稚子金盆脱晓冰，彩丝穿取当银钲"小朗读者在语调的轻重徐疾中将儿童的情趣活脱脱地表现出来。

有家长说："这是一道美丽的是视听风景线"。的确，特别的语文游戏，让学生更加亲近课本，自觉由"文"悟"意"，由"意"带"声"，以"声"传"情"，声情并茂中，课本的文字有了"喜乐"。

二、借线上"故事会"讲经典"情智路"

语文课是学生听、说、读、写的综合实践课程。日常的语文课堂，我尤其倡导学生大胆表达，或概括，或讲述，或复述。可尽管如此，还是不能保证学生全员参与课堂表达。为了满足学生的表达欲，我组织学生开展"故事会"，将"说"落在"讲"

上,让学生把课文内容转化成自己的语言,赋予文本中事件以故事形式讲出来。恰巧统编教材五年级第二学期第二单元人文主题是"古典名著之旅",篇篇都是经典课文。《草船借箭》《猴王出世》《景阳冈》《红楼春趣》,我将每一课按照内容分出四个章回,学生每人讲其中一个章回,学生对讲故事格外感兴趣,他们积极钻研文本,主动查找讲故事的技巧,上网听名家讲故事,上传的小视频精彩纷呈——巧设悬念、添油加醋、连问带讲,颇有孙敬修之范。

　　列夫·托尔斯泰说过:"成功的教学所需要的不是强制,而是激发学生的兴趣。"我就从兴趣入手,在课堂背后捣鼓些游戏,将语文潜入游戏中,让"教"变得有效有趣,让"学"变得有知有味。

巧用开课"五分钟",有力推动高质量"预习"

我们老师每天都会布置预习作业,最保底的预习作业就是熟读课文,预习生字词。但学生是否读熟课文,我们不能逐个去检查。有的老师采用手机打卡的形式,让学生将读熟的课文上传小管家,但老师真的去听吗?学生在钻空子上还是有经验的,只要逃过了一次,下次他便更敷衍,这样久而久之,打卡也就形同虚设了,胆小认真的孩子一如既往,胆大偷懒的孩子依旧我行我素。

上课时,我按照学号点名读课文,这样就有很多随机性,学生们自然都进入紧张状态,每个人只读几句话,如果确认这个同学读得很熟,就请这个同学只读半句话坐下,让他有一种自豪感,这是老师对他的信任,下次想必在家更加努力练习;甚至有的学生,站起来确认是一向认真的孩子,直接通知不用读了,免检!他会多么骄傲!如果不好确认他读得是否熟练,就多听几句,也让同学们一起来鉴别。这里还要预防两种同学,一种是自以为"聪明"的孩子,他们在上一个同学站起来后,就将目光移到课文后面几句话,准备万一叫到自己,好提前看看。为了避免这种现象,我偶尔在叫下一个学号时,不让这个同学继续往下读,而是让他挑出刚刚同学读课文的问题,一般是多字,丢字或读音方面的问题。只要认真听,就能挑出来。但往往"聪明"孩子这一刻开始支支吾吾。当他发现自己往下着手准备的内容没有用时,只能集中精力去听同学读课文。还有一种同学被点过学号后,就"万事大吉",在座位上休息了,以为不会再点名,这时我会再杀个"回马枪",再次点他的学号。如此,班里所有同学,无论检查过的还是尚未检查的同学,都处于时刻准备着的状态,他们不知下一个被叫到的会是谁,不知下一个被叫到时要读哪部分。只能不走神地认真听同学读课文。这样,一篇课文,五分钟读完,大部分同学都被检查过,有的一句没读,站起来立刻通知坐下,免检;有的只读了一句话;有的读了两三句话。

当然,也可以不按学号读课文,按座位读课文。先随便点第一个同学,然后就点前面,右面,左面,后面,后面,左面,右面。像玩魔方一样,没有规律,不给学生提前准备的机会,但都是那周围同学,也可突然窜到其他排。这样老师检查了哪些同学,依照座位布局比较容易记着。

两种方法,既能快速检查全班学生是否读熟,又督促每个学生在家认真预习,最起码朗读课文达到保底要求——正确流利。

检查学生预习的第二个好方法，就是每课两分钟"学前测"。课前，每个同学准备好一张小纸，卡片大小，我们管它叫"微型测试"。一张小小纸，既不会造成浪费，又让学生觉得好玩。好玩就有兴趣。测什么？既然是学前测，就检查预习情况：如果作者是名家，就考作者；如果课文中出现经典的成语，就由老师说意思，学生默写，或请学生填空，如六年级上册《盼》"我几步跑回家，（　　　）地打开柜门拿出雨衣"；课文中还有些易读错的字音，尤其是课文中有标音的字，可以把字写黑板上，考考拼音。当然，有时我也会围绕课文内容，问学生一个简单问题。例如，《灯光》一文按照什么叙述顺序写的。"'没有一个人照顾她啊！'桑娜一边想一边敲了敲门"，采用什么描写？"水渐渐蹿上来，放肆地舔着人们的腰"，采用什么修辞？

老师一定要保证每课时都安排两分钟"学前测"，而且可以让学生摸出测试规律，他们预习时的专注点就不只停留在读熟课文上，也会关注课文内容，写作顺序，重点句子的理解等。这样，对于高年级，我们就可以根据学生预习情况，根据学前测学生的实际学情，调整我们的教学重点难点。当然，一定要坚持，如果我们三课测，两课不测，学生预习的劲头就会大打折扣，积极性也不高了。由于我每次上课前都进行小测，学生习惯了，很多学生一到语文课前的十分钟，就一边翻书一边和同学讨论预习中的疑惑，甚至有的同学悄悄向我建议考题："老师，一会您就考这个词哈。"我冲他神秘地点点头。小测时，我经常听到同学小声说"押上了""我也押上了""昨天我还查这个字音了"。考试时偶有这样的小声议论，老师也不用管他，这种声音，会起到积极的反馈作用，帮助提醒那些还没有在预习上下功夫的同学，也让前一天默默努力的孩子抒发一下内心的喜悦。

学前测成绩，一定立等可取。怎么办？给小组长，一个组长负责五份，很好批阅，老师当场宣布答案。有的老师可能会说这样多耽误上课时间，但我们上课的目的是什么，不就是引导学生品析课文吗，学生能预习好了，都不需要老师煞费口舌去讲了。我个人认为只是剥夺了老师盲目的"一刀切"似的分析，反而让学生形成自主自觉学习的习惯，大大增强了学生的学习力。

让语文核心素养在小学古诗词教学中落地生根

语文的核心素养分为"文化自信""语言运用""思维能力""审美创造"四个方面。小学语文教学中,诗词教学是培养学生核心素养的重要载体。由于古诗词的语言与学生日常生活语用环境距离比较远,给语言运用乃至进一步的积淀和发展带来一定的障碍。本文以小学语文高段统编版教材中的诗词为例,对如何运用诗词教学培养核心素养做以下分析。

一、关注精妙字词,提升学生语言运用能力

古诗词是传统文化遗产中的精华,其中蕴含着我国语言的基本规律,简洁、准确、精妙和意味绵长。教学中,教师要善于抓住古诗词"用意十分,下笔三分"的文字特点,引领学生通过以下几种方式进行探究与分析,构建诗词语言。

1. 比较法

比较法是一种思维方法,通常包括求同和求异。在古诗词教学中,针对难于理解的关键词,教师可采用近义词替换的方法组织学生进行比较,在辨别中有助于学生更全面、更深刻理解诗人遣字用词的精妙,从而激发学生学习、积累和运用语言的欲望。

例如,统编教材六下《春夜喜雨》中的颔联"随风潜入夜,润物细无声",教师提出能否把"随风潜入夜"改成"随风悄入夜"。学生在比较辨析中体会出"悄"字只是表示春雨没有声响,而"潜"字不仅传递出春雨细腻轻盈,悄无声息的特点,还将她默默地伴着和风,滋润万物却不造声势的情谊表达出来,这是"悄"字所无法代替的。这样在比较中不仅让学生体会到诗歌的主旨——"喜",更潜移默化地培养学生从诗词炼字中建构语言。

2. 想象法

小学生是最富有想象力的。教师要善于在诗歌教学中发挥学生的想象力,引导学生结合诗句中的重点文字展开想象,将诗句想象成一幅画,再将这幅画描述出来,这样就实现了语言的再创造。

例如,统编教材六年级下册《泊船瓜洲》中"春风又绿江南岸,明月何时照我还",对于"绿"字的精妙不是简单了解其意思即可的。不妨试试让学生闭上眼睛,

想象"春风又绿江南岸"的画面,然后,请学生讲讲自己看到了什么。学生会说"春风一年又一年如期来到江南,每一年都会把大地染绿"。由此引导学生体会诗人的心境:王安石眺望春满江南的美景许久,直至皓月初上,设问"明月何时照我还",感慨背后道出了诗人无尽的思乡之情和念家之意。诗歌教学不能止于词句的理解,一个"绿"字,在学生脑中绘成一幅画,再将这幅画描述出来,进而探寻到诗人的情感,这就巧妙搭建了语言建构与运用的通道。

3.表演法

表演是学生最感兴趣也最乐于参与的学习形式。诗歌中有些词语意思难于表达清楚,教师可以结合诗词营造的意境,请学生演一演。学生将自己对词语的理解,对诗歌的体会,以表演的形式输出,以"演"代讲,以"演"促学,以"演"激情,在表演中建构并运用语言,使传统的诗歌课堂变成了精彩纷呈的舞台。

表演的形式可以多样化,鼓励学生发扬合作精神,以小组为单位,分工进行,有导演,有演员,有负责道具的,有负责音效的,把诗歌中的景、境、人、情淋漓尽致地呈现出来。

例如,统编教材五上《枫桥夜泊》,对于诗中的"愁眠"学生只能理解表面意思——诗人因有愁而难眠。诗人愁什么,为何难眠,学生不好理解,靠教师讲解也显苍白。我请同学们以表演的形式呈现,其中一个小组用电脑投影展示出诗歌的意境,画面外有一同学解说:"夜半三更,月亮已经落下,偶尔传来几声乌鸦的啼叫,江边的枫树在秋风中瑟瑟摇曳,远处的渔火忽明忽暗。"伴随解说,诗人"张继"来到投影前,他独坐"客船",望着幽暗的天地,忽然远处寒山寺传来"咚——咚——咚——"的钟声,"张继"摇头叹息,眉梢皱出愁绪。表演毕,台下的学生给予热烈的掌声,教师采访台下同学,"你们能看出诗人此时的心境吗?""他孤独""他寂寞""他思乡""他凄凉",众说不一,却无需统一。因为学生已经理解了诗歌中意象(月亮、乌鸦、江枫、渔火、钟声)所传递的感情,更深刻理解关键词"愁眠"。在诗歌教学中插入表演环节,无论演员还是观众,都投入诗歌营造的情与境中,诗词语言的建构与运用悄然实现。

二、关注结构与章法,提升学生思维能力

古诗词的结构与章法是诗人在创作中逻辑思维走向的体现。古人将章法归纳为"起、承、转、合"四步。起是一首诗的起句(律诗首联、绝句首句),好的开头能起到开门见山,统领全文,引出下文的作用。承是承接起句(律诗颔联、绝句第二句),是起句的延伸,在诗中起桥梁纽带的作用。转是转句(律诗的颈联、绝句第三句),表明诗意的变换,往往体现由物及人,由景及情,由事及理。合是合笔(律诗

尾联、绝句末句),是结句,起突出主旨,抒发感情,阐述道理的作用。由此可见,起承转合能够体现出诗人严谨的行文和严密的思维,而在日常诗歌教学中,往往不被教师重视。现在流行"得语文者得天下",其实"得结构者得语言"也。结构靓丽是达成"语言构建与运用"的关键点。教师可以采用以下方法,帮助学生梳理诗词章法。

1. 探究法

探究法即学生主动参与发现问题,寻找问题答案的学习方法。

教师在进行诗词教学时,可采用探究法引导学生主动发现诗歌起承转合的结构方式,从而理解诗歌大意,感悟诗歌主旨。

例如,统编五下教材《送元二使安西》,教师引导学生体会第一二句与第三四句的章法与结构,"渭城朝雨浥轻尘,客舍青青柳色新"形象地写出送别的时间、地点和环境;"劝君更尽一杯酒,西出阳关无故人",由景入情,一转一合,将诗人举杯劝酒,惜别之情,祝福之意,融在巧妙的结构中。学生在自主探究中,将这种简单清爽的起承转合浮于眼前,却将巧妙地结构章法化于内心了。

2. 吟咏诵读法

"吟咏诵读"是诗歌教学的传统用法,所谓"三分诗靠七分吟"。而诗歌的章法恰恰在吟诵中得以凸显。在课堂教学中,教师可采用多种诵读方法促进学生对诗歌章法的感知,如师范读,生个别读,生合作读,表演读,配乐读等,指导学生在理解诗歌意思的基础上,通过语调的抑扬顿挫,语气的长短徐疾表现诗歌的起承转合,达到入情入境,入事入理,最终将诗歌章法结构印入自己脑海,植入自己的日常语言中。

三、关注表达方式,提升学生审美创造能力

古诗词中诗人为了阐述自己的思考、抒发自己的情感常常会使用象征、借代、比喻和拟人等表达方式。这些独特的语言表达技巧为古诗词增色不少。课堂上,教师可以采用以下方法引导学生体会感悟,从中建构有特色的语言,生成更为精彩的个性化表达。

1. 鉴赏法

古诗词将汉字的运用特点和方法发挥到极致,是我国五千年文明历史的智慧结晶和文化积淀。鉴赏古诗词历来是初高中语文教学中的重点内容,对于小学高段学生,教师也应有意识进行初步培养,它对提高学生的文化素养起到促进作用。例如,统编教材六下《游园不值》第三四句"春色满园关不住,一枝红杏出墙来"。

教师要引导学生鉴赏"关"与"出"字,诗人巧妙地采用了拟人的修辞,以"一枝"便可见满园,透过"关"与"出"便可知院内无限春光。简朴的修辞,却饱含韵味。

再如,统编教材五上《己亥杂诗》前两句"九州生气恃风雷,万马齐喑究可哀",教师要引导学生鉴赏比喻的修辞,"风雷"在这里比喻什么,"万马齐喑"又指的是什么。学生通过查阅资料,发现"风雷"比喻新兴的社会力量、社会变革,"万马齐喑"比喻在腐朽的反动统治下,人才被扼杀,社会一片死寂。

鉴赏古诗词的表达手法,可以激发学生学习古诗词的热情和兴趣。在接受古典诗词的精神洗礼后,获得诗歌的语言熏陶,从而提升自己的审美创造能力。

2. 仿写法

茅盾先生说过:"模仿可以说是创造的第一步,模仿是学习的最初形式。"仿写诗词名句不仅可以帮助学生更好地理解诗词大意,而且能够让学生对于特定的语言技巧有所认识和提升,从而培养学生热爱祖国语言文字的感情,提高语文核心素养。

例如,统编教材六上《书湖阴先生壁》一诗中"一水护田将绿绕,两山排闼送青来"。诗句中"护田"与"排闼"采用拟人的修辞,将小溪绕田视为"护"——仿若在呵护自己的孩子;将院前两山视为"友"——步履匆匆,顾不上敲门,直奔庭院送上青翠。这是多么耐人寻味的诗句,将山水描摹得有情有义。教师在课堂上,要善于捕捉这样的表达方法,引导学生进行仿写练习,学生写道"墙角野花送暗香""田间秋风催硕果""冬雪投梅喜报春",由此可见,学生已学会赋予自己笔下的景物以人的喜乐了。

"语言运用"是培养学生语文核心素养的基石,而古诗词作为小学语文教学中的重点和难点,是很好的帮助学生提高语言感悟和应用能力的学习素材。教师应该注重帮助学生理解诗词中的精妙字词,结构与章法及表达方式。在古诗词学习中,学生不仅可以感受到祖国语言文字的魅力,提升思维能力和审美创造能力,更会增强对古诗词的强烈感情,使文化自信水到渠成,让语文核心素养悄然落地。

★ 参考文献

[1] 张周松德. 论"语言建构与运用"核心素养的培养 [J]. 中学语文,2018(36):92-93.

[2] 吴欣歆. 古诗教学中的个人感悟与逻辑思辨 [J]. 语文学习,2019(05):25-26.

[3] 朵泓芸. 字理教学在小学语文古诗词赏析中的应用研究 [D]. 昆明:云南师范大学,2019.

提高口语交际能力，为学生未来保驾护航

美国心理学家卡耐基曾经说过："多数事业上成功的人，除了知识之外，还拥有会说话、说服他人，把自己和自己的想法'推销'出去的才华。"还记得"毛泽东主席深入重庆虎穴，慷慨陈词，语惊四座""周恩来总理万隆会议的美妙演说，震动了世界"的例子，真可谓"一人之辩，重于九鼎之宝；三寸之舌，强于百万之师"。进入 21 世纪，未来社会对人的素质有更高的要求，特别需要每个人有较强的口语交际能力。可以说，口语交际能力是言语表达能力、做人能力和生存能力等多种能力的有机组合；是与人沟通、表达自己观点和让别人了解自己的有效途径。

2022 年版《语文课程标准》总目标中指出："学会倾听与表达，初步学会用口头语言文明地进行人际沟通和社会交往。"因此，进行口语交际训练是语文教学义不容辞的职责。作为语文教师，首先要认真分析当前小学生口语交际存在的问题，有针对性地加强训练，提高学生的口语表达能力。

一、小学生口语交际存在的问题分析

（一）口语交际心理障碍——胆怯、爱面子

小学生刚刚进入校园，没有家长的陪伴，没有熟识的小伙伴，陌生的环境让学生自然产生胆怯心理，更不愿与他人交流。有些学生在家里活蹦乱跳、能说会道，而进入校园则一言不发或很少说话，不能充分发挥语言交际的作用，缺乏与老师、与同学简单沟通的能力，很多家长也会给这样的孩子冠名为"窝里反"。

"爱面子""怕说不好被别人笑话"的心理也阻碍了学生的正常口语交际，这样的学生在口语课上干脆不开口，只当看客。

（二）口语交际内容残缺——简单、随意

小学生受知识量、感知面的影响，在口语交际中，即使能够主动、大胆地在课堂内外进行表达交流，其内容也只能是残缺的、简略的，主要体现在口语表达的意思不完整、不连贯；语言重复或频繁出现口头语，如："然后……然后……然后……"或"就是那个……""就是我……""就是他想……"；交际声音不响亮；语言不够准确，在说话时常常受方言影响，将不规范的方言词掺杂其中，如把"为什么"说成"为嘛"，"地上"说成"地下"等；在表达过程中，容易受干扰、中断表

达；不能认真倾听他人口语表达。

（三）口语交际举止态度失当——动作琐碎、态度呆板

目前，很多小学生缺乏良好的口语交际素养，说话时或习惯性的抚弄头发，或摇头晃脑，或不停地按动手里的笔帽，抑或低头、眼睛不注视说话对象；有的学生结结巴巴，心情很紧张，想说什么，但口头上就是表达不清楚；还有的学生说话声音小，没有面部表情等。

（四）口语交际训练偏差——重"说"轻"听"

听和说是口语交际的两个方面，从某种意义上讲，只有学会"听"才能有目的地"说"，信息接收不准有碍于准确地表达。倾听可以说是表达与交流的前提。语文的"听说读写"四大能力中，"听"位居之首，也说明了"听"的重要性。

然而，仔细观察低年级的孩子，不难发现，他们在倾听方面普遍存在着种种缺陷，有些孩子根本没有耐心去听别人说话，在别人刚开始讲话时，他们就迫不及待地插嘴；还有些孩子在听讲时伴随小动作：玩手中的笔，晃动课桌椅，在课本上画画，在橡皮上钻小孔等等，导致听课注意力分散，大大降低听讲效率。另外，教师对"听"的重视也不够，往往不遗余力地指导学生先说什么，后说什么，怎样做到具体生动，而未教给学生"听"的方法，导致学生没有良好的倾听习惯，听话不知道抓住要领。

二、如何提高口语交际能力，养成良好的口语交际习惯

针对当前小学口语交际教学和小学生口语交际问题的分析，教师帮助学生养成良好的口语交际习惯，可以按年级段由低到高遵循循序渐进的原则选取如下对策。

（一）以"趣"激"话"，打开学生的"话匣子"

教师要引导小学生"对感兴趣的人物和事件有自己的感受和想法，并乐于与人交流；能简要讲述自己感兴趣的见闻；积极参加讨论，能就感兴趣话题发表自己的意见；对周围事物有好奇心，能就感兴趣的内容提出问题，结合课外阅读，共同讨论"。由上面这段话，不难发现，兴趣是打开口语交际的金钥匙。试想，为什么孩子在家不停地讲话，在学校就变得极其内向了呢？是双向性格吗？不，孩子在家做的都是自己喜欢的事，说的都是自己感兴趣的话题。为此，在口语交际课上，教师的教学语言要亲切、诚恳，要站在学生的立场，选择贴近学生年龄特点，学生最关心的话题，与学生一起说、一起想，尽可能缩短师生之间的距离。例如，师生

共同续编故事,共同谈论动画片、童话故事,自然能打开学生的话匣子,引起学生的共鸣,丰富口语交际的内容。

(二)充分利用语文课,提高口语交际综合能力

1. 在朗读中学"说"

"朗读"是口语训练的较好方法之一。教师安排朗读指导课,讲授朗读常识,要求学生读得响亮、清楚,努力做到准确、流畅、传情。朗读内容包括课文和课外文学作品,主要是散文、诗歌、小说。形式上可采用个别朗读、集体朗读、领读、跟读、男女对读、分小组朗读和分角色朗读等。学生在反复朗读中,潜移默化地把一些优美词汇和句式,变为自己口语库中的储备,丰富自己的口语表现力,也可使学生的口齿、声带得到锻炼,从中学到许多说话技巧。

2. 在复述中练"说"

这种训练方式,是把别人的语言变为自己的语言。复述的材料,可以是课内的,也可以是课外的。复述的形式有详细复述、简要复述、创造性复述。详细复述适用于较短课文,或课文中某些段落,这种复述可对原文语句做适当变动,但不能改变课文原意,要表达出原文的重点和语言风格。简要复述适用于具有完整结构的课文,这种复述可运用原文中关键词语进行。创造性复述是增添内容的叙述,包括变换人称、变换体裁、变换结构等复述。这就要求学生在充分理解课文内容的基础上,充分展开思维活动,以取得运用知识,发展智力,提高表达的效果。

3. 在课堂上规范"说"的行为

针对学生口语表达时体态和语言不够得体的现状,教师首先要做出表率,当好榜样,引导学生进入"角色";然后培养和规范学生运用丰富生动的表情、炯炯有神的眼睛和恰如其分的手势显示复杂的内心世界,使思维、逻辑走向准确无误,以表达自己的真情实感。

(三)在集体活动中培养口语交际能力

集体活动是小学生喜闻乐见的形式,教师要根据儿童的心理特征,精心设计和组织各种有趣的活动,让学生在活动中锻炼口语交际能力。对于低年级学生可以组织生动有趣的游戏活动。例如,进行"老鹰捉小鸡""丢手绢""坎沙包"等游戏,用较短的时间完成简单的游戏,然后指导学生"说"。教师可提示:游戏开始我们做什么?过程怎样?结果怎样?你觉得哪部分最有趣?为什么有趣?观众的反应怎样?对于高年级学生,可组织劳动竞赛活动,如组织"为花坛清杂草""为校园添加提示牌"等,然后按先后顺序说说活动的经过、结果及自己的感受。

（四）家校沟通，共同培养口语交际能力

大家都熟悉这样一句话："家庭是学生的第一所学校，父母是他们的第一任教师。"那么学生说话能力的形成在很大程度上受到家庭语言环境的影响。为此，学校要通过各种途径，如家长学校、家访等提醒家长重视对孩子进行早期口语交际训练，建议家长每晚抽出一定时间做孩子的忠实听众，可以让孩子把自己一天的所见所闻（班级发生什么新鲜事？今天做什么游戏了？哪节课最有意思？）说一说。学生是最愿意和自己的亲人交谈的，特别是性格内向的学生，这是语言训练的最有效的办法之一。另外，老师每周要布置一项口语家庭作业，让学生在家庭中进行口语交际训练。例如，与家长共同进行"脑筋急转弯"比赛；与家长共同接待来访客人；针对"家庭怎样才能更有效地节能环保"等方面与家人商量措施，由此，鼓励学生在家庭中运用礼貌用语，使用得体语言多交流、多表达，久而久之，他们便会语言流畅地表达自己的观点。

（五）重视倾听，养成良好的倾听习惯，真正实现"听说"并举

倾听，本义是指别人在发表自己的见解主张时，你能集中注意力听清主要内容，并针对别人的发言提出自己的见解。但在教育领域，是指学生在课堂学习过程中的积极主动地听取他人言语的主体状态，包括倾听习惯和倾听能力两个方面。其中，倾听习惯指学生在倾听时是否能集中注意力，听清楚、听完整。倾听能力则指学生能边听边思边提炼，通过倾听能赏识别人发言和见解，并给予恰当的补充、纠正，在吸纳别人见解中完善自己观点的能力。那么如何提高课堂教学中倾听的有效性呢？

1. 营造倾听的环境，保证倾听质量

在研究过程中，我们发现要想培养低段孩子的听课习惯，首先要"净化环境"，消除影响学生听课的不良因素。由于学生年龄小，自控力差，注意力不集中，常做一些与学习无关的小动作。书桌上多功能的文具盒，各种式样的文具等都有可能成为干扰学生倾听的不良因素。学生会情不自禁地摸一摸这些心爱的文具，甚至会把它当玩具不停地摆弄（转尺、推笔、拆卸修正带等），女孩子可能会偷偷地闻一闻那些有香味的橡皮……这些物品在给学生带来方便的同时，也影响着孩子的听课效果。针对这些因素，课前，要教给学生做好上课准备：将文具放在文具盒里；语文书、课堂作业本摆在指定位置；与学习无关的物件都必须放入书箱；如果楼层较低的班级，还可在窗户上贴上半透明塑胶纸，来隔绝操场等活动场地。通过这些手段，尽量减少外界环境对学生的影响。

2. 明确倾听任务,进入倾听状态

倾听是需要精心培养的一种能力,是一项复杂的心智活动,影响和决定倾听质量的因素和条件有:指向性是否明确;内容的关注程度如何;能否正确有效倾听。通俗地说,即涉及"听谁的,听什么,怎样听"三个范畴。在教学实际中,要给学生具体的思维任务,在任务的驱动下学生必会认真倾听,并根据要求学会"有目的倾听"的方法。

建议教师将"听"与其他的教学组织形式相结合,如听与记结合,比比谁记得最多;听与思结合,看看谁得到的启发最深刻;听与说结合,比比谁说得最生动;听与评结合,赛赛谁评得最准确等。

3. 教师评价跟进,提高倾听信心

由于小学生年龄特点,课堂注意力集中的时间比较短,容易分心,正确适当地评价学生,发挥榜样的示范作用,是调动学生学习积极性的重要因素,也是培养学生倾听的重要手段。因此,要采用多种激励方法,表扬"听",促进"听",调动学生的积极性,使他们乐意"倾听"。

在课堂上老师的评价及时跟进:"你看这位同学听讲多认真啊!这可是尊重老师的表现呀!""这么一点小小的区别都被你找出来了,你可真了不起!""你听出了他的不足,可真帮了他的大忙。""大家看,这位同学不仅听懂了别人的发言,还加进了自己的想法,多棒呀!"一个眼神、一句赞扬、一个微笑,不花时间,不费力气,却能增强学生"倾听"信心,收到明显的教学效果。

实践使我们认识到,培养学生的口语交际能力已成为语文教学改革的一个重要任务,它将直接使我们的语文教学改革面向学生实际需要,面向社会发展的大趋势,从而真正达到"学以致用"的目的。让我们潜心研究,努力提高学生的口语交际能力,为学生的未来保驾护航。

✦ 参考文献

[1] 杨再隋,夏家发,刘仲林,等. 语文课程建设的理论与实践 [D]. 北京:语文出版社,

"读"和"写"之间关键的"桥"

——对小学高段"积累语言"的初探

2022 年版《语文课程标准》总目标中提到:"主动积累、梳理基本的语言材料和语言经验,逐步形成良好的语感,初步领悟语言文字运用规律。"在第二学段要求中也提到:"积累课文中的优美词语、精彩句段,以及在课外阅读和生活中获得的语言材料。"由此可见,语言积累对于学生语文素养的形成,写作能力的提升有着很重要的作用。

多年来,笔者从事小学高段教学工作,在教学实践中发现,习作指导课上,学生在老师的引导启发下,可以想出很多切合习作命题的新颖典型的素材,但在动笔时,学生却不知如何表达,甚至不知如何起笔。似乎肚中"有事",笔下却"无言"。很多家长也为此感到困惑。曾有家长向老师诉苦:"孩子从小就喜欢看书,这么多年看了很多书,怎么一到写作文就没词了呢?"古人云:"读书破万卷,下笔如有神。"但我们不能单纯地把这句话理解为读很多书就自然地能做出美妙的文章。"读"和"写"之间还需要一座关键的"桥",那便是积累。只有多积累,才能在作文这块阵地储存充足的"弹药"。所以,笔者觉得,在"读万卷书"的同时,还要重视"积累",方可达到"下笔如有神"的效果。

一、在文本学习中养成积累语言的好习惯

1. 在"赏评"中积累

目前,语文教材所选编的课文,内容丰富,体裁多种多样,都是学生进行语言积累的优秀范文。然而很多教师在教学中却忽略了"对精词妙语,佳段名篇的积累"这一环节,学生学过以后,随着时间的推移,对文本的记忆渐渐模糊甚至完全遗忘。笔者在任教五、六年级的时候,尝试在每节语文课上留下五分钟作为"积累"专用时间,指导学生摘抄品评这一节课学习到的"精彩语言",其中包括各种生动的描写,形象的修辞,恰当的写法等。

下面以五、六年级统编教材为例,列举学生的积累范例。

精彩之笔	课题	例句	赏评
人物外貌描写	他像一棵挺脱的树	他没有什么模样，使他可爱的是脸上的精神。头不很大，圆眼，肉鼻子，两条眉很短很粗，头上永远剃得发亮；腮上没有多余的肉，脖子可是几乎与头一边儿粗；脸上永远红扑扑的……	生动形象地刻画出身体健壮、有十足精神的祥子的样子
人物动作描写	景阳冈	武松用左手紧紧地揪住大虫的顶花皮，空出右手来，提起铁锤般大小的拳头，使尽平生气力只顾打	一连串的动词表现出武松勇猛的特点
人物语言描写	草船借箭	诸葛亮笑着说："雾这么大，曹操一定不敢派兵出来。我们只管饮酒取乐，雾散了就回去。"	采用语言描写，表现出诸葛亮神机妙算、胆略过人
人物神态描写	青山处处埋忠骨	毛主席不由自主地站了起来，仰起头，望着天花板，强忍着心中的悲痛，目光中流露出无限的眷恋	采用神态描写，形象地写出毛主席的丧子之痛
环境描写	桥	黎明的时候，雨突然大了。像泼。像倒	采用环境描写，形象地写出当时雨大，来势凶猛
修辞手法比喻	威尼斯的小艇	船头和船梢向上翘起，像挂在天边的新月，行动轻快灵活，仿佛田沟里的水蛇	采用比喻的修辞手法，形象地写出小艇的样子和行动灵活的特点
修辞手法拟人	白鹭	在清水田里，时有一只两只白鹭站着钓鱼，整个的田便成了一幅嵌在玻璃框里的画	采用拟人的修辞手法，形象地写出白鹭捕鱼时悠闲自得的样子
修辞手法排比	腊八粥	初学喊爸爸的小孩子，会出门叫洋车了的大孩子，嘴巴上长了许多白胡子的老孩子，提到腊八粥，谁不是嘴里就立时生出一种甜甜的腻腻的感觉呢	采用排比的修辞手法，形象写出不同年龄阶段的人对腊八粥的态度

2. 在"拓展"中积累

（1）在日常教学中，教师除了引导学生积累教材中的精彩句段，还可抓住教材中的一些"语言空白点"，启发学生展开想象的翅膀，在教材延伸中丰富语言的积累。

【示例1】五年级下册教材《跳水》教学片段。

师：当孩子摇摇晃晃地走上横木去取帽子时，甲板上的水手全都呆了。孩子只要一失足，直摔到甲板上就没命了。这时，在场的所有人心情怎么样？

生："很紧张。"

生："很担忧。"

生:"害怕。"

师:"是啊,这样的情形的确令所有人紧张,害怕。那么,你能用一个词语来形容此刻的情形吗?"

生:"千钧一发。"(师板书)

生:"危在旦夕。"(师板书)

生:"迫在眉睫。"(师板书)

师:是啊,这些词语都形容当时情况十分危急。请大家把这几个词积累下来。

【示例2】六年级上册教材《穷人》教学片段。

师:"读了课文第二自然段,你能用几个词来描述桑娜一家吗?"

生:"饥寒交迫、一贫如洗。"

生:"饥肠辘辘、缺衣少食。"

生:"挨饿受冻、穷困潦倒。"

师:"'穷困潦倒'什么意思?"

生:"就是生活条件艰苦,很穷。"

师:"是啊,就是'生活贫困,不如意'的意思。"

师:"你们说了这么多恰当的词语,请把自己不太熟悉的词积累下来。"

(2)教师针对教材中的插图,引导学生仔细观察,在描述中积累优美词句。

【示例1】六年级上册教材《丁香结》教学片段。

师:"作者这样描写窗前的丁香花:'许多小花形成一簇,许多簇花开满一树,遮掩着我的窗,照耀着我的文思和梦想。'我们一起看看课文中的插图,你能用四字词语描写这一簇簇的丁香花吗?"

生:"繁花似锦。"

生:"百花齐放。"

生:"争奇斗艳。"

生:"婀娜多姿。"

师:"同学们知道这么多词语,快速积累你最喜欢的词语吧!"

【示例2】五年级下册教材《两茎灯草》教学片段。

师:"请同学观察课文中的插图,你能用一个四字词语描写严监生此时的状态吗?"

生:"他瘦骨嶙峋,两个手指如两根竹签。"

师:"你抓住了他的外貌,形象地写出严监生病重时的样子。"

(请学生板书:瘦骨嶙峋)

生:"他气若游丝。"(请学生板书:气若游丝)

生:"他危在旦夕。"(请学生板书:危在旦夕)

生:"他此刻已经病入膏肓了。"

师:"你真棒,能解释一下'病入膏肓'吗?"

生:"就是病情很重了。"

师:"对,病到'膏肓',就意味着病情严重,无法治疗了。(师板书:病入膏肓)强调'膏肓'写法。

师:"刚才同学描写得都很形象,赶快选取你觉得最好的词语积累下来。"

3. 在"模仿"中积累

教育家克鲁斯卡娅说:"模仿对于儿童,正如独立创造对成人那样同等重要。"模仿是儿童的天性,阅读教学中,对一些精彩句段,教师要在学生理解的基础上,引导学生进行仿写,这样既积累了作者的语言,又结合自己的生活体验转化为自己的语言。例如,五年级下册《祖父的园子》中有这样一句:"花开了,就像睡醒了似的。鸟飞了,就像在天上逛似的。虫子叫了,就像虫子在说话似的。"首先,笔者请同学们欣赏这句话美妙之处,然后请同学仿照课文原句,再写两个句子。有的同学写道:"葡萄紫了,就像喝醉酒了似的。蝉儿叫了,就像抱怨燥热的天气似的。"还有同学写道:"蝴蝶飞了,就像开舞会似的。蚂蚱跳了,就像比赛跳高似的。"在仿写中学生不仅感受到园子里的一切都在和小作者进行交流,而且学会使用排比和拟人的修辞手法表达自己快乐自由的心情。

总之,结合教材的表达特点引导学生进行仿写,是学生积累、感受、运用祖国优秀语言文字提升作文水平的重要途径。

二、在课外阅读中养成积累语言的好习惯

宋代教育家朱熹曾在《观书有感》一诗中写道:"问渠那得清如许,为有源头活水来。"那么,在写作这块"方塘"中,"源头活水"不能仅仅靠教材,还要依靠广博群书,从课外阅读中积累语言。可是,很多学生在读书时,只一味关注故事情节的跌宕起伏,关注人物命运的变化,而对作者如何表达这个情节,如何刻画这个人物,似乎不甚在意。为此,出现"读书很多,握笔尴尬"的局面。如何在课外阅读中,落实语言的积累呢?

1. 确定读书篇目,成立读书小组

教师要结合学生的年龄特点,依据教材,科学地列出阅读的书目,每月向全班推荐五本书,依据个人爱好,请每名同学任意挑选一本书,这样班中自然分成五组。以书名命名小组,再以小组为单位制定读书计划,如每天读几个章节,多长时

间读完整本书等。

2. 指导读书方法

人们总说"不动笔墨不读书",但对于课外书,要如何"动笔墨"呢?经过多年尝试,笔者总结出读书三步:第一步,浏览某一个章节,了解故事梗概;第二步,细读精彩片段,画出精妙之笔;第三步,摘抄精彩词句,略做点评。(点评可以从修辞,描写方法或写作特点等角度写出自己喜欢的原因。)

3. 表彰"采蜜之星",激发积累语言的兴趣

每周利用阅读课时间召开"读书交流会",每个小组成员介绍自己读书后积累的语言,评选一名"采蜜之星"。在课上展示他们的积累本,供同学们学习,同时也激励同学们用心读书,用心积累。这样坚持一两年,学生便会在潜移默化中自然形成熟练的语言技巧。

三、在生活中养成积累语言的好习惯

作为语文教师,要有"大语文观",要认识到学习语言不应仅局限于课堂,而应把视野拓展到生活中,拓展到大自然中。语文无处不在,"语言积累"无处不在。生活中,笔者要求学生随身装一个小本本,可以叫它"口袋本"。俗话说"好记性不如烂笔头",学生用这个"口袋本",随时记录自己生活中看到的,听到的,学到的,感悟到的妙语佳句,为写作积蓄更多的"活水"。

例如,报纸杂志上的美文佳作,广播电视中的连珠妙语,公园中富有情趣的提示语,警示牌;甚至是一次谈话,一通电话,一个留言条,或许其中都富有能打动心灵的语言,都有"积累"的价值。学生可以随看随记,随记随评,不断采撷生活中最美的语言之花。

好作文是改出来的

习作,学生要经历构思,打草稿,修改,誊抄几个环节才可完成。而修改环节往往让很多学生没有了耐心,尽管老师强调"写完作文要主动修改",但学生宁愿把这道工序交给老师或家长。其实,习作最关键的是自我评价,自我修改,自我打磨。为此,我一直在探索如何指导学生写完作文自觉进行修改。我觉得修改习作的程序不能过于烦琐,不能让学生厌烦,最好还能让孩子越改越上瘾。

首先是默读法。对于习作的中心,习作内容的选择要通过默读进行重新审视。习作的中心便是习作的灵魂,也是在习作指导课时我们老师反复强调的。但落笔写时,很多学生往往心里知道中心,但是写着写着就信马由缰了,随着思维想到哪里就写到哪里,字数是凑了不少,但"下笔千言,离题万里"。往往习作内容不能充分地突出中心,不能为中心服务。这样呈现出来的习作不仅中心不突出,内容也是一片凌乱。为此,在指导学生进行习作修改时,我首先让学生将习作中心写在题目旁边,然后在文中画出最能突出中心的语句。这样,学生在任务驱动下,重新审视行文,就会发现自己是否将重要笔墨放到了"突出中心"上,是否紧紧围绕中心这个指挥棒进行有"的"放矢地"浓妆淡抹"。

其次是朗读修改法。对于习作中的遣词用字,语言表达等方面的问题就需要学生反复朗读。学生可以将自己的作文一句一句进行朗读,从中自然发现一些磕磕绊绊的句子,例如,词语搭配不当、上下句不连贯、句子意思表达不清楚等问题。这些问题都可以在朗读过程中,从语感上自觉发现。修改后,再反复朗读,这个来来回回的修改过程其实就是我们平时讲的"推敲"了。

修改习作是学生写作环节的最后一步,也是最关键的一步,需要学生按部就班运用默读、朗读的方法,将自己的习作进行再创作。它既培养学生的语感,又考查学生是否能恰当的依照中心安排篇章结构,是否能在布局谋篇上独出心裁,这一环节不可省略。当然,也需要老师一点点训练。

下面我想从如何选材,如何开头,如何突出中心,如何紧扣题目几个方面,以学生的习作为例,说说好作文是怎样"炼"成的。

一、习作如何选材

以六年级上册第七单元《我的拿手好戏》学生习作为例:

我的拿手好戏（第一稿）

路嘉宸

拿手好戏，可以是戴嵩的牛，齐白石的虾，郑板桥的竹子；也可以是张旭的草书，王羲之的行书，柳公权的楷书；还可以是杨春霞的京剧，李金顺的评剧，吴美莲的黄梅戏。俗话说："三百六十行，行行出状元。"而我的拿手好戏正是跆一拳一道。【开头运用列举法，由"三百六十行，行行出状元"，自然引出"我"的拿手好戏。】

小时候，每当我来到乐天百货，都要爸爸带我去一家名叫"康乾"的跆拳道道馆外看一会儿里面的小朋友们训练。爸爸察觉到了我日趋渐浓的兴趣，征求了我的意见后便也给我报了名。从此我每周都会练习跆拳道。尽管一开始我总会累得气喘吁吁、浑身酸痛，但和队友们一起刻苦训练，一起流汗何尝不是一种乐趣呢？功夫不负有心人，经过一年半的努力，我就从入门级的白带顺利地晋升到了高级别的红带。

卡耐基曾经说过："懒惰的心理比懒惰的身体更危险！"一个寒风呼啸的下午，爸爸对我说："今天太冷了，咱们今天不去训练了，晚上去吃火锅！"我也觉得缺席一次训练应该问题不大，于是说道："太好了！"吃完火锅回到家后，我躺在沙发上，边吃零食边看电视，心想："这可比在道馆'流汗'舒服多了。"懒惰的种子从此在我心中慢慢萌发。自此之后的训练，我都会因为"腰酸背痛"请假休息。【"吃火锅，吃零食，因各种原因请假"，这些情节均与中心关系不大】

不知不觉几周过去了，一天我突然收到队友的信息"小路，你最近咋没来训练啊"？这简单的 11 个字，一语惊醒梦中人。我惭愧万分，想起我的初衷不就是辛苦"流汗"，挑战自己吗？幡然悔悟的我立刻恢复训练，就这样我晋升到了红黑带级别，还报名参加了对抗赛。【"如何恢复训练的"，"训练过程中遇到什么困难"没有具体描写】

比赛日，踏上赛场的那一刻，我呼吸急促、心跳加速，看到高大的对手后，我的心更加忐忑不安，就像十五个吊桶打水——七上八下。互相敬礼后，比赛正式开始！双方一开始都是试探性的进攻，你一拳、我一脚，互有攻守。但对方力量优势逐渐体现了出来，鞭腿连续攻击，频频得手，分数遥遥领先。但我并没放弃，此时脑海中浮现出教练的叮嘱"实战时，如果处于被动，就先防守，保存体力，等待对方的失误。"于是我改变策略，全力防守，比赛陷入僵持阶段。突然，我发现对手一直是用右腿和右手进攻，他的左右协调能力就是软肋！于是我从他的左侧进攻，对方只能用弱侧防守，但总会慢上一拍，得分！得分！反超了！还有 10 秒，我已领先10 分！最后我逆转了比赛，取得了优胜！【"我"是通过"调整战术"赢了对方，

与习作中心没有关系】

通过这次比赛,我明白了:"只要不忘初心,不怕吃苦,就会获得荣誉。"拿手的好戏,都离不开勤学苦练,每当我们想偷懒、想放弃的时候,都要问问自己当初开始的原因。我的拿手好戏—跆拳道,我证明了自己,我为自己感到骄傲!

【点评】

习作题目《我的拿手好戏》,中心是"只要不忘初心,不怕吃苦,就会获得荣誉",然而文中并没有运用更多的笔墨去描写自己是如何刻苦训练的,反而"自己偷懒,想放弃"的情节用了一大段进行细致描写,喧宾夺主,中心不突出了。

我的拿手好戏(第二稿)

路嘉宸

拿手好戏,可以是戴嵩的牛,齐白石的虾,郑板桥的竹子;也可以是张旭的草书,王羲之的行书,柳公权的楷书;还可以是杨春霞的京剧,李金顺的评剧,吴美莲的黄梅戏。俗话说:"三百六十行,行行出状元。"而我的拿手好戏正是——跆拳道。

小时候,每当我来到乐天百货,都要爸爸带我去一家名叫"康乾"的跆拳道道馆外看一会儿里面的小朋友们训练。爸爸察觉到了我日趋渐浓的兴趣,征求了我的意见后便也给我报了名。从此我每周都会练习跆拳道。尽管一开始我总会累得气喘吁吁、浑身酸痛,但和队友们一起刻苦训练,一起流汗何尝不是一种乐趣呢?功夫不负有心人,在经历了一年半的高强度体能训练、枯燥乏味的基本腿法、拳法训练、"疼痛难忍"的柔韧性拉伸训练以及不仅流汗还流血的实战训练,我从入门级的白带顺利地晋升到了高级别的红黑带。【具体写出了自己刻苦训练的过程】

没多久,检验刻苦训练成果的时候到了——两年一届的天津市少儿跆拳道对抗赛!当我踏上赛场的那一刻,看到对面的高大对手后,心里有些忐忑不安。比赛开始后,双方都是试探性的进攻,你一拳、我一脚,互有攻守。但对手力量优势逐渐体现了出来,鞭腿连续攻击,频频得手,分数遥遥领先。此时我的耳边响起教练的叮嘱"如果处于被动,就先防守,保存体力,等待对方的失误"。于是我改变策略,全力防守,比赛陷入僵持阶段。尽管我用灵活的步伐躲避着对手的攻击,但依然处于被动,时不时地会挨上这么几下。疼痛和窒息感一下子让我恍惚起来,每一秒钟都变得无比漫长。但我并没放弃,脑海中浮现出我平时刻苦训练的情景:总是比队友多做几组蹲起,多练几组波比跳,多打几组旋风踢,平时休息也要拉伸韧带。这一刻我相信曾经流下的汗水就是我赢下这场比赛的保证。【通过联想,再次写出自己刻苦训练的过程】我突然发现对手的体力逐渐跟不上了,拳没有那么重了,腿也没有那么快了。于是我开始反击,对方只有招架之功,得分!得分!反超了!还有

10 秒,我已领先 10 分!最后我逆转了比赛,取得了优胜!

通过这次比赛,我明白了"宝剑锋从磨砺出,梅花香自苦寒来"的道理。拿手的好戏,都离不开勤学苦练,无论是学术上万世师表的鸿儒硕学,还是每个行业技艺达到登峰造极的行业翘楚,无不是通过坚持不懈,刻苦练习方能达到巅峰。我的拿手好戏——跆拳道,我证明了自己,我为自己感到骄傲!

【点评】

第二稿的中心"拿手的好戏,离不开勤学苦练,只有坚持不懈,刻苦练习才能达到巅峰"。文中增加了一些"刻苦训练"的情节,但"拿手好戏"的"亮相"情节缺少描写,不能紧紧围绕题目进行重笔描摹。

我的拿手好戏(第三稿)

拿手好戏,可以是戴嵩的牛,齐白石的虾,郑板桥的竹子;也可以是张旭的草书,王羲之的行书,柳公权的楷书。俗话说:"三百六十行,行行出状元。"而我的拿手好戏正是跆—拳—道。

小时候,每当我来到乐天百货,都要爸爸带我去一家名叫"康乾"的跆拳道道馆驻足,看一看里面的小朋友们训练。爸爸察觉到了我日趋渐浓的兴趣,征求了我的意见后便也给我报了名。从此我每周都会练习跆拳道。尽管一开始我总会累得气喘吁吁、浑身酸痛,但和队友们一起刻苦训练,一起流汗何尝不是一种乐趣呢?功夫不负有心人,在经历了一年半高强度的体能训练,枯燥乏味的基本功训练,疼痛难忍的拉伸训练以及对抗激烈的实战训练,我顺利地从入门级的白带晋升到了高级别的红黑带。

没多久,检验刻苦训练成果的时候到了——两年一届的天津市少儿跆拳道对抗赛!当我踏上赛场的那一刻,看到对面的高大对手后,心里有些忐忑不安。比赛开始后,双方都是试探性的进攻,你一拳、我一脚,互有攻守。但对手力量优势逐渐体现了出来,鞭腿连续攻击,频频得手,分数遥遥领先。此时我的耳边响起教练的叮嘱"如果处于被动,就先防守,保存体力,等待对方的失误"。于是我改变策略,全力防守,比赛陷入僵持阶段。尽管我用灵活的步伐躲避着对手的攻击,但依然处于被动,时不时地会挨上这么几下。疼痛和窒息感一下子让我恍惚起来,每一秒钟都变得无比漫长。但我并没放弃,脑海中浮现出我平时刻苦训练的情景:总是比队友多做几组蹲起,多练几组波比跳,多打几组旋风踢,平时休息也要拉伸韧带。这一刻我相信曾经流下的汗水就是我赢下这场比赛的保证。我突然发现对手的体力逐渐跟不上了,拳没有那么重了,腿也没有那么快了。于是我趁对方动作迟缓的刹那,快速起腿连续向他的左侧进攻,暴风骤雨般的连击让对方无法招架,连连向后退去。我哪里肯给他丝毫喘息的机会,随后的攻击势如破竹,凌厉的下劈腿如泰山压顶般将其仅有的斗志瓦解。随后我又趁势使出高位横踢加后旋踢的组合腿法,对方兵败如山倒彻底放弃了抵抗。得分!得分!反超了!还有10秒,我已领先10分!最后我逆转了比赛,取得了优胜!【堪称精彩片段!写出了自己在跆拳道上无与伦比的技艺,突出了自己独特的"拿手好戏"。】

通过这次比赛,跆拳道成了我的拿手好戏。无论是学术上万世师表的鸿儒硕学,还是每个行业技艺达到登峰造极的行业翘楚,无不是通过坚持不懈,刻苦练习方才能达到巅峰。我的拿手好戏——跆拳道,我证明了自己,我为自己感到骄傲!

【点评】

真好!小作者经过三次习作修改,终于能够将整个习作内容紧扣中心来写了。尤其是习作后面对"拿手好戏的"描写,字字精妙,让人看了过瘾!在修改的过程中,小作者一点点感悟到写作的奥秘,"操千曲而后晓声,观千剑而后识器",对于写作,也必须"实践出真知"啊!

二、习作如何开头

1. 以六年级下册第三单元习作为例,很多同学以《感动》为题作文。

【学生初稿开头】

感动,可以是一个微不足道的动作;感动,可以是一句话或是一个眼神;感动,也可以是雪中送炭般的帮助……

【点评】

这样的开头虽列举出几个感动情节,但比较空洞,不能引人入胜。

【改后开头 1】

感动是什么?是朱自清笔下的父亲提着那袋橘子时佝偻的背影;是曹文轩笔下的阿雏不顾旧日的怨恨把生的希望让给了狗子的举动;是欧·亨利笔下的老画家为了拯救消极的女孩画的最后一片叶子……

——姜一唐《一件感动的事》

我曾感动于《真理诞生于一百个问号之后》中科学家不断探索的精神,《董存瑞舍身炸暗堡》中董存瑞不畏牺牲的勇气,《汤姆·索亚历险记》中汤姆对朋友不离不弃的友情。我也曾因朋友的一个帮助、一句鼓励而流泪。

——路嘉宸《一件感动的事》

【点评】

上面两段开头,均列举了三种情形下让人感动的细节,富有画面感,生动形象,同时增强主题的感染力。

【改后开头 2】

感动，是"夜来携手梦同游，晨起盈巾泪莫收"的朋友之情；是"是处青山可埋骨，他年夜雨独伤神"的兄弟之情；是"饮散落花，流水各西东"的师生之情。但最让我感动的还是我和燕子的友情。

——刘泽阳《一件感动的事》

【点评】

这段开头，列举了生活中的友情、亲情、师生情，还巧妙借用诗句抒发感动之情，易于引起读者与作者的共鸣。

2. 六年级下册第一单元习作《介绍家乡风俗》开头。

鸿蒙启智的小孩子，为工作奔波的大孩子，手上拄着拐杖的老孩子，提到相声，谁不是脑中立刻浮现出爆笑的场面呢。

——路嘉宸《相声》

刚刚学会说话的小孩子，在学校认真学习的大孩子，头发都花白了的老孩子，提到焖子，谁不是嘴里就立时生出一种软软的糯糯的感觉呢。

——孙怡茗《焖子》

在津门，上到九十岁的老人，下到刚会走路的孩子，提起焖子，谁不是嘴里立时生出爽滑可口，嫩嫩弹弹的感觉呢？白色的焖子切成扁块儿，两面煎成金黄色，像龙鳞一样排列，谁看了能不垂涎欲滴呢？把麻汁浇在软糖似的焖子上，使它换上诱人的焦黄外衣，那种香味，谁闻了能不咽三口以上的唾沫呢？

——原煜茜《焖子》

【点评】

以上三段开头，都是仿照课文《腊八粥》的开头，巧妙地写出不同年龄段的人对于相声、焖子的喜爱，由此突出了相声、焖子对人的诱惑力，吸引力。

三、习作如何突出中心

以六年级下册《介绍家乡的风俗》为例。

【习作初稿片段】

在天津，习俗可不只这些，我再举个例子，如"吃焖子"。在天津，人们一律在"二月二"去外面买一份焖子带回家自己做，焖子的做法多了去了，有的人买回来的焖子一律油炸着吃，有的统统煎着吃，还有的全部炒着吃，焖子口感在天津也是一绝。凡是正宗天津人，"二月二"有哪家不吃焖子的呢？

【点评】

全段介绍了焖子的做法，但缺少具体细致的描写，不能调动多种感官将焖子的制作过程以及对"我"的诱惑力表现出来,没有融入个人独特的感受。

【评改后精彩片段一】

好不容易等到焖子出锅,姥姥开始煎焖子了。我焦急地站在门外,只听到锅里的焖子好似高兴得"嘻嘻哈哈"大笑,这种声音使我又增添了几分焦急与期待。

等到姥姥终于把焖子端上饭桌,一大碗两面金黄、晶莹剔透的像果冻一样的焖子被淋上了美味的酱汁。我目不转睛地观察着它,不必说那好看的水晶般的质感,也不必说那丝滑的口感,单单是那诱人的香味就令我无比向往,使我不禁想大快朵颐。尝一口,麻酱的味道充斥在口齿间,令人回味无穷,久久难忘。

【点评】

这段话中,小作者从视觉、听觉、嗅觉、触觉等多角度展开描写,突出了焖子的制作过程。透过小作者对焖子的期待和喜欢,我们感受到焖子这道美食对于天津人的诱惑力。

【评改后精彩片段二】

每次走进"狗不理"饭店,一股股诱人的肉香扑鼻而来。包子一上桌,我就会迫不及待地打开笼屉盖子,只见包子白生生、热腾腾的,好似一座座白色的小宝塔,可爱极了,让人垂涎三尺。每次看到狗不理包子,我都忍不住要去数一数传说中的18个褶,事实上,每个包子上的褶只多不少,层层叠叠,整整齐齐,真像快板里说的,像绽放的花朵一样,漂亮极了!我咬了一口,顿时,一股热热的油顺着嘴角流了下来。我猛地一吸,把油吸进口中。真香啊,油而不腻!我再咬一口,鲜嫩的猪肉丁散发出浓浓的香味,肉嫩嫩的,好像含在嘴里就会化似的,那种香味美得简直无法用语言来形容!接着,我把剩下的半个包子蘸了些醋,放进了嘴里。哇!酸中带香,让人吃得停不下来。

——汪子涵《狗不理包子》

【点评】

狗不理包子是天津的美食"三绝"之一,小作者详细而又生动地描写出包子的外形,那简直就是一件精美的艺术品。再通过自己品尝的过程,把狗不理包子独特的味道凸显出来了,令人馋涎欲滴。

【评改后精彩片段三】

一壶热茶、一碟瓜子,长衫大褂、扇子醒木,拉长了音调的'咦——''嗨——''噢——'的叫好……台上演员一捧一逗,简单的"垫话"就把观众带入情境中。诙谐的语言,流畅的对答,夸张的表情和肢体语言都是在为"抖包袱"做铺垫。当"笑料包袱"抖出来,台下的观众一个个笑得是前仰后合,有的捧腹大笑,有的则是绷紧了脸用手遮着笑,还有的直接扶着桌子发出"咯咯咯咯"的笑声,遏制不住的笑声从他们的嘴里迸发出来，仿佛黄河的浪花，四处飞溅。天津著名的"谦祥益文苑""名流茶馆""德云社"更是场场座无虚席。每逢周末，三五好友相约来到茶馆，品着香茶，听着相声，在一片笑声中度过愉快高兴的一天，已成为很多人的选择。

——路嘉宸《相声》

【点评】

来到天津，必须到茶馆看一场相声。小作者选材新颖，把相声独特艺术表现形式和台上台下互动的欢乐氛围展现在读者面前，让"品茶、听相声"成为天津的又一项风俗。

立足学生"习作困点",扎扎实实教作文

——谈五年级下册第一单元习作《那一刻,我长大了》指导策略

统编教材五年级下册第一单元编排了四篇课文。《古诗三首》写了古代乡村的儿童生活,《祖父的园子》回忆了"我"在祖父园子里的童年生活,《月是故乡明》写了童年时期在故乡的快乐往事,《梅花魂》讲述了外祖父对祖国思念。四篇课文,在时空上,由古到今;在内容上,读他人童年,关注自己成长。

本单元习作是"那一刻,我长大了",是从单元主题"童年"延伸而来。习作要求把"那一刻"受到的触动,用真情实感具体表达出来,而本单元语文要素是"体会课文表达的思想感情"。由此可见,单元习作体现了"读童年生活,悟别样情感,写成长故事"的读写结合的范式。

"那一刻,我长大了",什么是"长大"? 长大,不仅是年龄的增长、形体的变化;不仅是吹生日蜡烛那一刻,除夕收压岁钱那一时,长大更重要的是学会了思考,学会了孝顺,学会了宽容,学会了辨明当前最主要的任务,懂得承担责任等。学生在彼此讨论中,明确了"长大"的内涵。我又启发学生思考:"你在哪一刻感到自己长大了? 那一刻你做了什么事情? 事情的经过是怎样的? 你是怎么想的? "学生开始彼此交流成长故事。此环节一方面调动学生的情感体验,让学生学会观察生活、思考问题,从而养成"说真话、写真实故事"的习惯;另一方面让学生养成多问"为什么"的习惯,使学生明白只有想得具体才能写得具体。最终学生的习作可以紧扣题目"长大"写出自己的真情实感,但也出现一些习作上的共性"困点":习作没有中心,只是"流水账"式叙事;习作有中心,但内容不能紧紧围绕中心去布局谋篇,安排详略;习作选材新颖,中心也明确,但不能突显"长大"这个题眼,不能表现"那一刻"这个关键词。本文基于学生习作的"困点",以三位同学作文为例,逐一呈现修改过程,真实再现学生是如何一步步走出习作困境的。

那一刻,我长大了(第一稿)

李彦博

成长,就像炎热沙漠中的一汪清泉,给旅行者以甘甜和清凉;成长,就像寒冷冬日里的一个火盆,给铲雪者以温暖和光明;成长,就像茫茫大海上的一座灯塔,

给航海者以方向和自信。成长往往只发生在那一刻,它承载着我对未来的期许和希望。

曾经,我只关心自己的琐事。一次,我的好朋友急切地跑到我身边,小心翼翼地问我:"能给我讲讲第五道题吗?我怎么也记不起老师上课讲的方法了。"我当时正在专心地画画,斜着眼看了一下他,冷冷地说道:"你自己去翻一翻笔记吧,实在不会问老师,我还有事。""可是……"他看起来有些惊讶,用颤抖的声音说:"我说过我还有事!"我用近乎咆哮的口吻打断他,"别烦我!"他只能带着遗憾的目光默默地离开。可不到一小时,我就有些后悔自己的行为。

下课了,可是黑板上密密麻麻的笔记让我不得不在课间继续写。写着写着,思绪却渐渐飘向口渴的感觉,我慢慢地伸出右手,缓缓地握住水杯,迫不及待地将水杯送到嘴边。这时,"哐当"一声,水杯掉在了作业本上,水全部洒了出去。我惊慌失措地大叫一声,赶紧转身打开卫生袋,用焦急的目光寻找纸巾,终于找到了,就立即胡乱地抽出几张,又匆忙转身,立刻把纸拍在作业上。纸张立刻被水浸湿。当我揭开时,所有笔记都化为泡影。我沮丧地瘫在椅子上,心仿佛被一只大手牢牢抓住。老师,您可千万不要查我的笔记呀!

这时,一只小手悄然拽走了我的笔记本。我说:"你拿走吧,反正我这个本子不能用了。"在下个课间,我的朋友神神秘秘地走来,把一个皱皱巴巴的笔记本递给我。这不就是我那被打湿的笔记本吗?我激动地把它翻开,看到了虽然有些模糊但还能看得清楚的笔记。我抬头发现了他手上沾满了黑色笔印,他平常那么爱干净,为什么手会变成这样?

望着笔记本和他的手印,我仿佛看到他悄悄地把它取走;仿佛看到他把笔记本放在窗台上晾干,还轻轻地用他的书扇风;仿佛看到他取下我那晾干的笔记本,用美术课的时间奋笔疾书,帮我补全了笔记。他如此关心我,而我却从未回应。从那时起,每当他遇到困难,我就会像一只灵巧的燕子,及时飞来帮他解决难题,同时,我还会像个快乐的小丑,时不时讲个笑话,带给他欢笑。

那一刻,我终于长大了。我明白了友谊的真谛,也懂得了去关心和帮助他人。成长的路上,每一个契机都让我更加成熟,更加懂得用心去关爱身边的人。

【点评】

小作者以前对同学的求助不理不睬,在同学默默帮助他解决麻烦后,小作者悔悟了,也学会帮助同学解决困难了。习作选材很新颖,能通过朴实的语言写出真情实感。但题目"那一刻,我长大了",题眼在"长大",习作还应重点写写自己"长大"后的表现。

那一刻,我长大了(第二稿修改片段)

李彦博

……

望着笔记本和他的手印,我仿佛看到他"悄悄地把它取走";仿佛看到他把笔记本放在窗台上晾干,还轻轻地用他的书扇风;仿佛看到他取下我晾干的笔记本,用美术课的时间奋笔疾书,帮我补全了笔记。他如此关心我,而我却从未回应。从那时起,每当他遇到困难,我就会像一只灵巧的燕子,及时飞来帮他解决,同时,我还会像个快乐的小丑,时不时讲个笑话,带给他欢笑。一次,他因为生病而落下许多功课,看到他焦头烂额的样子,我主动走过去,用我所学的知识帮助他补全笔记,他露出了灿烂的笑容。那一刻,我长大了,我感受到了从未有过的成就感。

【点评】

小作者经过老师的指点,感悟到要在"长大"上下功夫。习作对自己的变化进行了细致描写,但题目中还有"那一刻"这个关键词语,小作者忽略了,没有明确自己是在"哪一刻"产生变化的。

那一刻,我长大了(第三稿修改片段)

李彦博

……

望着笔记本和他的手印,我仿佛看到他悄悄把他取走;仿佛看到他把笔记本放在窗台晾干,还轻轻地用他的书扇风;仿佛看到他取下我晾干的笔记本用美术课的时间奋笔疾书,帮我补全了笔记。他如此关心我,而我却从未回应。这时,我突然发现,他正对着一道题苦思冥想。我主动上前,说:"我给你讲讲吧。""你……"他不可思议地说。我紧紧握着笔,像一位经验丰富的向导,耐心地为他解答每一个困惑,直到他眼前的迷雾消散。接着,我出了几道同类型的题目给他,他做完后交给我,完全正确。看着他灿烂的笑容,我发现在那一刻,我长大了,我感受到了从未有过的成就感。

那一刻,我终于长大了。我明白了友谊的真谛,也懂得了去关心和帮助他人。成长的路上,每一个契机都让我更加成熟,更加懂得用心去关爱身边的人。

【点评】

第三次修改,足见小作者具有"文题"意识了,能够读懂题目,抓住题目中的关键词、中心词,对所写内容进行恰当的取舍。三次修改,三次琢磨,一篇好文终于出炉。小作者享受到习作在全班展览的骄傲和自豪,更领会了习作的关键在于"紧扣文题"。

那一刻,我长大了(第一稿)

夏玥霖

成长是每个人都要经历的过程,而我们走过的每一步,都应该留下努力、坚持的足迹。

今年暑假,妈妈准备带我和姥爷、姥姥一起去济南玩儿几天,妈妈是山东人,她总是对山东各地有着别样的情感,和以往不同的是:这一次的行程攻略是由我来负责,是该我大展拳脚的时候了,好开心!我首先确定了中午 11 点的车次,然后选了酒店,还约了大明湖公园、千佛山的门票,我觉得简直太完美了,就拿着我的攻略去找妈妈显摆。

妈妈很认真地看完了攻略,说:"我有几个问题需要你解答一下。天津到济南需要多长时间?你预定的酒店离火车站多远?酒店周围有什么景点?景区的票价如何?几个景区分别在哪里?济南的有名小吃都有哪些?咱们还需要再注意哪些事项?你是不是还要再仔细看看?"我被妈妈机关枪似的问题问蒙了,一时不知道怎么回答,恼羞成怒地说:"旅游还需要做什么攻略,太麻烦了!"我气呼呼地跑回房间。

过了一会儿,我发现外头没有动静,便把头伸出门外:妈妈正一边查着手机,一边在纸上记录着什么。我走过去问:"妈妈,你在查什么呀?"妈妈抬起头回答:"写攻略呀。你不干,我就得亲自去做了。"说完妈妈低下头,继续鼓弄手机。"妈妈,咱不能随性一点吗,想上哪上哪,不好吗?""那我问你,大明湖游览一圈需要多久?"我上网查了查回答:"需要三个小时。"妈妈听了笑道:"假设你定的原车次不变,咱们下午 1:00 到,先去酒店放行李,再去逛三个小时大明湖,还有力气和时间爬千佛山吗?"我的脸有些热,惭愧地说道:"妈妈,对不起,我错了!"妈妈没有作声,只是对我努努嘴,示意我继续完成行程计划。

在我的努力下,我们完成了四天三晚的行程计划,不仅游览了济南,还顺便去了趟三孔,这是一次很值得期待的行程!

千里之行,始于足下,没有什么事情是一蹴而就的,此时我也体会到:总有人在负重前行,而我不能只一味地享受,就在这一刻,我觉得,我长大了。

【点评】

习作选材很新颖,小作者善于捕捉习作素材,抓住了其他小朋友经常遇到却往往忽略的事情。由于自己草率地制定旅游攻略,被妈妈指出其中的漏洞,然后继续完成行程计划。但习作的中心思想到底想表现什么?是"千里之行,始于足下"?还是"总有人在负重前行,而我不能只一味地享受"?其实这两个中心思想都不太合适。记住,习作之前,要先根据所选材料确定中心。

那一刻,我长大了(第二稿)

夏玥霖

成长是每个人都要经历的过程,而我们走过的每一步,都应该留下努力、坚持的足迹。

今年暑假,妈妈准备带我和姥爷、姥姥一起去济南玩儿几天,妈妈是山东人,她总是对山东各地有着别样的情感,和以往不同的是:这一次的行程攻略是由我来负责,是该我大展拳脚的时候了,好开心!我首先确定了中午11点的车次,然后选了酒店,还约了大明湖公园、千佛山的门票,我觉得简直太完美了,就拿着我的攻略去找妈妈显摆。

妈妈很认真地看完了攻略,说:"我有几个问题需要你解答一下。天津到济南需要多长时间?你预定的酒店离火车站多远?酒店周围有什么景点?景区的票价如何?几个景区分别在哪里?济南的有名小吃都有哪些?咱们还需要再注意哪些事项?你是不是还要再仔细看看?"我被妈妈机关枪似的问题问蒙了,一时不知道怎么回答,恼羞成怒地说:"旅游还需要做什么攻略,太麻烦了!"我气呼呼地跑回房间。

过了一会儿,我发现外头没有动静,便把头伸出门外:妈妈正一边查着手机,一边在纸上记录着什么。我走过去问:"妈妈,你在查什么呀?"妈妈抬起头回答:"写攻略呀。你不干,我就得亲自去做了。"说完妈妈低下头,继续鼓弄手机。"妈妈,咱不能随性一点吗,想上哪上哪,不好吗?""孩子,记住,千里之行始于足下,只有做好计划,后面的行程才能有条不紊。"妈妈继续说道,"我再问你,大明湖游览一圈需要多久?"我上网查了查回答:"需要三个小时。"妈妈听了笑道:"假设你定的原车次不变,咱们下午1:00到,先去酒店放行李,再去逛三个小时大明湖,还有力气和时间爬千佛山吗?"我的脸有些热,惭愧地说道:"妈妈,对不起,我错了!"妈妈没有作声,只是对我努努嘴,示意我重新制定行程。

终于,在我的努力下,我们完成了四天三晚的行程计划,不仅游览了济南,还顺便去了趟三孔,这是一次很值得期待的行程!

这次旅行攻略的经历,让我知道凡事只有提前做好计划,准备充分,事情的进展才会有条不紊,我以后做事一定要脚踏实地。在这一刻,我觉得:我长大了。

【点评】

第二次修改,小作者有了"中心"意识,但既然将中心定为"凡事只有提前做好计划,准备充分才会进展得有条不紊",那么,提前做准备的过程是不是可以写得详细些呢?

那一刻,我长大了(第三稿)

夏玥霖

成长是每个人都要经历的过程,而我们走过的每一步,都应该留下努力、坚持的足迹。

今年暑假,妈妈准备带我和姥爷、姥姥一起去济南玩儿几天,妈妈是山东人,她总是对山东各地有着别样的情感,和以往不同的是:这一次的行程攻略是由我来负责,是该我大展拳脚的时候了,好开心!我首先确定了中午11点的车次,然后选了酒店,还约了大明湖公园、千佛山的门票,我觉得简直太完美了,就拿着我的攻略去找妈妈显摆。

妈妈很认真地看完了攻略,说:"我有几个问题需要你解答一下。天津到济南需要多长时间?你预定的酒店离火车站多远?酒店周围有什么景点?景区的票价如何?几个景区分别在哪里?济南的有名小吃都有哪些?咱们还需要再注意哪些事项?你是不是还要再仔细看看?"我被妈妈机关枪似的问题问蒙了,一时不知道怎么回答,恼羞成怒地说:"旅游还需要做什么攻略,太麻烦了!"我气呼呼地跑回房间。

过了一会儿,我发现外头没有动静,便把头伸出门外:妈妈正一边查着手机,一边在纸上记录着什么。我走过去问:"妈妈,你在查什么呀?"妈妈抬起头回答:"写攻略呀。你不干,我就得亲自去做了。"说完妈妈低下头,继续鼓弄手机。"妈妈,咱不能随性一点吗,想上哪上哪,不好吗?""孩子,记住,千里之行始于足下,只有做好计划,后面的行程才能有条不紊。"妈妈继续说道,"我再问你,大明湖游览一圈需要多久?"我上网查了查回答:"需要三个小时。"妈妈听了笑道:"假设你定的原车次不变,咱们下午1:00到,先去酒店放行李,再去逛三个小时大明湖,还有力气和时间爬千佛山吗?"我的脸有些热,惭愧地说道:"妈妈,对不起,我错了!"妈妈没有作声,只是对我努努嘴,示意我重新制定行程。

"第一天我们去千佛山……",我开始在纸上写着具体的计划。期间,我时而查阅景点开放时间,时而搜索门票价格,时而又记录天气情况,方便准备出行衣物……我还向妈妈咨询景点往来酒店的距离,提前确定选用哪种交通工具。我细致地将每一步和每一个时间都做了精密的计算,那一刻,我感觉自己宛如一个小导游在为游客出行"精打细算"。

终于,在我周密安排下,我们完成了四天三晚的行程,当我们踏上返程的动车时,妈妈摸了摸我的小脑瓜,说:"孩子,这趟行程我们非常成功,小导游不错哦!"那一刻,我深刻领悟到:凡事预则立,不预则废,提前规划方能取得成功。

【点评】

小作者的第三稿写出了自己成长过程中的变化，中心明确，内容具体，文中多处运用语言、动作和神态描写，使习作语言生动。相信在反复修改中，小作者一定能体会到习作的乐趣。

那一刻，我长大了（第一稿）

张媛媛

成长的道路上，不会一帆风顺，难免会遇到磕磕绊绊。当我们勇敢面对这些困难，突破自我的时候，我们就长大了。

记得去年暑假，我从电视上看到运动员优美身姿，就央求妈妈教我游泳。妈妈对我说："游泳可不好学，你做好准备了吗？"我说："您放心吧，这点小事可难不倒我。"

一周后，我穿上泳衣，戴好泳帽和泳镜，兴高采烈地来到游泳馆。妈妈拉着我的手游，渐渐放了手，我正得意呢，可现实给了我重重一击。正高兴呢，不知不觉就沉了底，在呛了两口水时才发觉。我赶紧笨拙地向梯子游过去，可是手脚就像一个淘气的孩子似的，不想让我使用。总算摸到梯子爬了上去，我伤心极了，把泳镜和泳帽都重重地扔到了地上，眼泪在眼睛中打转。这时妈妈走过来对我说："自古宝剑锋从磨砺出，梅花香自苦寒来。亚运会跳水冠军全红婵姐姐一天要训练四百多次，才获得亚运会冠军。所有成就都付出许多的心血才获得的，加油，孩子，我相信你。"我看到背后有一个瘦瘦的小女孩，她一次次地沉下去，狼狈极了，可她依然没有放弃。我的内心被深深触动，心想和她比起来，我这些算什么。然后就跳下了水，继续游。虽然还是一次次沉下去，但是有一种强大的力量，促使我不放弃。在日复一日地学习中，我渐渐游得好了起来，我非常享受在水中遨游的感觉。

我长大了，不仅是身体上的长大，更是心灵上的长大，在会游的时候，我有一种无与伦比的成就感，也明白了"功夫不负有心人"的道理。那一刻，我长大了。

【点评】

小作者能把自己学习游泳的过程叙述清楚，能够突出自己学习过程中的心理变化，但是内容不够具体，语言比较平淡，缺乏细腻的人物描写，有中心思想但不突出。

那一刻，我长大了（第二稿）

张媛媛

成长的道路上不会一帆风顺，每个人都难免会遇到一些磕磕绊绊。当我们勇敢面对这些困难，不怕失败，通过一次次尝试，克服这些困难，突破自我的时候，我们就会一点点长大了。

　　记得去年暑假，我从电视上看到游泳运动员在水中矫健丝滑的身姿，好似蓝色世界里自由自在的鱼儿一样，就觉得又优美又帅气。我央求妈妈让我学游泳，妈妈对我说："游泳可不好学，会呛水，还很辛苦，需要刻苦练习，并能坚持下去，你做好准备了吗？"我说："您放心吧，这点小事可难不倒我，我肯定行！"

　　一周后，身穿泳衣，头戴泳帽的我兴奋地站在游泳池旁。由于是暑假，游泳馆里人很多，看着泳道里畅游的人们，我心生向往，脑海里不由浮现出自己在泳池里像个小美人鱼一样游来游去的画面。教练认真地给我讲解着技术要领，可我啥都没听见。教练看到也没说什么，领着我来到岸边宽敞一些的地方，让我趴在地上，练习刚才讲解的动作。我瞬间泄了气，羞愧地低下头，一句话也说不出口了。这时教练温柔的声音在我耳边响起，"游泳存在一定的危险，一定不能偷懒分神，要不在水里发生危险就会追悔莫及。行了，我再给你讲一遍，这回不要走神了呀"。

　　听了教练的话，我赶紧打起十二分精神听讲，认真练习，第一天的训练在没沾水的情况下就过去了。我一身疲惫地回到家，咬牙做完300个规范动作的家庭作业，累得趴在地上一动不想动了。第二天的训练，教练表扬了我动作标准，课程的后半段还让我拿着浮板下了水，我一下就激动得不行，高兴地在水里游来游去，仿佛不知道累，一直到回到家，心里还是美滋滋的，骄傲得不行。接下来两天的训练很是顺利，我心想："谁说学游泳没有不喝水的，我这不是没喝一口水就学会了嘛！"谁知训练的第五天，教练要求我不带浮板下水，我自信满满，谁知刚进水就失去了平衡，手刨脚蹬了半天，在连续呛了三口水之后，才抓住了岸边，我趴在泳池边，大声咳嗽着，好半天才喘匀了气。教练蹲在岸边，耐心地说："别气馁，刚开始脱离浮板都是这样的。多练练就协调了。"这一节课，我不断地呛水，重来，训练到最后是让教练给拉上来的，走路腿都软了。回到家，妈妈看我情绪不高，就走过来说："今天累坏了吧？我听教练说今天撤板，你没少喝水吧？"见我没说话，又接着说道："宝贝，要知道台上一分钟，台下十年功，你之前不是问我比赛时为什么有的运动员身体上某个部位会贴着胶布吗，那些贴着胶布的位置都是他们受伤未愈的地方。他们练习了那么多年还会受伤，更何况是刚学几天的你呢，妈妈相信你，很快就学会的。"听了妈妈的话，我也不由得在心里给自己打了打气。接下来的训练，我发现自己喝水的次数越来越少，游得也越来越好了。

　　从最初手刨脚蹬地慌乱，到后来的游刃有余。十天的课程结束后，我已经基本掌握了蛙泳的要领。我非常享受在水中畅游的感觉，仿佛自己是一只快乐的小青蛙。想想自己这些天遇到的那些困难，付出的那些辛苦，在会游的那一刻全都值了。大人们说的"功夫不负有心人"就是这样吧。那一刻，我觉得自己真的是长大了。

【点评】

小作者第二稿 1000 多字，从篇幅上看具体了很多，能细致写出自己学习游泳的全过程，但这种"具体"又缺乏对于材料的取舍，可以说是"眉毛胡子一把抓"，在详略安排上缺乏一定的思考。建议与中心关系密切的内容详写，与中心思想关系不大的内容略写，与中心思想无关的内容不能写。总之，习作一定要明确"内容是为中心思想服务的"。

那一刻，我长大了（第三稿）

张媛媛

成长的道路不会一帆风顺，每个人都难免会遇到一些磕磕绊绊。一次次尝试，一次次克服困难，一次次突破自我，或许就是"长大"的过程。

记得去年暑假，我从电视上看到游泳运动员在水中矫健丝滑的身姿，好似蓝色世界里自由自在的鱼儿一样，真是又优美又帅气。我便央求妈妈让我学游泳，妈妈说："游泳可不好学，会呛水，还很辛苦，需要刻苦练习，并能坚持下去，你做好准备了吗？"我说："您放心吧，这点小事可难不倒我，我肯定行！"

一周后，身穿泳衣，头戴泳帽，脸上一副炫酷泳镜的我兴奋地站在游泳池旁，在岸上练习基本动作，带着浮板下水，一切按照教练计划顺利进行，我高兴地在水里游来游去，心里美滋滋的，自豪得不行。

可谁知训练的第五天，教练要求我不带浮板下水。我当然自信满满，谁知刚进水就失去了平衡，手刨脚蹬了半天，在连续呛了三口水之后，才勉强抓住了岸边。我趴在泳池边，大声咳嗽着，好半天才喘匀了气。教练蹲在岸边，耐心地说："别气馁，刚开始脱离浮板都是这样的，多练练就协调了。你看看那个大姐姐，游得多漂亮呀！她刚学时也跟你一样，通过日复一日地艰苦训练，才能够游成现在这样呀。"我望向教练说的那个姐姐，看着她在水中优美的身影，我心里暗自下定了"好好努力"的决心。

回到家，妈妈也过来安慰我说："宝贝，要知道台上一分钟，台下十年功，你之前不是问我比赛时为什么有的运动员身体上某个部位会贴着胶布吗，那些贴着胶布的位置都是他们受伤未愈的地方，他们练习了那么多年还会受伤，更何况是刚学几天的你呢，妈妈相信你，很快就学会的。"听了妈妈的话，我不由得在心里给自己打了打气。接下来的训练，我牢记教练的话，并拢手指，手臂划水，绷直脚面，两腿蹬水，一气呵成，动作真的越来越熟练啦。从最初的慌乱无措，到后来的游刃有余。十天的课程结束，我已经很好地掌握了蛙泳的基本技巧，我非常享受在水中畅游的感觉，仿佛自己是一只快乐的小青蛙。

想想自己这些天遇到的那些困难，付出的那些辛苦，在会游的那一刻全都值了，大人们说的功夫不负有心人就是这样吧。那一刻，我觉得自己真的是长大了。

【点评】

真好！打造一篇好文，实属不易，但在反反复复修改中，小作者是否已经领会到写作的密钥：习作不要急于下笔，就像盖房子，先要设计好图纸。习作要先明确中心，再围绕中心选材，安排详略。好文不厌百回改，千锤万凿出精品！

不可小视微课之"微"

——微课与小学写作教学有效整合的研究

新课程改革纲要明确指出:大力推进信息技术在教学过程中的普遍应用,促进信息技术与学科课程的整合,逐步实现教学内容的呈现方式、学生的学习方式、教师的教学方式和师生互动方式的变革,充分发挥信息技术的优势,为学生的学习和发展提供丰富多彩的教育环境和有力的学习工具。随着现代信息技术的高速发展,微课作为一种新型的教学形式,具备教学时间短、教学内容少、资源容量小、资源组成情景化、以视频为主要载体等特点。多年来,我尝试将微课引入作文教学中,将作文教学与微课进行有机整合,从而探索出作文教学改革的新路子,收到了理想的教学效果。

一、运用微课,激发小学生习作兴趣

激发学生兴趣,是语文学科人文特性的要求。现代心理学研究表明:兴趣是人们力求认识某种事物或某项活动的心理倾向。它能激发和引导人的思想和意志去探索某种事物的底蕴,直接促进智力的发展和学习效率的提高。正如爱因斯坦所言:"兴趣是最好的老师。"作文教学借助微课进行,可突破时空的限制,真实地再现人、事、天气、动植物或生活场景、学习情景、活动情景,熟悉的画面、逼真的声音能同时调动学生的各种感官,诱发他们的情感活动,使他们身临其境,引导他们自由地感悟,自由地倾吐,自由地抒发真情,即用我心抒我情,用我手写我情,全身心地投入作文情境中。例如,在指导"我爱家乡"为主题的作文教学时,我将彰显天津美景的照片和视频制作成 4 分钟的微课,课上引导学生观赏:独具风格的桥梁,直入云霄的摩天轮,富有欧式建筑特色的意式风情街……家乡之美尽收眼底。借助微课,可以巧妙地化抽象的事物变为形象逼真的画面,再伴以古典的音乐旋律,为学生创设了一个有声有色,有动有静的教学情景。接下来,学生们自定角度,自主命题,自选材料,自创体裁,在自由写作中个个兴趣盎然。一篇篇游记、一首首诗歌、一段段导游解说词在微课的引领下跃然纸上。学生有了自由发挥的空间,个性在快乐作文中得到无拘无束的自由发展。

由此可见,借助微课创设合理而富有情趣的生活情境,避免了单调的习作指

导,能有效地促使学生产生真切的生活体验,激发学生的习作兴趣。

二、运用微课,为小学生提供广阔的习作素材

小学作文教学中常碰到这样的问题,学生面对习作题目无从下笔,要么老调长谈,素材陈旧;要么草草敷衍,内容空洞。在学生脑子里难以建立起高质、丰富的素材库。究其原因,大致有两个方面:一是学生生活单调,绝大多数学生几乎只是在学校家庭之间,对丰富多样的生活内容参与甚少;二是学生对生活缺乏感知自觉性,对生活中出现的人和事往往持有事不关己的态度,甚至对周围的环境变化充耳不闻,视而不见,真正通过深入思考在头脑中留下较深印象的生活内容少之又少。为此,写作对于小学生来说,可谓"选材难,难于上青天",叙写起来更是难以做到具体、生动。

叶圣陶先生说:"生活犹如源泉,文章犹如溪水。源泉丰富而不枯竭,溪水自然活泼流个不停。"微课可以为学生提供精彩纷呈的生活画卷和生动活泼的知识长廊,拓展他们的视野,丰富他们的素材。

如何运用微课为学生提供生活素材呢?

关键教师要"勤"。教师要善于结合习作重点,捕捉生活中的点点滴滴,如学生间互帮互助的镜头,拔河比赛上大家拼搏的场面,联欢会上同学们精彩的表演,或拍成照片,或进行录像,然后结合素材分类整理,制作成不同的微课。这样,学生可以按照作文教学内容及要求,根据自己的兴趣和爱好自主选择素材欣赏,同时酝酿如何表达。

例如,六年级习作——"介绍家乡的民俗",为了帮助学生打开写作思路,我提前将家乡的各种民俗制成不同的微课。例如,"天津人春节的民俗"微课(主要通过微课讲解大年初二"姑爷节"、大年初五"剁小人"、大年初六"遛百病"、二月二"龙抬头"的来历等)、"端午节民俗"微课、"天津小吃介绍"微课、"天津建筑介绍"微课等。学生在习作前根据自己的喜好,选看微课。那鲜艳的色彩,那鲜活的画面,那生动的讲解一下子就唤醒了学生们的回忆,引起了学生们浓厚的兴趣。学生们争着当小导游,纷纷介绍自己熟悉的家乡民俗,这样,既帮助学生打开写作思路,同时又培养了他们热爱家乡的情感。

由此证明,微课可以为学生展示更广阔、鲜活的写作素材,丰富学生视野,快速打开学生的写作思路。

三、运用微课　培养学生观察能力

观察是整个作文教学的核心。2022 年版《语文课程标准》在第三学段"表达

与交流"中指出:养成留心观察周围事物的习惯,有意识地丰富自己的见闻,珍视个人的独特感受,积累习作素材。观察是一种有意识、有计划、持久的知觉过程,是知觉的高级形态。观察力的培养对于小学生习作能力的提高有着重要的意义。

如何运用微课培养学生良好的观察能力呢?

微课中,无论老师提供怎样的写作素材,都要向学生讲明观察的目的、任务和观察的方法(由表及里,由浅入深,由个别到一般,由具体到抽象等),使他们对人物、动物、自然和社会的观察有的放矢,抓住重点。例如,在指导习作《我的老师》前,我制作了一个能够反映老师生活的五分钟微课。微课设计分为三部分:第一部分提出整体观察要求,我要求学生一幅幅按照从上到下,由左及右的顺序仔细观察,留下一个整体印象;第二部分提出重点观察要求,通过分解定格、放大和慢镜头的演示,指导学生围绕"老师的外貌特征""老师是怎样搀扶学生去卫生室的"展开细节观察;第三部分,提出边观察边思考的要求,请学生观察老师的神情动作,想象老师面对受伤学生是怎样说,怎样想的,学生又有什么反应等。微课结束后,师生交流,老师适时点拨学生展开合理的想象,从人物的动作,神态去揣摩人物的内心活动,这样就能使学生由浅入深地把握整体观察与细致观察,循序观察与重点观察,静态观察与动态观察的关系,再动笔写作文,内容就丰富了,思路也开阔了。

四、运用微课,提高学生评改作文本领

2022年版《语文课程标准》在总目标中提出:"能根据需要,用书面语言具体明确、文从字顺地表达自己的见闻、体验和想法。"在第三学段要求中也指出:"修改自己的习作,并主动与他人交换修改,做到语句通顺,行款正确,书写规范、整洁。"要想使习作达到"具体明确、文从字顺"这一要求,教会学生评改作文,显得尤为重要。可如今,大部分学生写了作文,却不会改,更不知在改中提高,品尝不到修改作文的乐趣,写完作文自然地把"评改"的任务转交给老师了。老师面对班中一篇篇习作,又是眉批,又是旁批,还精心写了对此篇习作的评语,可谓劳神劳心,费时费力。而学生呢,拿到批阅后的作文或看个分数,或改个错别字就束之高阁,对老师批语中的优点"得意一时",对批语中的修改意见"一掠而过"。这样的评改过程,只能是辛苦了老师,对学生写作能力的提高起不了太大作用。如果我们能够恰当地利用微课,打破传统的作文评改模式,一定能够促进学生整体习作水平的提高。

如何在微课的指导下学会评改作文呢?

1.巧用微课,进行"评"的指导

评改习作,首先要学会"评"。"评"就要有评价的标准,每次习作的题目和要

求不同,评价的标准也各有侧重。教师以微课的形式,指导学生掌握每次习作的评价标准。

例如,六年级习作《难忘的小学生活》,学生第一稿交到老师手中,老师批阅后,从中挑出三篇不同类的习作,在微课中展示,请同学阅读,思考如何评价这三篇文。然后,老师列出以下评价建议。

中心	中心是否明确,是否突出"难忘"这个题眼
选材	选材是否新颖,典型,能否体现"难忘"
内容	内容是否具体,详略安排是否得当,过渡是否自然
语言	语言是否生动,是否恰当地使用描写方法和各种修辞手法

学生看了微课,分别为这三篇习作写出评语。再通过小组交流,集体讨论,学生大致掌握了评价的标准,也初步了解什么样的习作可以是一类文,二三类文的提升点在何处了。在此基础上,请学生为自己的习作写评语,学生由原来被动地等待老师评价,变成主动的自己评价,习作质量明显提高。

2. 巧用微课,进行"改"的指导

"评改"作文,落实在"改"。如何指导学生高质量地改好自己的习作呢?建议教师将自己评改一二三类作文的过程运用手机分别录制下来,制作成三节微课,在微课中教师一边结合评语,找准修改的方向;一边运用红笔进行修改,哪里要删,哪里要换,哪里要补,哪里要调,老师边讲边在学生的习作上留下圈圈画画的痕迹。学生可结合自己作文的水平,选择不同的微课,观摩老师对于不同类作文的修改过程。学生看了微课,了解老师修改作文的思路方法,再去改自己的作文,便水到渠成了,不再盲目地修改习作,也不再为了"修改"而修改。

微课以其时间短、操作简单、针对性强等优势帮助学生掌握了评改习作的技巧,学生学会了举一反三,未来无论是互相修改作文,还是修改自己的作文,都有章可循,习作修改真正成为一种提升习作能力的重要环节。

教师运用微课和小学作文教学有效整合,可以扩大学生视野、丰富见闻、积累素材和拓展写作资源,有效地提高了写前指导和写后评改的效果,使学生在微课的辅助下享受到写作的乐趣。微课虽"小",不可小视呀!

利用项目化学习的实施，发展学生核心素养

——由《名字里的大名堂之＜三国演义＞》一课引发的思考

首先感谢南开区中心小学的付辉老师，为我们呈现的这节课。这节课作为"核心素养视域下小学语文项目化学习的策略研究"课题的一节专题研究课，我想浅谈一下对这节课思考。

项目化学习是一种突出学生主体地位、以学生为中心的教学方法，在教学中提供关键素材构建一个环境，学生组建小组或者学习团队，通过在环境中解决一定的开放式问题来进行深入学习。

项目化学习模式的学习过程和目标与当前的核心素养培养高度契合，是培养学生核心素养的有效教学方式。在小学语文教学中，教师从学生核心素养培养视角出发，对项目化学习实施策略进行优化，是培养学生核心素养的重要教学路径。

一、找准项目化学习的任务驱动点，为核心素养发展提供有利的学习材料

项目化学习要想培养学生的核心素养就需要借助有效的教学材料。付辉老师借助《三国演义》这部名著，引领学生走入名著，在"名字里的大名堂"这一总体任务的驱动下，学生进行自己感兴趣的小问题研究。这样的设计充分激发了学生的学习兴趣和求知欲，调动其学习的积极性和主动性，培养学生自主学习、分析和解决问题的能力以及协作与创新的精神。

一方面，以这部书中的人物名字为切入点，关注点，疑问点，探究点，发现点，展示点，同时将个人学习与小组合作学习结合起来；另一方面，将课堂教学和课外学习整合起来，付老师注重课堂上对学生进行方法指导和成果的交流，课堂外学生大胆地进行自主探究和合作交流学习，课堂内学生勇于汇报自己的学习所得，如此，我们看到中心小学同学有效提升了项目化学习的实效，使学生在多元化的学习中提升核心素养。教师在引导学生进行阅读积累和结合生活阅历的基础上对《三国演义》中的相关人物和现实生活中的同学名字进行比较分析，鼓励学生从古今名字中有所发现，将阅读体验与生活经历结合起来，突出了知识间的相互联系，在整体规划的教学设计中形成教学合力。此外，付老师还引导学生运用不同的方式进行汇报，如简报，PPT 课件，小组合作等形式开展汇报，提高学生的语言表达

能力。由此形成有利于项目化学习和核心素养发展的学习材料，是开展项目化学习和发展学生核心素养的有效教学路径。

二、关注项目化学习过程的培养点，为核心素养发展提供有利的提升空间

语文项目化学习中，强调让学生围绕一定的主题进行自主学习，在探究解决问题的过程中形成技能和能力。因此，这一过程需要一个可以引领学生进行自主探究、合作学习的驱动性问题，让学生围绕这一主题性问题进行学习，实现项目化学习的目标。

课前，付老师以名字里的大名堂之《三国演义》作为驱动问题，引领学生一起构思项目，提出自己的小问题，并将小问题贴在黑板上。同学们尝试归纳问题，组合成研讨小组。在调查探究过程中，同学们读书，交流研究心得，查找资料，准备成果展示。在整个项目化学习过程，同学们井然有序，乐在其中。

这节成品展示课，我们也看到了学生们非常骄傲的研究成果，比如小组问题：《三国演义》人物名字的规律，一名同学的研究问题《三国演义》里名和字的意思相近的人物。学生找准研究方向，开始上网查找资料，但这名同学说有些人物的名字在网上查不到含义，于是这个同学就去书里查找。经过组内交流，最终在课上展示自己的发现，得出自己的研究结论。项目化学习并不局限于学生通过一个既定的方法来解决问题，而是强调学生在解决问题的过程中发展出来的技巧和技能。这些技巧和技能包括怎样获取知识，如何计划项目和推进项目的实施，如何在学习过程中自主探究，进行团队沟通与协作等。由此大大提高了学生的学习效率，同时还激发学生学习兴趣，提高核心素养。

在项目化学习中，付老师尽可能地组织学生开展自主探究，让学生成为课堂教学的主角。同时，尽可能为学生的发展搭建有利的平台。如，学生可以自主选择研究小问题，自主组合探讨小组，自主探寻研究结果，自主选择汇报展示的形式等。我们知道，自然生成是学习最好的状态。在项目化学习中，我们就要尝试创设一定的教学环境和平台，为学生素养的发展提供一个自然生成的机会，为学习资料的开发提供自然生成的契机。

三、做好对学生的指导和调控点，为核心素养发展提供有力的保障

项目化学习虽然十分注重学生的自主学习，但是这并不是说教师在整个过程中的地位下降了，实际上这只是说教师在整个过程中的角色和作用发生了变化。教师不再是学习过程的绝对主导者和知识的灌输者，而是学生学习的指导者和调控者。教师要在学习实施的过程中做好对学生的指导和调控。

每个汇报的同学展示过后，老师会请展示者提问题，学生答题的过程一方面证明同学的听课效率，一方面也给展示者一些问题的思考。老师巧妙地设计，让展示者在发布自己研究成果的同时也看到了自己研究的小漏洞，让台下小听众在认真倾听的基础上又增加了一份思考。

小学语文项目化学习对学生核心素养的培养具有十分重要的作用。教师的指导和调控是项目化学习中学生学习效率的决定性因素，教师要结合具体的教学内容和学生学习情况开展科学合理的指导与调控，确保学习实效和目标的实现。

第二辑

幸福带班篇——打造优秀班级

开学日,"新手"班主任给学生"亮一手"

班主任工作琐碎又繁重,尤其是小学班主任,肩负着教师、保姆、医生、心理咨询师和警察等多重身份,可谓十八般武艺样样精通,还得让学生喜欢,让家长满意,班主任难,"新手"班主任更难。但"有一天"非比寻常,如果教师充分利用,即可为"新手"顺利接管并开展工作助力,那就是"神奇的开学日"。

开学日,学生既兴奋又好奇地用童眼审视新的班主任,家长通过孩子回家后的描述揣测新的班主任,尤其是遇到刚参加工作的"新手",不免产生疑虑。更令人头疼的是,在开学第二天,有的班家长就跑到学校要求更换班主任,仅仅一天的相处,怎么就否定了一个年轻班主任?症结出在哪里?我们来看看新班主任的一天。

与学生第一天见面,新班主任对学生见到久违的小伙伴所表现出来的兴奋不能理解和体谅,反将一副极其严肃的表情送到每个座位。学生眼睛是最敏感的,他们对新班主任的第一印象自然就是"厉害",有了这个标签,就会对老师的"喜欢"渐行渐远。第一堂学科课,新班主任又被收取假期作业,填写各种表格所填满。第一个课间,学生自顾自地嬉闹,新班主任在讲台收拾整理讲桌柜门。第一天午餐,学生伴着新班主任的"别说话了,快吃"度过。第一天放学,新班主任怒喝着把队伍整理好,身心疲惫,无心给家长送去微笑,家长接到孩子,也是窃窃私语:"噢,你们换新班主任了。"说完,领孩子回家了。第一天的相处,学生没有给老师留下什么印象,老师也没在学生心中引起波澜。这样的一天,很容易引起家长的不满,很容易促使家长"群起"找学校更换班主任。

新班主任一定重视"开学日"的奇效。开学日,是师生建立良好关系的关键日,是学生喜欢新班主任所教学科的关键日,是促进班集体凝聚力的关键日。这一日,新班主任必须给学生"亮一手"!

一、第一次见面"亮一手"

学生度过了一个漫长的假期,盼望开学,与小伙伴们再次相聚,自然兴奋激动,对于新的班主任,学生也充满好奇。他们时不时地用眼睛瞟新班主任,他们会利用课间悄悄交流自己对新班主任的看法。为此,第一次与学生见面,新班主任要努力展现亲和力。

1. 不能止于"你好"

新班主任要在与学生见面前,做足功课,提前对照学生照片,记下名字。如果是半路接班,最好翻阅上任班主任为学生写的评语,了解每个学生不同的特点和爱好。开学日,班主任如果能主动跟学生打招呼:"你好,你是张××吧!"学生会很激动:"老师认识我,她一定喜欢我。"如果能说出他的爱好,学生惊喜之余又多了一份佩服:"老师神通广大啊!"由此,一点"小确幸"便在学生心里产生。

2. 不能止于"言语"

新班主任要用肢体语言与学生对话,握一握手,整理一下学生衣服,抚摸一下学生脑瓜,梳理一下他们有些凌乱的头发……这些细小的看似不经意的动作,传递的是"咫尺之爱",冲淡的是学生对新班主任"拒之千里"的心理。

3. 不能止于"课堂"

有位名师说过,学生到学校不仅仅是学习文化知识,他们更需要的是人生的指引,更需要教师在生活上,爱好上有所帮助。开学日,"新手"班主任要充分利用课余时间,走近学生,融入他们的生活。清晨有早到的同学,课间有游戏的同学,中午有三三两两地凑在一起休息的同学,此刻,新班主任要放下手头的工作,去贴近学生,参与他们的交流。如果学生看到新班主任,有些拘谨,教师就打开话匣,跟他们聊聊假期生活。总之,不聊学习,不谈作业,不做高高在上的教师,弯下腰,蹲下身,做学生的伙伴,探讨他们感兴趣的话题,聊着聊着,你会发现新班主任不见了,这是"开学日"最美好的境界。

二、第一堂课"亮一手"

很多班主任习惯在第一堂课收假期作业,进行纪律宣讲,汇总假期社会实践表,劳动表等,学生无聊地配合班主任完成这些在他们看来没有意思的工作。整堂课,唯一没做的是学科教学。要知道学生在开学日最期盼的是新班主任的第一堂课。有位专家说过:"珍惜第一节课,教师没有第二次机会为学生留下第一印象。"诚然,学生在作文中也会经常以"难忘第一课"作为写作素材,足见第一节课将给学生留下深刻的印象,产生巨大的影响。为此,请新班主任在第一堂课抛开教学以外的工作,专注"亮一手"。

1. 将课堂目标定为激趣

列夫·托尔斯泰说过:"成功的教学所需要的不是强制,而是激发学生的兴趣。"那么,第一堂课,目标只有一个——激趣。教师要通过种形式,激发学生对未来一学年学习自己所任学科的兴趣。笔者担任小学六年级语文教师,第一堂课我组织同学"遨游新书",聊封皮,聊目录,聊古诗,聊插图,在"聊书"的过程中,学生兴味盎然,求知欲望被激发,学习热情被点燃。

一位研究者说过:"教室里的激情和兴奋是具有感染力的,可以从一个人传给另一个人。"那么,请新班主任,抓住第一堂课的机会,唤起学生的学习热情,未来的教学定会在兴趣的驱动下不断提升。

2. 将课堂主人定为人人

让每个同学参与课堂发言,这是很难做到的,但第一堂课,班主任一定要努力尝试。有关研究表明,课堂上发言的学生比那些没有被叫到名字的学生注意力更集中,掌握的知识更多。为此,第一堂课,不要让任何一个学生感觉自己被教师忽视了。教师在与大家交流中,关注每个同学的眼神,送微笑给每个同学,鼓励学生举起小手,如果角落里的同学很内向,怯怯地不敢与教师对视,教师走到学生跟前,将简单的话题抛给他,可拉着他的手,请他站起来,慢慢地等待他"开口"。另外,新班主任要察言观色,要结合学生的情绪及发言,给予不同的评价,或表扬学生的已知,或鼓励学生追索未知,或激励学生的勇敢,或树立学生的信心,不同的回应,其实都在传达一种信号:老师喜欢倾听,这足以让学生欣喜。

三、第一次作业"亮一手"

在开学日,教师第一次布置作业,要有它的独特属性:新颖、富有纪念性。笔者鉴于新接班,对学生缺乏深入了解,学生也因漫长的暑假彼此有些陌生,为了尽快增进师生的感情,增强班级凝聚力,笔者抛开学科作业,围绕班级建设留了一项"难忘的作业"。笔者给每人发一个"夸赞卡",卡片上印着"有你,真好",请同学们先在卡片上写自己的名字,然后将卡片在小组内传,请小组同学分别在卡片上赞扬这个同学的优点(曾经为集体做的贡献,曾经在困难时的帮助,曾经让人动容的美德……)。当学生再次拿到这张卡片,上面已经写满自己的优点,学生愉悦的心情可以想象。一张小小卡片,让新班主任第一时间了解了每个同学的闪光点,也让同学学会欣赏周围同伴,学会为同伴点赞,更让他们感受到自己在这个集体中的价值。班级的凝聚力,从第一次作业,一张卡片开始!

开学日与众不同,"新手"班主任要用心,用情为学生"亮一手",提高学生的认可度,增强家长的信任度。

开学第一周，收获"五星"好评

开学第一周，学生和家长都充满兴奋。时隔一个漫长的暑假，学生终于又可以和小伙伴一起游戏了；家长也不用天天面对这些小神兽了，不用天天琢磨让孩子学点啥，练点啥，也省得天天家里"鸡飞狗跳"。但对于新换了班主任这件事，家长总会喜忧参半，因为学生容易把两任班主任进行对比，前面太严后面这个班主任"大撒把"不行；前面班主任太松，后面这个太较真也不行。为此，开学第一周，作为教师（无论教龄），都必须意识到，家长对于新换的班主任会投入极大的关注。每天放学回家，家长都会迫不及待地询问新换的老师怎么样，孩子是否适应。如果孩子回家就吐槽老师的种种不是，一周下来，家长们坐不住了，势必会找学校，诉求无非是更换班主任。也许就是因为我们这一周没有充分调整好我们的情绪状态，没有与前任老师做好沟通，没有在衔接上下功夫，无论是班主任工作还是语文教学工作，我们都要暂时放下已经形成多年的教育教学惯性模式，都要小心做好有序过渡，让学生开心，让家长满意，收获"五星"好评是我们开学第一周的目的。

一、第一周，无缝衔接，"窍"得五星好评

第一周，如果以前班主任比较严格，治班有序，我们最好还延续以前班级管理模式，多请教前任班主任，多听听大队委、中队长意见，多与家委会成员沟通，掌握以往班级常规管理：如卫生如何轮换，午饭如何分发，出操如何整队，如何收发各科作业，对于作业上的错误如何回批，如何布置预习作业……所有细节管理，我们都要尊重以往的管理体系，以方便学生顺利过渡，让学生感到虽然换了班主任，但班级管理办法一如既往。

如果以前班主任要求比较宽松，我们也不能第一周就按照自己一贯的带班经验提出方方面面严厉的要求，会让学生一下子接受不了，会觉得喘不过来气。学生回家定会抱怨班主任的种种不是，这样就会燃起家校矛盾的小火苗。当然，开学第一周，学生们的状态也不会尽如人意，慵懒了一个暑假，作息是混乱的，通常他们上学不会迟到，但课上会两眼迷离，困意伴随全天，甚至有的孩子从早上第一节课都会犯困。当然他们上课犯困，下课却格外欢实，同学间矛盾频出，你逗我，我追你，"文明休息"的警示牌形同虚设，我们教师大抵会在第一周对犯错学生素面相

对,冷语管理,以给这样的学生点下马威,让学生快速"收心",但一味地压制是不会收到预想效果的,甚至会给老师带来"第一周"的反作用——被投诉。为此对于新接班,我们要有意规划自己的第一周各方面工作,多观察,多倾听,多忍耐,我们要做到放管有责,松紧有度,柔韧有余,让学生既感受到老师的关爱又感受到老师的期待,既佩服老师的身教又赞叹老师的包容!

二、第一周,精心备课,"巧"得五星好评

知己知彼,百战百胜。第一周,学生在心理上会与前任语文老师进行比较,"还没有我上学期老师讲得好呢""这老师讲得一点都不细致""这老师比以前的老师作业多"我们在放学路上,经常会听到学生跟家长汇报自己的学习心得——其实就是对新老师的品头论足。为此,新接班的语文老师一定要重视第一周的每一节语文课,包括阅读课,古诗词课,口语交际课,习作课,各种课型我们都不容怠慢。给大家介绍一个简单备课招法!我通常在假期就精心备好第一单元的语文课。我认真翻阅教参,仔细分析教材,还有一个秘诀——就是上网看看名师的课堂实录,把他们课堂实录中的亮点进行集中梳理。不能不承认,名师的课就是有独到的地方。整堂课上,环环相扣,课堂分析频频出彩,学生学得不亦乐乎。我们何不来个"拿来主义",将名师课堂上的亮点——围绕"文本中值得思考点,值得质疑点"开展讨论,我们可以将此搬到自己的课堂上,让本班学生也来碰撞思维的火花,让学生在研习语言文字中感受参与讨论的快乐,这样的课堂学生怎会不爱。为此,建议小老师们,在备课时,除了备学生,备教材,更要从名师实录里备教法,备扩充点,让学生不仅吃饱,还要吃好,吃得津津有味。学生喜欢上语文课,就喜欢你这个语文老师。喜欢你这个语文老师,就喜欢语文这门学科了!

三、第一周,严谨带班,"悄"得五星好评

第一周,作为班主任,不要让学生用一个简单的"严"字或"松"字贴标签。让学生一眼就看穿的老师不是优秀的老师,让学生"一个字"就概括的老师不是智慧的老师。首先,我们所有的班级管理要依照前任班主任的思路,可以微调,但不能全盘抛弃,学生毕竟适应了前任老师的管理模式,更换老师,雷同于硬生生换了一个后妈,学生从情感上本就不适应,自然产生排斥心理,戒备心理。孩子毕竟是孩子,他们的适应没有这么快。为此,我每当新接班,都会先悄悄了解前任班主任的工作思路,听取前任班主任的意见,在花名册上对每个孩子情况做简单描述,如"父母离异,跟母亲生活,母亲很负责""脑子不灵,比较认真,胆小""奶奶看大,父母在外地工作""家长极其配合,孩子偶有违纪",如此备注,帮助我迅速了解每

个孩子情况,为后面的班级管理铺好道路。无论同学间闹了矛盾还是学生本身学习出现问题,我都要先悄悄看看自己提前做的学生备注,以便在与学生和家长沟通时,不出差错。尤其是离异家庭,家长在开学会不好意思跟新老师提及家庭的特殊性,老师如果提前不了解就会在处理一些问题时,生出不必要的麻烦。例如,孩子作业没完成,如果孩子归爸爸管,我们老师通常会给妈妈发微信汇报情况,妈妈就会对爸爸有意见,这样就造成孩子父母的误会,甚至吵架,也会使孩子爸爸对我们老师有意见。再如,学生因为鸡蛋过敏,午饭时前任班主任特批可以自备些食品。而如果新班主任不了解情况,就会将这个孩子带的食品视为零食,孩子势必要挨批。诸如此类事情,经常在开学时出现。所以,我们尽量在开学前,在前任班主任的指导下,对每个孩子进行一个标签式调研,了解每个孩子的具体情况,精准关爱每个学生。"你的书法曾上过我们学校的宣传栏啊!""你号称我们年级的飞毛腿,厉害啊!""你可是学校的最佳辩手!""难怪你是我们的小管家,太尽职尽责了!""你去年在升旗仪式讲过话啊!""你是升旗手啊!"学生没有想到,新班主任如此了解自己的光荣历史,那份佩服便油然而生,我们也在对学生的夸赞中"悄"得"五星"好评!

多说一两句话

——给新入职班主任的建议

著名教育家苏霍姆林斯基说过:"一个好老师意味着什么?首先意味着他是这样一个人,他热爱孩子,感到和孩子在一起交往是一种乐趣,相信每个孩子都能成为好人,善于跟他们交朋友,关心孩子们的快乐和悲伤,了解孩子的心灵。"海明威也曾说:"教育的关键在于爱,教师的机会在于爱,学生的成长环境在于爱。"为此,班主任作为班级的灵魂,如果脸上写着爱,嘴上挂着爱,眼中含着爱,带着满怀的爱走进校园、走进课堂,那么学生怎会不喜欢?家长怎会不信赖?

我曾看过一篇文章,题目是《多说一两句话》。大概是说一个年轻人,从医学院一毕业,就进了父亲的诊所,成了和父亲一样的乡村医生。奇怪的是,来看病的人,大多仍然会选择让父亲看病。一天,他坐在父亲身边,观摩父亲诊治。父亲不但给一位老人解决肠胃问题,还发现老人有慢性咽炎,叮嘱老人平日少抽烟。年轻人猛地一震:自己每次看病,都是开完了处方,就急着看下一个病人,根本没时间再和病人交流,而老父亲似乎总会比自己多说那么一两句话。这一发现让他惊喜不已。儿子回到了自己的诊室。在为一个孩子看完病后,又嘱咐孩子多洗手,勤剪指甲。目送年轻妈妈拉着孩子的手离开,他心里暖暖的,终于明白"多说这一两句话",带给病人的,是温暖的关心,更为这寒冷的冬季,带来了一抹动人心弦的温情与爱。

这个故事,会不会让新班主任一下子顿悟?的确,一位受学生爱戴、受家长欢迎的班主任,心中不仅要有爱,还要善于沟通,善于表达爱,让学生尤其是遇到困难的学生感受到温情。新班主任,不妨也像这位老中医一样,与学生、家长多说一两句话,把心中的爱真诚地表达出来。

一、利用放学时间,多说一两句话

1.队伍解散时,多说一两句话

放学时,班主任带着队伍走到校门口,队长整队后喊一声"一二",同学们便齐声说道:"同学们再见!老师再见!"然后全班同学在老师的带领下走出校门。到了接送区位置,"解散"!老师一声令下,学生们纷纷找到自己的家长,便匆匆离开。这是每天的放学流程。其间,很多班主任脸上写满疲惫,学生们也是完成任务似的说一声"同学们再见,老师再见"。难道我们一天的校园生活不快乐吗?为什么不能在彼此道别时表达一下内心的愉快?这几年,我尝试在"解散"时,多说一两句话"某某再见""某某某再见",孩子们自然会回应我"陈老师再见""陈老师再见",孩子们说的时候,争着挤到我面前。那一刻,我们师生用眼神,用微笑表达彼此的爱。偶尔还会迎来家长的眼神,我也会补上一两句话:"回家给孩子多喝水,小嘴唇发红了。""孩子里面衣服太多,咱教室热啊。""今天你儿子回答问题特别棒啊。""又有点咳嗽,给他熬点梨汤。""外面风大,把衣服系上,戴上帽子"……这些场景,几乎成为我们班"解散"刹那的一道亮丽风景,家长看到这一幕都微微有些感动,"这班孩子真有礼貌!""孩子们上学多美啊!""班主任多负责啊!"……一声声"再见",一句句"絮叨",流露的是师生内心的愉悦,传递的是师生彼此的爱。

2. 个别交流时,多说一两句话

放学时,有个别家长想跟班主任再交流一下。当家长主动问班主任"孩子在校怎么样"时,班主任无论后面还有什么要紧的事,都要先放一放,跟家长多说几句。当然也要先试图摸清状况,家长为什么要在这个时间段问孩子情况。

如果家长就是单纯想了解孩子在校表现,我们就详细介绍一下,可以从上课状态,作业完成情况,参加锻炼的积极性,为集体服务的热情等多方面谈,多夸奖,当然也要针对学生的问题提一些希望。在交流过程中,我们也要把眼神给到学生,也可用手摸摸学生的小脑袋,用我们的肢体语言表达出对学生的认可和期盼。

如果家长是遇到了教育困惑,想请班主任支招。我们就先耐心倾听家长的心声。例如,"平时听话的孩子变得总跟我犯脾气""最近在家特别不听话,让干什么就不干什么,特别拖沓""孩子一回家就抱着手机玩游戏,怎么说也不听,家里总是因为手机打架"。面对这种情况,很多新班主任可能会想:"孩子跟家长犯脾气,不听家长话,在家玩手机,家长都管不了,让我们老师管,我们更管不了。"这话听起来似乎有一定道理,但是我们作为教师,必须担当起与家长协同育人的职责。当然,放学时间,孩子在场的情况下,家长向老师反映孩子居家表现,年轻班主任一定不能简单地站在家长的一方,替家长严厉地教育学生"以后别跟妈妈顶嘴了""你怎么能跟妈妈发脾气""以后不能玩手机了"……也许家长的本意就是想借班主任之势训训孩子,但校门口的简单说教,学生能信服吗?可以说,治标不治本,反而还会造成孩子对家长的更大怨恨——家长跟老师告自己的状。

有位特级教师说过:"爱心是教育的动力,共情是教育的元素,关爱是教育的基础。"以"孩子在家玩手机不听管教"为例,我说说当时的处理办法。我先站在家长角度多说一两句话,"您先别着急,这阶段,很多家长跟我反映孩子在家过度沉迷于手机了。"这样一说,既会消解孩子对"家长告状"的怨恨,又让家长感受到这不是自己孩子的个例。同时我也站在孩子的角度多说一两句话:"同学们是不是总和你谈论手机游戏,也许你们可以从中得到快乐,手机游戏比学习有意思多了,对吗?"孩子点了点头,"但是手机不仅伤害你的眼睛,也会影响你的学习成绩,你要学会让手机为你服务,而不要成为手机的奴隶啊!你回去好好想一想。"此刻,多说一两句话,暂且让家长消除些忧虑,也给学生留下一些思考,虽不能根治但也没有在校门口形成对学生的伤害。上海市建平中学原校长冯恩洪说过:"教育的最高境界不是把学生管住,而是让学生感动,让学生不好意思不这么做,科技是双刃剑,面对双刃剑,与其堵住,不如导之。"后面,我们利用班会,请大家谈谈在家使用手机的用途和使用时间,再请自控能力强的同学讲讲是如何对手机进行有效管理的。相信同辈伙伴影响的力量。班会课后,我又单独跟这个孩子多说一两句:"看得出,那天你妈妈找我,多为难,她当然希望孩子在老师心中是最优秀的,但是看你天天玩手机耽误学习,她心里多着急。她不光着急你的学习成绩,她更着急你的眼睛,你也要体谅妈妈,一个妈妈最不愿意看到的是孩子戴上小眼镜啊。"我站在妈妈的角度用真情打动该生,又站在学生的角度用"同辈案例"引导该生。该生回家对手机的态度,对妈妈的态度均有了变化。

新班主任,如果家长在放学时主动与您沟通,您不仅要耐心倾听,还要考虑学生的面子,考虑家长的感受,有针对性地多说一两句话,切实帮助家长解决问题。

二、利用班级微信群,向家长多说一两句话

班级微信群推送的大多是学校的通知,网络云课堂等。班主任负责转发,家长负责接收,然后配合学校完成种种任务。有的群里还规定:家长收到信息不用回复。这样的微信群,没有群成员间的互动,没有彼此的情感交流。其实,如果我们巧妙利用好班级微信群,班主任多说一两句温馨的话,家长就能更多了解孩子的在校情况,让微信群拥有一些"烟火气",拥有一些"人情味"。

临近开学,嘱咐孩子调整作息时间以便适应开学的节奏。

临近期末复习,嘱咐家长给孩子熬点梨汤,避免孩子上火。

赶上变天,嘱咐家长给孩子增加外套。

到了冬季长跑,建议家长给孩子准备件防寒服坎肩或小薄防寒服,放书箱里,随时穿。

刚刚召开完运动会,孩子"加油助威"嗓子喊哑了,在群里嘱咐家长给孩子多喝水,让孩子早睡觉。

临近期末,帮学生将容易错的题总结一下,发到班级群;还可以总结出班级普遍容易写错的生字,将重点笔画标红、放大,发到班级群。让家长感受到老师工作

的用心和细致。

点点滴滴的温馨提醒,无论是学生生活上的,还是学习上的,都会让家长庆幸遇上这么细心的新班主任,也自然会与新班主任密切配合,全力支持班级工作。

三、利用课间,跟学生多说一两句话

课间十分钟,可以说是班主任最忙碌的时候,有些家长的信息要回复,有些作业要回批,还有一些同学矛盾要帮助调解。但无论多忙,班主任也要"嘴勤"——见了学生多说一两句话。"你刚才上课提的问题简直太有价值了。""慢点孩子,别把墩布水溅在身上,你这小白裤多漂亮。""宝贝,把袖子卷起来,再涮抹布。""来,老师帮你把衣领翻过来,真帅。""你得少吃点了,有点胖了。""你笑起来真好看,太爱你了。""你咋这么文静,真可爱。"这些只言片语,我们不经意地说出,孩子们却像得到了"真言",会在心里反复回味,也会第一时间告诉他的所有家长。"爷爷,今天老师夸我了。""妈妈,今天老师还说我可爱了。"一句随口的表扬,连锁反应就是孩子一天的愉快心情,家庭一晚上的和谐氛围。

新班主任,一定要珍惜课间十分钟,"见缝插针"地大声表扬学生,包括坐在角落里的学困生,平时爱捣乱的"淘气包",不讲卫生的"小邋遢"。

四、利用作业本,跟学生多说一两句话

作业本,是教师考查学生听讲效果、复习情况、知识掌握程度的最好依据。当学生拿到批阅完的作业本,打开一看,"优",意味着没有改错任务,然后下意识地合上本子,自顾自做其他事了。整个过程,学生脸上没有期待,也没有惊喜。如果学生打开本子,"优下""良"(表示有个别错题),涂涂改改,再跑到老师跟前一回批,便"万事大吉"。其间,学生没有遗憾,也没有失落。怎样才能让作业本成为学生学习中的一个"小期待"呢?不妨利用作业本,跟孩子多说一两句话:

"你这作业,小字太漂亮了!"

"哈,知道吗,我现在还在回味你上课的朗读呢,你简直就是小诸葛亮!""今天同桌跟你闹矛盾,你却如此大度,为你点赞!"

"太喜欢你自习课安静写作业的样子了!"

"恭喜你今天成功做了一回小老师!"

当然,这样会加重教师的工作量,教师也不一定每次作业都留言,但隔三岔五写一两句温暖的话、表扬的话、提醒的话和鼓励的话,随手几笔,包含着我们对学生的关注。学生也一定会像捧了宝似的四处炫耀,那份惊喜,自然推动他们走向更大的进步。不信,新手班主任也试试。

班主任要学会俯身看待学生错误

学生犯错,是摆在我们班主任面前最挠头的问题,解决起来费时费力,还经常得不到家长的理解,甚至招来学生的怨恨。面对错误,有些孩子就是不承认,摆出一副"死不认账"的架势。有的孩子积极认错,简直就是一个"虚心接受,坚决不改"的顽童;而也有的孩子,面对错误,支支吾吾,唯唯诺诺,老师笑称"有胆犯错,没胆扛事"的家伙。

估计老师们都会遇到这几种学生,他们对于错误,为什么反差如此大?第一源于大人对孩子所犯错误的认识。第二源于家长对孩子犯错后的态度。第三源于学生个人性格。我们知道,人生中每一次的成功都会让人心生喜悦,而每一次犯错总会让人心生沮丧。学生回避错误,隐瞒错误可以理解。大多数家长更是无法原谅孩子犯错,轻则批评指责,重则棍棒相加,孩子怎敢直面错误?作为班主任,作为教育工作者,我们要学会理智看待学生的错误,学会从成长的角度看待学生的错误,俯下身来,与学生感同身受地面对错误,我们便不会拿学生的错误惩罚自己,大动肝火;也不会草率解决,敷衍了事。我们要力求将学生的错误转化为学生成长的发力点,让错误变身为学生成长的"台阶"。

一、俯身后发现,"重视错误",身教重于言教

考试出现错误,学生重视的不是错因,而是快速把错题改过来,把老师的红叉变成对勾。学生不愿让任何人看见自己的错题,当然,连自己也不愿多瞅一眼。试想,这样漠视错误,错误能善罢甘休吗,定然会在另一张试卷上再次冒头。

学生不小心把同桌的水瓶碰到地上,瓶身出现裂痕,学生第一反应总是"我没看见""我不小心""我赔",无论是怎样的措辞,都透着对错误的敷衍。而缺乏真情的道歉,也会让当事人的原谅带着一份心不甘,情不愿。

笔者试图用"言传"来引导学生重视自己的错误。但儿童从小就意识到错误是要被大人批评的,甚至被大人训斥的,而从小也摸出降低错误危机的规律就是逃避和隐藏。学生长期养成的面对错误的习惯不能靠一时的"说教"来改变。那就让"身教"发挥作用。一天,临近放假,我要发学生素质报告书,这是学生成长档案中最重要的"大本"。里面记录着学生五年的成长,教师五年的评语,家长五

年的寄语。可是，分发时就莫名其妙地少了一个孩子的。我发动大家找找自己的书箱、书包，没有！"大本"就在教室，不可能"长脚"啊，一定是哪个孩子搞恶作剧。目标锁定刘某明，一定是他藏起了同学的"大本"，他向来跟这个同学有矛盾，以此报复。疑心一经产生，似乎就有了很多确定的理由：平时两人针锋相对，刚刚两人还因为打篮球冲撞。我开始点对点谈话。在办公室，我柔声询问，迂回暗示，谈友情，论利弊，刘某明一脸无辜，一口咬定，与其无关。我无奈地让其回教室。愁云笼罩着我，只好先收拾讲桌，准备下学期搬家事宜，却在讲桌最底层，发现了两本素质报告书，一本就是那个孩子的，一本是去年转学的同学的。噢，我记起来了，是取素质报告书时，就没有把它掏出来，一身热汗立刻变凉，本来找到后如释重负，却又袭来深深愧疚。我盲目猜疑学生，还单独在办公室想通过强压怒火的谈话，谈出眉目。面对自己的错误，我可以不再提及此事，但势必会对刘某明造成心理上的伤害。"重视错误"从我做起！于是，我在教室郑重其事地向刘某明道歉，真实袒露自己对他的误解，并且走到他面前，跟他来了一次拥抱。孩子竟然感动地流出眼泪，那一刻，作为老师，我也真正感受"身教"的意义。老师俯身向学生道歉，并未矮化教师形象，反而在班里树立了更高威信。后来很多学生在周记中都谈到这件事。一个女生说，没想到老师如此坦率地说出自己的误解，我要为老师面对错误的勇气点赞（后面还画了三个大拇指）。班长周记中说："我经常误解同学，却总是碍于班长的面子，不肯向同学道歉，以后，我要记住老师的话，有勇气说明错误，就有决心改正错误，不仅不会失面子，反而能给自己树立威信。"淘气包周记很短，却留下一句最质朴的话"只有学会道歉，才能拥有改正的决心"。

当然，面对教学，我也经常出现板书错误，文本理解有误的现象，学生碍于老师面子，总是下课后给我指出，而我都会高度重视，利用课上时间，跟同学说明我的错误，有时甚至跟同学一样，在备课本上，书写几遍错字；在教案二备或反思中写出自己的错误，学生们下课可以看到我的记录，便也模仿老师，将自己的错误漂亮得记下来。

老师对"错误"的态度，潜移默化影响着学生，渐渐地，班里凡因误解而发生的同学间矛盾，当事人一定真诚讲出来，最终或握手，或拥抱，让彼此的温暖化解一时的错误。面对平时作业、测试中的错题，学生能大胆讲给老师听，大方讲给伙伴听，工工整整记录错题，老师的"身教"让学生们明白，只有勇敢面对错误，只有让错误受到最高级别的待遇，才能从心底树立改正错误自信心。

德国著名哲学家雅斯贝尔斯说："教育的本质是一棵树摇动另一棵树，一朵云推动另一朵云，一个灵魂召唤另一个灵魂。"那么面对错误，老师首先俯下身来，以师生平等的身份重视错误，学生自然被触动，自然积极模仿，也就自然学会坦然正视各种错误。

二、俯身后发现，"善待错误"，宽容重于苛责

面对学生的错误，我们大人太习惯批评训诫了，然而，学生站在班主任面前，听着班主任的"大话西游"式训诫，又有多少是心悦诚服地接受呢。笔者认为，有些错误是可以被善待的，宽容重于苛责。上学期，班里组成竞争小组，是由两个学习成绩相当的同学组成。每次默写，都由小组同学互相批阅。一天，王同学拿着默写条找我，"我这个'稚子金盆脱晓冰'明明写的没错，不知是谁在'晓'字右上角加一个点，她给我扣分了。""你确认你默写时没有加点吗？"我反问道。"确认，我所有的这个字默写，都没有加点的习惯，您也反复强调不能加点。"她的话还是可信的。我又找到她的竞争对手赵同学，"这是怎么回事？""老师，这不是我加的，真的不是我加的。"他的语速很快，脸颊也泛着红，当时班里同学正互相交换默写条，彼此讨论错题，根本没在意我们之间发生的事情，只有王同学盯着讲桌前我们的对话，王同学应该是怀疑到她的竞争对手，但又不好意思指出来。而赵同学就是不承认。僵持中，我笑了笑，"嗯，相信你没有加这个点。也许是收默写条的同学不小心点了个点。你先回去。"赵同学回座位时，还特意到王同学跟前，"老师说是组长不小心加的，不算你错了，你得满分！"王同学笑了，这事不能就此结束啊！我在批阅练习册时，在赵同学的练习册写到，"希望你能靠自己的实力赢得对手哦！"第二天，这个同学在我办公室水晶板下压了一封信，告诉我，昨天在教室，实在不敢承认这件事，怕同学们认为自己耍心眼，因为连续两次竞争，王同学都赢自己一二分，这次，自己真的想赢过来，就想了这个办法。"老师，以后我一定跟对手公平竞争。"最后，赵同学单独写了这么一句话。我知道此刻她已经认识到错误，我立刻给孩子写了回信。就此，将这个错误尘封在彼此心中。

对于学生不愿示人的错误，对于已经深深自责的孩子，作为班主任，教育者，要俯下身来倾听学生的心声，用宽容，用理解，用满怀的爱帮助学生将错误作为人生奋进的起点。

三、俯身后发现，"化解错误"，智慧重于盲目

错误千万种，班主任要学会"见招拆招"。如上所述，有的错误需要学生重视并主动道歉，有的错误需要细雨无声替学生就此埋藏，但也有些错误需要趁热打铁，用智慧巧妙化解。张同学洗手后下意识甩水，却甩学困生李同学一身，李告状说张故意甩水，欺负他学习差，因为张是我们的学霸，可张一脸的无辜，解释自己并非诚心。问题搞清楚了，纯属"无意之失"造成的误会，没必要兴师动众去解决。

于是我摸摸李同学脑袋说:"张同学肯定不是欺负你,他想把智慧之水给你一点,结果给多了。"张同学也机灵,忙说:"是,对不起,没想到甩多了,今天你的应用题小卷,由我来给你讲!我将功补过!"嘿!就此,成全了一对互助组。

无独有偶。当小明不小心甩蓝墨水而将前排粉色风衣染上斑点时,小明后悔万分,前排同学也愤愤然。我便单独找到前排同学,引导她如何看待同学的无意之失:"当结果无法挽回,不如立刻止损,不能再因此失去更多。"前排同学立刻会意。回到家,我跟前排同学家长联系,让家长给孩子缝了几个小雏菊。孩子格外喜欢。第二天,前排同学高兴地来到座位,跟小明说:"谢谢你,在我们即将毕业时给我们的友谊留下这么美好的见证,看,这些小菊花,多漂亮。"如此温暖的话语,让小明一时摸不着头脑,却也感动至极。

对于学生"不小心"惹出的错误,老师要学会俯下身,用教育智慧积极引导,用同伴共情的方式化解矛盾。我们会发现,很多时候,真是"不打不成交"。

学生的错误层出不穷,五花八门,班主任只有俯下身来,给学生一颗同理心,认真倾听,慢慢分析,用切身,用真情,用智慧,让学生学会重视错误,善待错误,化解错误,成长中的错误定会促进学生进一步成长。

师爱为学困生撑起一片晴空

每个班级，都会或多或少存在着由于身体上的缺陷、智力上的因素、家庭环境的影响等原因造成的"学困生"。在传统观念中，人们都不会喜欢学困生，常把学困生当成差生，是"榆木疙瘩"朽木难雕，久而久之这部分学生就成了班中极不和谐的风景。当他们的学习成绩越来越差时，他们也会丧失学习信心，产生"破罐子破摔"的心理，但在班级里，为了保护自尊心，抑或为了引起别人的关注，往往出现某种畸形表现：有的诚心与老师对立，甚至故意违纪，惹老师生气；有的产生自卑心理，疏远集体，回避教育。凡此种种，根本原因在于缺乏爱和温暖。因此，在转化学困生的教育中，我们不能一味地采取批评的手段，更不可以有嫌弃情绪，要对他们倾注爱心，尊重他们的人格，有针对性地用平等的方式对待他们。下面我从四方面与大家分享我在转化学困生中的几个案例。

一、激励——让学困生体会成功的快乐

一向生活在"批评"环境中的群体渴望得到老师细心的关爱，真诚的鼓励。"给点阳光就灿烂"，这句话用在学困生身上再合适不过了。老师一句及时的表扬，一个友好的眼神，一声亲切的问候，都会令学困生满血复活，干劲十足。

去年毕业的赵同学，是我班一个非常调皮的孩子。他上课接下茬，回家不写作业，把老师的批评当作家常便饭，满不在乎。可以说，他的在校表现令各科老师都感到头痛。

一次语文课后，我凑到他面前，说："你刚才够厉害！""怎么了？"他满脸诧异。我接着说："你刚才这么快就把答案想出来了，都不给其他同学思考时间，简直太聪明了！"嘻嘻！"他挠着后脑勺。"我给你提个小建议，以后你上课想回答时就把手举得高高的，但先不随口说出答案，给其他同学一点时间，这样更有君子风度，再说正确的答案值得等待啊！"后来，他真的做到只举手不张嘴，甚至还夸张地将嘴唇抿进嘴里，仿佛唯恐漏出答案。而每次当他站起来回答问题后，我都试着用"你真行，这么难的问题你都说对了""你太了不起了，我往届的学生都困在这道题上了，真佩服你！"种种表扬，令赵同学信心大增。一天，我煞有介事地问同学："你们发现没有，最近赵同学进步特别大，简直令我刮目相看。完美呀！"

这时有的同学在底下偷笑,我故意问那个孩子:"你笑什么?"他说:"他是有进步,但不完成作业,能说完美吗?"一句话,令赵同学立刻脸红了,可以说,以前赵同学从未因为没写作业而脸红过,我装作可惜的样子说:"看来咱就差这点了。怎么样,改得了吗?"他点了点头,"好,为了你的完美,努力!"我想,那一刻,我激励的语言是会在孩子身上起作用的。果然,他每天坚持完成作业,直到毕业。各科老师都有些吃惊,办公室的"大补"常客,终于变成办公室的"稀客"了。正是因为运用了激励性的话语,这名同学才有这么大的变化,正是在激励话语的鼓励下,他体验到了成功,才有了飞速的进步。

又如去年毕业的男生王同学,因为家长忙于工作,疏于对孩子生活上的关心和学习上的帮助,孩子每天上课不是与周围同学说话,就是私下看一些小摊的闲书,各科老师都曾没收过他的书,没收就没收,他也从来不去找老师要。各科成绩更是在合格线徘徊。面对这样的学生批评教育显得无力。怎么办?我听同学说他在家经常自己编程玩游戏,说明他在电脑方面很在行。正巧班级里需要用 Excel 表格打印名单,我就让他帮忙设计班级花名册,还经常举着笔记本电脑向他请教,如"我这个表格怎么不能合并变小""这个弹窗什么意思"等。他总是耐心解答。有一天,我不好意思地说:"孩子,开学以来,你帮我这么多忙,我怎么回报你呢,只能帮你把成绩提高上去,要不然你父母该说了,孩子光帮老师干活了,都影响学习了。"他看着我说:"不会的,我爸妈顾不上我。""那也不行,这样,以后我上课多叫你回答问题,你答不上来没关系,我帮你,你一定要多举手,咱俩配合一阶段,我保证提高你的成绩,就像你帮我提高电脑水平一样快。"也许是我真诚的谈话激起了他学习的兴趣,也许是我的倾心关注赢得了他的信任,以后每到语文课,他都聚精会神,从未出现低头看闲书、闪躲我眼神的情况,甚至遇到不太会的题,他也含笑地直视着我,期待能从我这寻到答案。

再如,我现在班有个女同学,各科成绩都不理想,性格内向从不爱表现自己,从与她几次谈话中我了解到,她非常自卑,总说自己脑子笨,学知识慢,而在家妈妈一看到不好的成绩就数落孩子,不能耐下心来帮孩子分析原因,一次次成绩上的失败使她没了孩子的灵气,更不愿与同学交往,学习上有困难也不问老师、同学。针对她的这种情况,我觉得树立其学习自信心尤为重要。一次上课,我请同学读课文,教室里已有很多同学举起了手,我却将目光投向了角落里的她。她不敢与我对视,我还是叫起了她,她自然读得磕磕巴巴,声音也很小,我说:"你虽然读得不熟,但我发现你的声音特别好听,回家再练练,未来说不定会当播音员。明天我还请你给大家读,我们想听听标准播音员的声音。"那一刻,我发现,她依然胆怯的眼睛里暗暗藏着些许的笑意。第二天,我再次请这个孩子来读,果真,熟练多了,声音也大了,明显是回家练习了。从此,一到读课文,她就举手,一次比一次显得积极踊跃,她畏惧胆怯的心理障碍一点点消退了。这种积极的状态带动她各科成绩都有进步。说实话,这是个谎言,这个孩子的声音并不好听,还有些沙哑,但何必吝啬这样善意的谎言,这些年,我已用这个谎言改变了很多缺少自信的孩子的朗读面貌。

我想作为教师,我们的一个主要任务就是挖掘学生身上的闪光点,让学生充满自信地走进校园,充满自信地站在教室中央,充满自信地迎接学业上的各种挑战。

二、兴趣——让学困生实现个性化发展

"兴趣是最好的老师。"在教学中,要有计划、有步骤、有针对性地采用各种方法激发学生的学习兴趣,创设有利于学困生的教育氛围,同时要根据学困生的不同类型和特点,因材施教,从根本上消除导致"学困"的直接原因和间接原因,从而使他们实现个性化发展。

1. 有些学生低年级没有打下扎实的学习基础,就要从补缺补差着手,有效地进行个别学习指导和适当补课,完善他们的知识结构。平时要放低要求,创设每日"小目标",使学困生能一天一得,有向更高目标奋斗的希望。例如,我班杨同学同学,确实脑子反应慢,接受能力不强,我每天放学,都单独给她留家庭作业,如只掌握这六个词的默写,只背这四句诗,只读熟前三自然段。这样,孩子晚上有目标可努力,也确实能实现这个小小目标,"日积跬步,何愁千里"。

2. 有些学生对学习不感兴趣,学习目的不明确,缺乏强烈的求知欲。他们自认为学习为老师,完成作业为家长。老师追一追,他们就动一动,勉强应付,被动对待。对这些学生首先要激发他们的学习内动力,给他们创造成功的机会。例如,我班钟同学和马同学都缺乏学习兴趣,每天到校,上课各自在座位萎靡,下课凑到一起追跑。练习册上一堆错别字。我便让他俩结成竞争小组,并在班里高调宣布这个消息,还请他俩在全班面前表态,一定要争个胜负!也许是气氛的烘托,当时两个孩子都摆出了"不破楼兰终不还"的架势。这两个孩子好胜心都很强,加上全班同学的关注,他们明显回家暗自使劲了,每次小默写,俩人成绩都有所提高,还真是不相上下,家长都纳闷,孩子回家大变样了,不用催促,就自觉地写作业背书了。是呀,不同的孩子,我们就要有不同的策略。从内在激发学困生的学习兴趣,进而萌发出获得成功的欲望。

3. 有些学生没有掌握有效的学习方法,对所学知识往往死记硬背,不求甚解,缺乏概括、归纳和灵活运用的能力,如默写诗句,填上下句没什么问题,理解性默写就张冠李戴了。对这些学生来说,掌握一些适合自己的学习方法是关键。我经

常与他们谈话,了解他们学习方法的弊病。如,我们班马同学,看着挺努力,就是在随堂测试时成绩不理想。通过观察,与家长沟通,我了解到,他上课不会听讲,不会做笔记,人坐在座位,耳朵也给了老师,就是思维不跟老师走,平时的成绩全靠每天晚上家长一对一的辅导。家长也束手无策,毕竟课堂学习是关键,针对这种课上不努力,回家盲目使劲的同学,就要有针对性地给孩子必要的指导。我告诉他如何听讲:眼睛看老师,捕捉讲课重点,在书上做笔记,对老师的提问积极参与,积极回答。我还给马同学看同学的书上笔记:为什么这里画波浪线,为什么这里打问号,为什么这里记板书。讲明这些以后,我更加留意他的课上表现,多提问,多跟他有眼神的交流,多表扬。一个月后,他终于懂得了什么是听课,也尝到了听课的甜头,从他书上工整的笔记可以证明其听课的质量。家长反映孩子回家再写作业或背课文也不费劲了,课堂小测验成绩也有所提高。

由此可见,我们教师不仅要有爱心、耐心,还要用心琢磨每个学生的特性,从学生的兴趣出发,帮助学困生实现个性化发展。

三、师爱——让学困生由"厌学"转变为"愿学",直至"乐学"

学困生不仅学习"困",心也"困",我们教师该如何面对这种"心困"？陶行知曾告诫:"你的教鞭下有瓦特,你的冷眼里有牛顿,你的讥笑里有爱迪生。"因此,我们老师一定要走进他们的内心世界,给予他们更多的关爱。如果我们真正将自己的爱心倾注给学困生,那么,学困生就会把老师当作自己的亲人、朋友,从而拉近师生之间的距离。正所谓"亲其师而信其道",学生如果喜欢和敬佩一个老师,就自然而然地喜欢他的课,这种亲近和谐的师生关系十分有利于提高学困生的学习热情,从而使学困生逐步由"厌学"转变为"愿学",直至"乐学"。

在学生最需要帮助和关心的时候,我们一定伸出援助之手,使学生对老师产生信任和依赖。例如,孩子肚子疼,我们给孩子打杯热水;孩子说头疼,我们像妈妈一样,用我们的头去触碰她的头,让孩子很亲近地感到老师的温度;孩子生病落下功课了,我们利用中午时间给孩子补课;出去做操,我们提醒他们穿外套,做完回来,我们提醒孩子喝水。这些微不足道的细节,会打动孩子,孩子也会真切感受到老师对自己的爱,尤其是那些学困生,我们更应该多关注他们生活方面的冷暖,使得他们不会因学习成绩差而与老师形成感情上的对立,甚至逆反。老师一定要分清学习与生活的关系,不因他学习困难,就对其生活漠不关心,反而要加倍照顾。让学困生找到平衡点,明白老师并不会因为自己学习差就不喜欢自己。这样,孩子在得到老师生活上无微不至的关爱后,一定愿意接受老师在学习上的帮助,在纪律上的批评。

　　我班有个女生杨同学，非常老实，从来都是沉默寡言，无论何时都没有纪律问题，就是学习成绩差，也没有朋友，总是独来独往。在我接班后的第一次社会实践时，她也报了名，我还心想，她也没个好朋友，这一趟得多寂寞啊。果然，在车上，她只能和我坐在一起，我便利用这个机会，和她聊天，她也是问一句答一句，不主动说话。到了欢乐谷，同学们都争着和老师合影，我却时不时地把她搂在身边照相，还把相片传给她的妈妈。晚上，她给我发个微信："老师，我毕业请您看电影。"虽然是简单的一句话，我却感受到孩子对我的信任、接纳。

　　记得教育家苏霍姆林斯基就把教师热爱学生作为教育的奥秘，工作三十年，我也深深体会到，一名好的教师，在教育方面有方法也好，有技巧也罢，其实都源于爱——有爱就有希望。

四、携手——让学困生的家长成为我们的同盟军

　　我们都知道，学生成为学困生的原因是多方面的，其中家庭是一个很重要的因素。为此，在学困生转化过程中，我们既要充分发挥学校主导作用，又要重视家庭教育的作用。平时要加强与家长的联系，家、校携手，让学困生的家长成为我们的同盟军，对转化学困生有事半功倍之效。

　　作为老师面对成绩不理想、调皮捣蛋的学生，常用的方法就是将家长请到学校来告状似的埋怨一番，临走还不忘提醒一句，"好好地管教一下吧"！其实，换位思考一下，我们作为家长，听老师一通抱怨，我们心情如何？家长也是有自尊的。面对老师的数落甚至是训斥，家长能不有气吗？有气，往谁的头上撒？自然是学生，这时，家长就会狠狠地骂自己的孩子甚至揍孩子一顿。而作为学生肯定因老师的告状而增加对老师的埋怨，这样恶性循环，学生更不喜欢读书。

　　对于学困生，不管是在思想上还是在学习上，我们老师千万别连续几天告状，每天放学都反映孩子的错，弄得孩子疲沓了，这样孩子不可能进步。建议老师们，今天告状，明天就要反映孩子的进步，我们老师可能会说"孩子没有什么进步"，那也要表扬，孩子一天里总有闪光之处，如主动为集体服务，帮助同桌，练习册错误率下降等，这样，家长就会说："看看老师多好，说明老师还是喜欢你的。"孩子听了自然会变更好。家长也不会误解老师故意针对孩子。

　　有一次，我在一本书上看到批评语言的艺术，其中讲到"三明治"式批评法，指的是有效批评的三道程序：首先是认可并赞美学生令人满意的部分，其次是提出其不足之处并加以批评，最后是给予积极的鼓励。由于这种批评方式不是一味地采取批评的手段，而是在两层厚厚的表扬之间夹杂着批评，因此被称为"三明治"式批评法。

　　我举个最近发生的小例子：我班金同学开学来在完成作业方面总是丢三落四，不是练习册少写两项，就是笔记本忘抄题了。连续几天的提醒收效甚微。一天，我发现他整课练习册都没写，我急了，给家长打电话，让家长到学校来，说实话，我很少在上班期间把家长从单位叫来，但我实在没忍住。上午第三节课孩子爸爸到校，我就采用"三明治"法与他家长谈话，先表扬孩子很聪明，回答问题很踊跃，就是完成作业方面偷懒。家长立刻承认自己的失职，由于太信任孩子了，每天回家就问问作业是否完成，没有过多关注作业本情况。我一看，他父亲已经明白孩子的错了，便说："其实班里也有同学没完成作业，但我认为金同学是非常有潜力的孩子，有好脑子，如果现在不严格要求，不能形成好的学习习惯，大了就耽误孩子了。"家长一听，非常感谢老师，临走我还对他父亲说："真抱歉，上班时给您叫来，耽误您上班。"家长很高兴地说："您是为我孩子好。我不知怎么感谢您。"希望老师们在与家长沟通时不妨也试一试"三明治"式批评法。（当然，我们尽量不把家长从单位请到学校，耽误家长工作，极易引起家长一些不满的情绪。孩子的问题尽可能趁放学家长接孩子时沟通）

　　老师们，让我们在日常工作中，关注学困生，鼓励学困生，多给学困生充分展示自己的舞台，多给学困生创造走向成功的机会，对于他们在学习或生活中的每次点滴成功或进步要及时给予表扬，让他们能从很小的成功中获得喜悦，使他们感受到自己同样是有能力的。久而久之，他们的信心自然就会产生了，从而摘掉"学困"的帽子。

批评，也需有温度

批评是班主任帮助学生认识其错误和缺点，并改正的有效方法，每个学生在其学习生活的各个阶段，必然有不同程度的进步，同时也会出现这样那样的过错。作为教师，不可以无原则地迁就学生，对学生的过错应义不容辞地予以提醒和规劝。倘若规劝不能达到预期效果，就要采取批评的方式，促使学生省悟和悔过，以确保他们的身心健康发展。因此在班级管理中，教师既要实施表扬，又要进行批评，这是教育人的两种有效方法和手段。表扬皆大欢喜，人人都爱接受。俗话说，"人人都爱好"，"良言一句三冬暖"。而批评就不是那么容易了，弄不好一句批评让人"十日寒"呀！如果能掌握好批评的艺术，让批评带着师爱的温度，就能收到事半功倍的效果，使批评产生正效应，避免副作用。

一、选择好批评时间，注意师生情绪

在批评学生时，在时间上要注意下列几方面。

老师本身情绪消沉或者愤怒时，不宜批评学生。当老师心情不好时，思想就容易偏激，若此刻与学生谈话就容易把自己不愉快的情绪转移到学生身上，一开口粗声高调，必然达不到和风细雨、语重心长、点点入心的效果。例如，班主任工作开展不顺利或对一些问题现象看不惯时，愤怒的情绪油然而生，就会出现攻击性行为。当然，在选择攻击对象时，不会选择领导或同事，只能把不良的情绪发泄在弱势群体——学生身上。于是对学生进行直接性攻击讥讽、漫骂等形式，宣泄自己的不快，伴随这样不冷静的批评就是对学生身心的伤害，是法律、社会道德规范和群体舆论不允许的，并且也不能解决学生的问题，还会出现更严重的新问题。

学生情绪低落，心事重重时，也不宜实施批评。有人曾把"青春期"的生理变化归为"三大巨变"，即身体外形的巨变，体内机能的迅速健全，性器官和性机能的发育成熟。如果对学生的身心变化不予理解和正面引导，恰恰赶上学生情绪不佳时，任老师的意识随意批评，必然会给他们带来内心的挫折感，学生此刻极易出现对抗情绪，甚至会产生强烈逆反心理。因此，学生情绪低落或心事重重时，不应随意批评学生，最好能从另一个角度去考虑，假定他（她）们是你的兄弟姐妹、是你最要好的朋友……这样就会从感情上与他们亲近一步，也可以把学生从情绪低落，心事重重的环境中拉出来。

班主任手头工作紧迫时,不宜批评学生。班主任因手头工作比较多,没有充足的时间帮助学生解决问题时,不宜批评学生,因为批评学生的前提是倾听学生的理由。若学生不能充分地陈述想法,班主任也没有足够时间晓之以理,势必导致老师的道理讲不透彻,学生的问题辩不清楚,最终师生谈话不是轻描淡写,就是不痛不痒。草草收场的谈话只能将问题停在表面上。面对急迫解决的手头工作和亟待处理的学生问题,班主任或停下工作,或暂缓教育学生。无论如何,老师要批评学生,一定保证有充足的时间,听听学生的理由,想想解决对策,这样,有的放矢,让学生舒服地接受老师真诚的批评。

另外,周一的早上,不宜批评学生。按常规的做法,周一的班会课班主任要小结上周情况,大家肯定喜欢优点,若讲到存在的问题时,班主任往往会对学生的不良表现给予批评,甚至点名道姓地指责,却忽略了学生的内心感受。试想学生刚刚过完周末,周一到校心情多么愉悦。然而迎来的却是老师冷冷的批评,这盆冷水给满怀信心的学生浇得透心凉。让学生一周的学习生活都会背上沉重的思想包袱。我们发现,有的学生害怕学习,上课注意力涣散、听不好课、做不好作业,甚至产生害怕,厌学的反应,这些现象有可能就是周一早上的老师几句批评酿成的。

因此,批评学生要特别注意批评的时间,使批评最大限度地发挥其作用。

二、选择好批评的空间,保护学生的自尊心

批评时选择合适的时间是必要的,同样选择适当的空间也是不可忽视的。选择适当的空间实施批评指的是批评的场合和场所。我认为在全班学生面前,在家长会上,在办公室不宜公开批评学生,因为有的学生性格内向,自尊心强,倘若他们当众被指责,内心就会遭受莫大的羞辱,最后学生虽被"降服",接受了教师的教育,但都是表面应付,内心却与教师产生更大的心理隔阂,良好的师生关系就此崩塌。甚至有的学生背后仍旧我行我素,与老师大唱对台戏,有意为难老师。凡此种种,显然都不利于师生间的感情沟通,也不利于问题的妥善解决,难以收到预期的效果。

既然在公众批评学生有如此不良影响,那么我们该在什么场合对犯错的学生实施批评教育呢?通常情况下,及时纠正在课堂上犯错的学生是非常必要的,但不宜直接批评,可采用眼神暗示、声调调控和走动告诫等方式。这种方式具有非强制性、潜在性和易接受性等特点,这样既能照顾到犯错学生的情面,又能使绝大多数学生浑然不觉,收到"此时无声胜有声"的教育效果。

俗话说,"忠告要隐蔽,赞扬要公开"。因此批评的地点可以选择校园的小花坛周围,长廊里,塑胶跑道上,在这样的情境下,没有其他同学的围观,没有办公室

的压迫感,学生的身心是放松的。在这种和谐的气氛中批评引导学生,学生更乐于陈述自己的想法,乐于接受老师的教育。

三、掌握好批评语言,内化学生的心灵

(一)语言要富有关切性

古人云:"言贵从心。"言语最重要的是要发自内心的真实感情。虽是批评的语言,但也应是诚恳的,是饱含忧虑的,是充满关爱的,让学生觉察到老师对自己成长的爱护,对自己足够的尊重,由此产生的反作用便是学生对老师敞开心扉。例如,某个同学上课纪律不佳,老师可以说:"你一直学习都很好,我曾以你为骄傲,但最近纪律上的表现令我非常担忧,我怕你的纪律会影响你的学习,怕同学会另眼看你,快改掉纪律问题,你永远是我的骄傲,好吗?"这样一说,学生会将老师视为挚友,并为了成为老师的骄傲,而努力控制自己的言行。

(二)语言要富有启发性

孟子道:"引而不发,跃如也。"即拉满了弓,但不把箭发出去,却显现一种跃跃欲出的情势,说明批评人要采取引导启发的语言。例如,某同学在班里一向霸道,一位女生不小心碰了他铅笔盒一下,他就气哼哼地将这位同学水瓶、书包扔在地上,老师让他捡,他就是不捡,在这种情况下,如果老师动怒批评他,师生就会处于僵持状态,问题得不到很好的解决。老师可以平静下来劝说:"人不怕犯错误,就怕坚持错误,有了错误,改正了就是好学生,只有勇于改正错误的人才是真正的男子汉,才是真正的英雄。一个人连自己都战胜不了,还能战胜什么困难呢?我想你心里装着集体的,你不愿做弱者,很愿做一个顶天立地的男子汉,你说对吗?"这时,该生便会慢慢走出座位,弯下腰拾起书包、水瓶。由这件事,我体会到当学生遇到了问题一时想不通,思想在激烈斗争时,我们不要用严厉的话刺激他,强制他去怎么做。老师遇到问题一定要冷静,察言观色,循循善诱,给他考虑的时间,巧妙地给他指出解决问题的办法,引导他自己选择,"可以义求,不可以威胁"。这样才能使学生明辨是非,理解和接受老师的批评教育。

(三)语言要富有辩证性

对于学生的缺点错误,我们一味地用生硬的语言去指责,学生很难说不产生逆反心理。如果用辩证性语言分析错误,透过优点的夹缝看缺点,学生会容易接受,会收到意想不到的教育效果。如某位女同学经常因喜欢同学的学习用具而偷偷地据为己有,班里同学因此看不起她,这时,老师可以对她说:"××,我知道你太喜欢同学的物品了,喜欢不是你的错,好东西人人爱,但是我们不能将所有好东

西都占为己有,这就需要自制力了。你看你画画这么棒,说明你的自制力超强,相信对同学的物品,你绝对能管住自己。"在这里用了"自制力强""能管住自己"等表扬性语言,它藏起批评的锋芒,把兴奋点转移到了优点方面,使她撤销了对老师的心理防御,很容易接受老师的行为指导。

　　"爱人不以颂而以规",但规劝批评学生要讲条件:既要掌握适当的场合,又要把握批评的分寸,做到具体问题具体分析。老师们,让我们留心观察每一个学生的语言及行为的细微变化,找准恰当的时间和空间,以兄长、朋友的身份和学生推心置腹地谈话,让每一次的"批评"不再"针锋相对",反而变得"润物细无声",那么,学生便在潜移默化中向阳而长。

巧妙利用微信，建立家校沟通的桥梁

在当今时代，面对学生身上出现的许多复杂教育问题，教师已经不能独立应对并彻底解决。现代社会呼唤家长参与到教育活动中，形成家校教育的合力。可对于家校沟通，家长有自己的苦衷，他们从本心很想关注孩子在校的各方面表现，也很希望配合老师做好教育工作，但由于工作地点距离学校较远，工作任务又繁忙，家长无法经常到学校与老师联系；而老师也有自己的难处，每天在校的工作量已经超负荷了，实在不能保证下班后再去家访，利用电话沟通只能涉及班中极个别学生，覆盖面比较窄。近几年，随着微信的出现，很多老师能够快捷、实时地与家长沟通，很多家长也能在工作之余第一时间与老师交流教育策略。

微信固然是家庭和学校互相沟通的桥梁。它在给老师带来便利的同时，也带来了一些问题。有的老师没有很好地让这个平台实现家校的"互动"，反而成了老师自己走的"独木桥"，如下两种现象，值得我们教师反思。

其一，利用班级微信群发送各科作业，大有给家长派任务之嫌

通过对五年级学生的观察和家庭问卷调查，我们发现，家长起初对这样的"作业信息"比较重视，逐一督促孩子落实。但时间一长，有73%的家长开始漠视这种"作业信息"了，其中35%的家长只扫一眼就忽略了这个信息，甚至没有告诉孩子信息内容；只有27%的家长能坚持按照推送内容给孩子检查作业。由此证明，老师所发的单纯的"作业信息"，根本起不到家校"相互沟通"的目的，它不需家长给老师回复个人想法，只需照条检查孩子作业完成情况即可，这种单方面派任务式微信是不受所有家长欢迎的。究其原因，大部分家长们认为，孩子自身能记清老师上课留的作业，不需要老师再提醒。的确，学习本应是学生的事，老师却利用班级群，给家长增加负担，家长怎么能欣然接受呢？

其二，利用微信，向家长"告状"，引起家长的反感

在学校，学生会出现这样那样的错误，有些老师不注意采取有效的方法去引导教育学生，生起气来，也不考虑家长此刻在干什么，时间是否适宜，便在信息中列出孩子的"错误清单"。家长收到信息后，或者非常生气，回家就劈头盖脸给孩子来一顿；或者觉得老师小题大做，对老师的教育方式产生反感。无论怎样，这样

的微信一经发出,对学生的教育弊多利少,也没有真正实现家校间的沟通。

因此希望教师能够走出使用"班级群"的误区,同样是发微信,我们可以拓宽微信角度,丰富微信内容,变换微信语气,只有微信用得"巧",教师与家长沟通才更顺畅,更贴心,更有实效。

一、巧用"班级群",温馨提醒

作为班主任,必须做好学生安全和健康的守护工作。当学校开展某项活动时,我们会发送有关注意事项的微信;当校园流行某种传染病时,我们会发送预防措施的微信;当发现学生购买小摊贩的玩具造成一定的安全隐患时,我们要提醒家长引起重视。尽管微信内容不同,但都在表达着老师真挚的关心。学生看了感到温暖,家长看了心怀感激。例如,某天天气预报说明天大风降温,前一天晚上我会发送温馨提示:"家长您好,最近天气突变,建议明天给孩子穿一件防寒服坎肩,如果在教室比较热,我会及时提醒孩子脱衣服,出去做操时提醒孩子穿上。"

相信,家长收到这样温馨的微信,不但不会删除,还会收藏起来,每每翻阅,都会感受到老师的良苦用心。

二、巧用"班级群",弘扬正能量

现代的学生更加活泼,聪明,善于接受新鲜事物,但从另一个角度看,由于受到家庭的宠爱,他们大多自私,任性,骄傲,喜欢炫富,如果单纯靠班主任的说教并不能从根本上解决问题。于是,我在"班级群"上做文章,我留意观察,捕捉班中的好人好事,将它编辑成信息发到班级群里,并号召其他同学向该生学习。这样,在同学中,在家长群中,一件小事被弘扬成一种正气。时间一长,班中的每个同学都会争着为他人,为集体做好事。一学期下来,学生们学会了给予,懂得了谦让,做到了节俭。由此可见,"班级群"也可以成为弘扬正能量的平台。

三、巧用"私信",实现因材施教

一个集体,是由很多个体组成的,他们都有不同的性格特点,每天都会拥有属于自己的喜怒哀乐。班主任不仅要成为教学能手,更要成为心理专家,随时发现学生身体状况,情绪变化,思想动态等,随时对他们施以恰当地教育。利用"私信",发送个性化信息,有助于学生更加健康快乐地成长。

1. 通过私信送去关心和问候

当发现个别学生身体不舒服时,班主任除了给予足够的照顾外,晚上,还要给生病的学生发一条问候私信,使学生和家长感受到师爱的温暖。

例如，每到天气干燥的时候，班里的李同学特别爱舔嘴唇，红嘴唇都肿得老高。我会及时发私信给家长："您的孩子白天经常舔嘴唇，请您留意观察，给孩子带润唇膏，我会提醒孩子经常涂抹。"家长立刻回复："谢谢老师对孩子无微不至的关心，有您这样的班主任是我们家长的福气。"

这样的私信，拉近了班主任与学生、家长的距离。我们都知道，当老师向学生奉献一份关爱时，定会换来学生和家长对老师的一份信任，这为今后我们开展教育活动奠定了良好的基础。

2. 通过私信给予帮助和指导

走出"告状式"微信的误区，不是不允许老师向家长汇报孩子的错误，而是希望老师在摆明学生错误的同时，能提出指导性意见，使家长不仅看到孩子的问题，更明白如何引导教育孩子。

例如，当我发现学生××的书包比较杂乱时，我没有用生硬的语气指责学生和家长，而是说："××的妈妈您好，孩子这两天没有很好地整理书包，希望您能抽时间给孩子准备几个文件袋，让孩子学会按照科目分类整理。"一个小时后，家长给我回复："感谢老师的关心。由于近期我的工作比较忙，疏于对孩子的管理，今晚已经按照您的提议指导孩子整理自己的学具。再次谢谢您的帮助。"

再如，每次期末成绩公布后，总有考得不理想的同学，为了消除他们的沮丧，重拾他们的信心，我这样发信息："××家长您好，今天各科成绩都已通知孩子，请您不要只看成绩或和其他孩子比，要发现自己孩子的进步，冷静分析孩子薄弱科目，也可将您的想法写个便条给我，相信在我们的共同努力下，一定会提高成绩的。"家长回复："老师您好，感谢您对孩子的正确评价，通过今晚的分析，我的孩子在外语方面薄弱，有些语法闹不明白，便缺乏学习兴趣，希望英语老师多帮助。再次感谢老师。"

在这样的私信互动中，老师及时反映学生的学习状况，家长及时帮助孩子改正错误，既起到家校沟通的目的，又可以趁热打铁从根本上解决问题。

3. 通过私信捎去鼓励和祝福

苏霍姆林斯基曾说："善于鼓舞学生，是教育中最宝贵的经验。"事实即如此，生活中没有一个孩子不希望得到大人们的赞扬与鼓励，尤其是小学生，他们更需要得到来自老师的认可和夸奖。为此，在微信平台上，我们班主任也不要吝啬对学生和家长的鼓励。

某同学即将参加市乒乓球赛，在集训过程，我会发如下私信："家长您好，也许您正陪孩子训练，现在到了最紧张的阶段，相信天道酬勤，孩子一定会取得成功！"比赛结果不尽如人意,我及时给家长发去私信:"家长您好,告诉孩子,不要气馁,过程比结果更重要。好好休息,孩子永远是我们班的骄傲！"

在学生遇到困难时,在他们的心灵受到创伤时,在他们感到孤独无助焦灼不安时,班主任可以发送这种鼓励式饱含祝福的短信,通过富有力量的语言,帮助孩子战胜自我,也给家长增添信心。

无论何时,无论何地,作为班主任,关心学生的成长都是我们光荣的使命。我相信春风化雨,润物无声,巧妙利用"班级群""私信",播撒点点师爱,在家校沟通的新平台上,定会使每个花朵都能快乐绽放。

创建班级公众号，为学生搭建自信的平台

作为班主任，我们最苦恼的自然是接到一个乱班，诸多小淘气不停上演闹剧，而我们要一一应对，各个击破，弄得身心俱疲不说，还有可能不被领导和家长理解。然而，接到一个超级"老实"的集体，我们就没有困惑了吗？这里我就想说说我幸福的烦恼。去年我新接手的一个班级，被众多老师羡慕，纷纷介绍这个班同学有多老实。的确，我接触一星期后，发现同学们课下很少打逗，课上很少接下茬，连午饭时间教室都静悄悄。这样的集体简直太好了。但我还没来得及偷着乐，就发现这个班同学课上跟老师没回应，朗读课文声音小得可怜，尽管我使出浑身解数，又鼓励又表扬，教室还是毫无生气，课堂基本都是我在唱独角戏。如此老实的班级，如此胆小的学生该怎么办呢？

心理学教授李玫瑾曾在一次讲座中说："不要阻止孩子调皮，越老实的孩子，长大越容易出现心理问题。"这样的孩子大多由于父母或老师从小管教过严，他们为了成为大人眼里的"乖孩子"，便把真正的自己隐藏起来，从小就养成了回避型人格，不敢表达自己内心真实想法，唯唯诺诺，缺乏自信，看似"老实"的外表，其实潜藏着胆小与自卑的心理。而在这个集体中，"老实"的榜样太多，他们互相影响，把那些原本有点淘气的孩子也影响了，或者也不敢在学校调皮了。班级整体鲜有"出格"行为，却让我有种"万马齐喑"的担忧。我决定用一学期的时间，摘掉班级整体"老实"的帽子，让学生找回自信，找回调皮的天性，鼓励学生敢于表达自己的想法，敢于迎接各种挑战。

一、借助家委会，开通班级微信公众号

首先，我召集家委会成员，共同探讨班级同学现状。也许是一种默契，家委会成员也意识到了孩子过于"老实"的严重后果。李晓家长谈道："在小区，我们李晓就属于'别人家孩子'，老实，厚道，从不让我着急，孩子也是在夸赞声中成长，但我也希望孩子有主见，至少别窝窝囊囊的。"李华家长说："我们跟小朋友玩，从不闹矛盾，一切听人家孩子的，玩什么、怎么玩、玩多长时间都无所谓。别的妈妈羡慕我，可我也愁啊。"家委会成员坐在一起，越聊越感到孩子成长的危机。看似"佛系"的孩子，不争不强，无欲无求，实则因怕失败，才不争斗。怎样才能把学生的自

信激发出来,怎样才能让孩子敢于迎接挑战,敢于超越自我呢?最后,大家决定找一个让孩子们能够放松展示自己的舞台,大家不谋而合地决定创建我们的班级微信公众号。经过研究,我们决定微信公众号名字就叫"我的德宇班"。("德宇"是我们的班名,寓意品德高尚)

二、让音频起步,做幕后自信者

刚开始,我们决定降低难度,先从音频入手,第一个版块为"经典诵读",结合学校的思政教育,我们选取的是《习近平讲故事》。同学们听说班级有了微信公众号,个个兴奋不已,但要主动报名参与音频录制,很多学生显然没了底气。德国教育家第斯多惠说过:"教育的艺术不在于传授本领,而在于激励,唤醒,鼓舞。"作为有三十年教龄的班主任,对此,我深信不疑。"同学们,"我开始发挥激励唤醒功能,"我们的公众号只是面向全班同学和家长,大家都是一家人,同学们不用有什么顾虑。本次音频录制只需要上传你们的一段诵读,对于五年级同学,难度系数为0。你们只需做到正确流利,感情充沛。"三句话,我运用了三个"只"字句,将学生心理预估的困难不断缩小,班里有四个同学主动举手想试试,于是我集中向这四名同学展开辅导。我们一起选取书中适合四分钟展示的文章,查阅其中所涉及的故事背景。一切准备就绪,四名同学利用一周时间完成录制,每个同学还在家长的指导下写了一段自我介绍。第一版块"读《习近平讲故事》,做经典传诵人"上线了!我带领同学们在教室分享,请第一个吃螃蟹的同学走上讲台进行自我介绍,然后全班倾听他的诵读音频。第一个同学的推送相当成功,给后来者莫大的信心,我又趁热打铁,请大家为这名同学的诵读进行点评。也许不是语文课本内容,也许是为身边小伙伴点赞,教室举手人数明显增多,有的赞声音洪亮,吐字清楚,有的夸抑扬顿挫,声情并茂。学生耳朵很灵,听出诸多优点,相信这些赞扬定会化作后来者努力的方向。有了榜样的引领,很多同学跃跃欲试,但对自己是否在第二批尝试还是有点犹豫。这时就要靠激将法了:"同学们,咱们的公众号,每天只能推送一名同学,先到先得,凡是先上交的就先排队,如果你太晚上交,就得等一个月以后了,同学们赶快决定。"如此这般,很多学生不再犹豫,教室里第一次呈现小手林立的景象。看来孩子们的竞争意识开始被激活。后面,学生快速敲定自己喜欢的故事,回家就查阅故事背景,翻字典纠正生字读音,反复听第一个同学的音频,找差距,一通忙碌,开始录制。据家长介绍,有的孩子一晚上录制不下10次。是呀,"老实"的孩子,大多追求完美。等音频上传,诵读人又开始无限期待,盼着尽快排上档期,盼着早日推送。每天我们都利用午休时间组织大家共同欣赏"经典诵读",而每天回家,孩子们的第一件事也是打开我们的微信公众号,与家长分享小伙伴的诵读,还不忘给这个同学点赞。有的同学还用爸爸妈妈爷爷奶奶手机分别点赞。很多孩子都在暗地里比谁得到的赞多。也许是孩子们看到大家为自己发送的近乎百个赞，也许是孩子们为自己的出色展示感到自豪，慢慢地，班级学生的精神面貌大有改观，连他们背书包进教室的步伐都带劲儿了。语文课上读课文的声音也洪亮很多，回答问题的小手也不再稀少，看来，他们已经无法淡定地保持"老实"的形象了，他们扬起一张张自豪的笑脸，偶有手舞足蹈的蹦跳，展现出儿童自信张扬的本真。

三、让视频紧跟，做台前自信者

在经典诵读持续一个月后，先前的新鲜感渐渐减弱，固定的自我介绍，固定的音频播放，固定的点评环节，学生逐渐少了新奇感，消了些热情。此时，我们就要推出新的栏目了，继续吊起学生的胃口。

经过与家委会研究，我们决定配合统编教材五年级课文《刷子李》的学习，组织全班同学共读冯骥才的《俗世奇人》，请同学拍摄视频，讲述奇人故事。这是一个更大的挑战。他不同于音频，这次要求同学从幕后走到台前，配合服装，道具，音乐为大家讲故事，甚至可以进行创意表演。学生自然第一反应——望而却步。没关系，先找一个同学打样。我与大队长妈妈电话沟通，家长热情高涨，保证孩子优质完成任务。大队长的爸爸进行背景布置，调节灯光角度。客厅立刻变成摄影棚。开始拍摄。爸爸又拿起平板电脑做题词器，妈妈用手机录制。最后，妈妈和孩子进行后期剪辑。成品超出我们的想象，后面竟然还加了一小段拍摄花絮。于是我们的第二个版块"德宇悦读"上线了！同学们满含期待地欣赏大队长讲《甄一口》，大队长讲得有模有样，时而举起酒壶来一口，时而拿起扇子娓娓道来，教室笑声不断，这下，大家的热情算是调动起来了。播放结束，同学们在夸赞的同时，更多的是提出疑问：忘词怎么办，用什么软件制作，后面背景如何添加，抠图如何操作。随着大队长的逐一讲解，同学的问题越来越细。家长们也极其给力，看了公众号的推新，纷纷私信我，要为孩子排档期。就这样，冯骥才笔下的一个个奇人被同学们演绎得派头十足，津味盎然。

这个栏目由于拍摄时间比较长，所以我们设定为每周三和周五推送两期。至于每期推送谁的，我们提前没有预告，孩子们似等扔靴子般焦灼地等着，时不时总有几个同学窜到我跟前打探消息，我也总说，"所有的美好都值得期待，也都会如期而至。"学生顽皮地笑着走了。瞬间发现学生跟我说话更随意了。

班里非常内向的刘同学，从不主动与老师同学沟通，一天家长给我发私信："太感谢班级微信公众号了。孩子最近跟我们的话可多了，拍摄这一晚上，我们全家笑声不断，乐呵极了。"瞬间感觉孩子与家长敞开心扉了。

对着镜头讲奇人，需要迎难而上的勇气，需要敢于挑战的自信，需要打破常规的智慧。一档栏目，让原本唯唯诺诺的学生华丽变身，还悄悄增进了师生关系，亲子关系，继续！

四、让短视频同行，做超级自信者

就在大家陶醉于每周的《俗世奇人》之时，期末考试快到了，随着紧张的复习，家长变得有些焦虑，一方面担心孩子听课效率，一方面又担心孩子因学业压力心理出现问题。随着家长的种种担忧，个别孩子的学习劲头明显不如以前。看来，公众号又要推新了。于是，我们再次与家委会商量，与心理老师研究，决定推出一期缓解学生心理压力的特别版块"嘻哈快递"，着力推送同学们学习之余的一个个搞笑短视频，力求给同学带来快乐。同时，考虑班中还有部分同学从未参与过微信公众号的推送，他们看别人的视频会发笑，听别人的音频会羡慕，虽然也想挑战，但始终没有勇气。他们太老实，太与世无争，但不能让他们长期躲在角落里为别人鼓掌。这个版块，我决定首先由他们来迎接挑战。我先确定五个同住一个小区的孩子进行录制打样，第一期就安排他们跟随网红刘畊宏在小区花园跳操，短短一分钟视频，这几个孩子起初扭扭捏捏，其中一个家长充当了导演，一遍遍排练，孩子们很配合，越跳越投入，越跳越嗨，最后彻底放开。既然是搞笑版，孩子们完全可以笑场，可以搞怪，整个拍摄过程，爆笑不断。经过后期抖音的特效制作，一经推出，立刻爆红，很多孩子要求转发给亲属，给周围小伙伴。由此，我们公众号的面向对象开始扩大，孩子们获得的点赞越来越多。真是一发不可收，班里同学争相参加"嘻哈快递"这一栏目的录制。他们根据自己的爱好选剧本，有的全家行动一起录制，有的连家里的小猫咪都出镜了，有的在同一社区的伙伴一起录制。每一个短视频，同学们在为观众带来笑声的同时，也让我见证了他们从"我不行""我行吗""我还行吧""我可以""啥时再拍"的全过程。学生的自信一旦被激发，全情投入、力求完美便纷至沓来，一路前行，自信成了学生战胜困难的"利剑"。

苏霍姆林斯基曾经讲，"从我手里经过的学生成千上万，奇怪的是，留给我的印象最深的并不是无可挑剔的模范生，而是别具特点与众不同的孩子"。希望我们的班主任不要一味追求学生的"老实"，希望我们用教育的智慧，为学生搭建展示的平台，让学生能够张扬个性，敢于挑战，充满自信。教育者最大的幸福就是看到孩子们的成长。

"治班"即"治家",打造优秀班集体

家庭应当重言传、重身教,教知识、育品德,身体力行、耳濡目染,帮助孩子扣好人生的第一粒扣子,迈好人生的第一个台阶。这份责任的承担者并不只是孩子的父母,身为教师,尤其是小学阶段的班主任更是责无旁贷。一个班级就像一个家庭,学生是子女,班主任是家长。在这样的"大家庭"中,家庭建设至关重要。

我正是本着"治班即治家"的核心理念带班,在过去的六年时间里,大家坚定信念、学习成长,遇见朋友、树立理想,真正从一个班级变成了一个家庭,从同学变成了家人。

一、培育好家风——树立人生楷模

义方既训,家道颖颖。对于这个家,我的治班理念是"格物致知,修身齐家",旨在培养学生优良品行、自我管理和善学乐学的习惯。"家风是一个家庭的精神内核",而我们的家风要从心中的楷模——周恩来总理谈起。随着南开区教育局"以周恩来为人生楷模"的号召和学习周恩来精神活动的开展,我班积极响应。为了将周恩来精神融入班级文化,我们特邀家长进班级共同讨论,最终决定我们的班名为"德宇班",寓意"品德高尚,志存高远";班风是"友善乐群";班级精神是"读书不虚度,学业不虚度,习师不虚度,交友不虚度,光阴不虚度"。这正是周恩来入读南开学校时提出的"五不虚度"要求。我们深知班级文化绝不只是一句口号,更是一种力量。同学们自行设计班级文化墙,每到课间,就围在展示栏前,感受着总理光辉不朽的形象。文化墙的设立让我们认识总理,而书籍让我们了解总理。《周恩来传》《周恩来的故事》《周恩来寄语》一度成为班级图书角最受欢迎的热门图书。带着阅读的感悟,我们在班会课上讲周恩来故事,谈读书心得,周总理已成为我们心中的偶像。此外,我们还邀请南开大学学生,为我们讲述总理事迹。我们来到周恩来邓颖超纪念馆,来到南开中学,近距离地感受老一辈革命家光辉灿烂的一生,感受新时代"红领巾"的光荣使命。

二、涵养好家教——践行善己济人

所谓"善己",我们希望学生在人生的起步阶段,能够享有健康的身心并全面发展。为了关注同学的心理健康,我们自主创办、编辑班级周刊《德宇书心苑》,用文字记下我们的所想所感：其中有集体生活带来的快乐，有同学矛盾带来的困惑，有青春期成长的烦恼，有学习压力带来的焦虑，桩桩件件心事在班报上倾吐，在同学间无声的交流。我们还发挥美术才能，在一次次智慧的碰撞中，自行设计制作班服；建党100周年之际，我们用手抄报向党的百年华诞献礼。班级学生在书画、音乐、体育各方面有特长，全面发展。

所谓"济人"，我们希望学生乐于助力公益，勤于帮助他人，而这份无私奉献的"大我"精神正要"从娃娃抓起"。我们走进社区，帮助保洁阿姨擦拭楼体玻璃，清理花坛杂物，用劳动奉献爱心；我们积极向社区居民宣传《天津市文明行为准则》，呼吁大家共建美好天津；"俭，德之共也；侈，恶之大也。"我们积极响应国家"厉行节约，反对浪费"的号召，不仅从自身做起，更利用周末走进水上公园，向游人宣传"光盘行动"，呼吁大家共同抵制"舌尖上的浪费"。"老吾老，以及人之老"，我们走进老年病医院，为爷爷奶奶表演节目，相声、小品、二胡和独唱，一个个节目引来老人们阵阵笑声。我们还将精心挑选的月饼切成小块送到老人嘴边，让老人品尝香甜的月饼，感受浓浓的亲情。"幼吾幼，以及人之幼"。我们走进儿童福利院，和小朋友一起游戏，聊天，给他们带去温暖与快乐。

三、建设好家庭——携手彝族朋友

"水蜂岩蝶俱不知，露红凝艳数千枝。"索玛花是勇敢的花，它盛开在凉山高原上，面飞雪不畏，迎烈日不枯，但比索玛花还要勇敢的，是在那里生活的孩子。2019年8月，我积极响应中共中央关于打赢脱贫攻坚战的决策部署，去四川省凉山州昭觉县支教，借此，我班同学认识了工农兵小学五年九班彝族小伙伴。家庭成员的壮大让我们的家庭建设迎来了新的机遇和挑战。古语言："莫逆之交不足恃矣，然总角之交，应非泛泛也。"对于这份民族情谊，我们倍感珍惜。当得知他们学具短缺后，我们自行发起"献爱心，给小伙伴送礼物"活动，同学们积极筹集、整理和搬运，向他们寄去十余箱书包、文具和体育用品，表达了我们对家人的真挚情感。当一箱箱文体用品满载着中营学子的爱心，翻山越岭，来到工农兵小学时，彝族孩子备受感动，那份来自远方小伙伴的温暖驱走了凉山的阴冷，因为有爱，凉山不凉！由此，两地小伙伴结下友谊，两年来，我们两班开展了"同在蓝天下、携手共成长"系列活动。

1. 同树好家风

为了分享我们的家风，我们将总理故事书和亲手制作的总理名言书签，一起寄给了他们，和他们共同分享总理事迹，共同建设班级文化。工农兵小学五年六班教室墙上贴着"为中华之崛起而读书"的立志横幅，中营小学五年九班教室墙上贴着周恩来的"五不虚度"要求。如今,周总理的精神已深深内化于学生心中,更时时外化于学生的言行。两地学子在周恩来精神的引领下,日新月异。

2. 同读一本书

"鸟欲高飞先振翅,人欲上进先读书。"书是孩子们智慧的源泉。但有一本书非比寻常,它已然成为信使,它架起了两班同学相识相知的桥梁。中营小学的同学在我的倡导下每人买了"一对书"。一本自己留着,一本寄到工农兵小学。两个小伙伴虽然还不太懂相隔的距离有多远,虽然还不知道小伙伴的模样,但手捧书的那一刻,他们知道,他们同龄,他们在同一片蓝天下,他们在与同一个故事对话。工农兵学子将对书籍的渴望写进读书心得里,中营学子将对小伙伴的思念写在方格中。

3. 同跳一根绳

我组织两班同学开展了"同跳一根绳,共享健康快乐"联谊活动。工农兵小学同学手里拿着中营小学同学捐赠的跳绳,个个神采飞扬,虽两班同学身处异地,但在跃动的彩虹间赛出了健康的身姿,赛出了幸福的笑脸。一根小小的跳绳,增加了两个班同学的默契,联结了两个班同学的情谊,让两个操场在同一时间都变成了欢乐的海洋。工农兵学子学会了健康的锻炼方式,中营学子懂得了竞技的真谛。

4. 同诉家乡情

临近春节,我组织两班同学又一次"相聚",开展了"共绘手抄报,互诉家乡情"活动。中营小学同学用手中的画笔向远方小伙伴介绍天津建筑与美食。工农兵小学同学也在用手中的画笔,画出彝族服饰与连绵的凉山。虽然中营与工农兵相隔千山万水,但在"共绘手抄报"中,工农兵学子送上索玛花、查尔瓦与坨坨肉,中营学子送上天津之眼、天塔与耳朵眼炸糕,两地孩子彼此分享着各自的家乡和民族风情,增进了对各自生活环境的了解。

5. 同度中秋节

我们将精心挑选的月饼寄给他们,遥祝小伙伴安康喜乐。当我们通过网络视频看到彝族小伙伴人人手捧月饼,一脸灿烂时,我们似乎突然明白"给予"是人生最大的幸福。

6. 同祝彝族年

彝族新年,中营小学五年九班教室里洋溢着欢乐的气氛。孩子们都穿上了节日的盛装,为自己远方的小伙伴送去新年的祝福。伴随着三位小主持人的声音,一场庆彝族新年联欢会在两地两班教室通过网络视频开始了。响亮的歌声,曼妙的舞蹈,充满激情的鼓点……两班同学唱啊跳啊!似乎有表演不完的节目,有说不尽的祝福！一股新年的暖意在两个教室恣意流淌！在同学们的欢声笑语中，庆彝族新年联欢会圆满结束。这是一场别开生面的联欢会，中营学子以心迎新，工农兵学子以情抒怀，两个班同学沉浸在久久的笑语之中。

7. 同闯智慧关

临近期末，我组织两班同学在同一时间，用同一试卷，进行"智慧闯关"大比拼活动。当日两地天气严寒，但两张试卷温热了两个教室。"百词测验"中，学生们每一个字都写得漂漂亮亮。"计算题大闯关"似乎在两个教室掀起一场无声的战斗。同学们精心计算，反复检查。两地学子，共同在知识的海洋遨游。工农兵学子享受到"学而时习之"的快乐，中营学子懂得了"爱拼才会赢"的道理。

"同唱一首歌""同讲古典名著""同展厨艺"……班级联谊活动精彩纷呈，不仅增进了不同民族同学的友谊，更促使学生在各项活动中潜移默化的影响，班级凝聚力更强了，同学学习更加刻苦，锻炼更加努力，爱好更加广泛，自制力与自信力明显增强。每个同学都能绽放出积极向上，健康快乐的笑脸。可以说，联谊班的建立真正推进了五育并举，令两地学子的素质得到全面发展。

四、厚植好家国——立下远大志向

家国情怀是中华民族血脉中的品格，精忠报国是华夏儿女矢志不渝的理想。学生们年龄虽小，但理想信念不能小。只有有远大理想，有鸿鹄志向，才能向着这个目标去努力、去奋斗，在人生的航线上少走弯路，不走歧路。水激石则鸣，人激志则宏，为了厚植学生的家国情怀和爱国精神，我从"英雄先锋"入手：一个有希望的民族不能没有英雄，一个有前途的国家不能没有先锋，是他们的负重前行，才有我们的幸福生活。

我带领学生走进武警总队，感受那份坚毅与顽强。武警叔叔整齐划一的步伐，强健有力的擒敌拳给同学们留下深刻的印象。我们拜访消防支队，感受那份无私与无畏。消防队员个个身手矫健，在30秒内把衣服穿戴整齐的一连串动作令同学眼花缭乱。我们邀请驰援武汉的医生分享他们的逆行故事，感受那份奉献与担当。当同学们看到医生穿着厚重的防护服第一时间奔赴病床的照片，同学们含着热泪鼓起掌来。我们邀请一线律师为我们讲解《民法典》，感受法律的威严与庄重。在律师深入浅出地解答同学们的问题时，学生领悟了《民法典》是如何保护未成年人的健康成长的。我们跟着著名书画家方大开院长参观书画展，感受文化传承与创新。方院长耐心细致的讲解让我们深感每一幅作品都凝结着画家的心血，都在诉说画家的一段心路历程。我们对话雷锋班班长，感受新时代下雷锋精神的薪火相传。

武警官兵，消防队员，一线律师，急救医生，解放军战士……他们来自各行各业，为我们的幸福生活拼搏，而这份令十四亿中国人感动的精神核心便是一个字"家"。面对他们，我们油然升起敬仰与感恩，更心生远大理想，立志成为他们中的一员，在最伟大的时代开启梦想，为更伟大的时代砥砺奋进，为家争光，为国报效。

在家风熏陶，家教培育，家人激励，家国感召之下，同学和老师们不断拼搏，共同进步着。我班在 2019 年和 2020 年被评为区级优秀班集体，获南开区"周恩来班"荣誉称号，2021 年被评为天津市优秀班集体，天津市"优秀少先队中队"荣誉称号。

何为家？美德教育的起始之源，真挚情感的汇聚之处，理想信念的来源之地，正是家。由此来看，我们的班级正是一个家，那么"治班"即"治家"。培育好家风、涵养好家教、建设好家庭、厚植好家国，四位一体，共同助力打造一个优秀的集体。我坚信，"天下之本在家"，学生们今日于"家"的所学所感，将指引着他们明日的一言一行。家的精神将被铭记于心，融于血脉，成为他们人生之路的宝贵精神财富，更成为支撑他们生生不息、薪火相传的重要精神力量。

致广大而尽精微，构建班级成长营

"致广大而尽精微"，该句出自《礼记·中庸》，强调了博大宽广的宏观境界和精细详尽的微观之处的协调统一。我正是践行着"致广大而尽精微"的治班理念，既从整体入手，统筹全局，又兼顾细节，五育并举。同学们以投票的方式决定班名为"德宇"，寓意"品德高尚，志存高远"；班风是"惜时笃学"，寓意"踏实勤奋，日积月累"。我和同学们坚信，班集体建设从广大处着眼，从精微处入手，方能让德宇班看得辽阔，走得长远。

一、铸理想信念之基：广于志存高远，微于脚踏实地

习近平总书记强调："当代中国少年儿童既是实现第一个百年奋斗目标的经历者、见证者，更是实现第二个百年奋斗目标、建设社会主义现代化强国的生力军。"

作为见证者，我希望同学们能从当代榜样中坚定信念，志存高远。于是班级成立了德宇大讲堂，定期邀请各界先锋代表为同学们讲述奋斗的故事。

在每个学生心里都有一个阳光坚毅、充满使命感的军旅梦，为了开阔学生视野，丰富民航知识，培养学生拥军爱国情怀，我们邀请空军第一军事战士与同学们分享《我爱祖国蓝天》讲座，同学们认识了空军的旗帜和兵种，了解了中国空军大事记，更对空军装备飞机的构成引起浓厚兴趣，歼击机、侦察机、轰炸机，学生们在观摩、提问和探寻中，充分认识到"少年强，则国强""世界可爱是因为有可爱的人守护着我们""山河无恙，有你皆安"，相信未来班级里一定有同学会像空军战士一样，逆风飞翔，勇往直前，用自己的力量捍卫祖国的安全和荣耀。

为了帮助学生树立正确的生命观，让同学们珍爱生命，敬畏生命，我们邀请医科大学总医院急诊科医生，在德宇大讲堂借助仿真人详细讲解心肺复苏常识。如何评估现场环境，观察患者状态；如何判断心跳呼吸；怎样呼救帮助，心脏按压、人工呼吸都有哪些要领，同学们在医生的指导下，逐一学习，最终在仿真人身上反复实践，成功完成全套演练。很多学生回家就给家长演练，还有的同学在晚饭时饶有兴趣地为家长介绍急救关键，一次大讲堂，不仅让同学们学到了真本领，还增强了同学为生命保驾护航的责任感。

我们邀请河北工业大学法律专业教授来到德宇大讲堂，普及宪法常识，弘扬宪法精神，让宪法走进每个同学心中。同学们还在教授的带领下进行宪法宣誓，感受宪法的威严。

如今，很多学生会问："为什么学习雷锋，向雷锋学习什么？"为了让同学们深刻把握雷锋精神的时代内涵，我们邀请雷锋班第二十六任班长张阳走进德宇大讲堂，为同学们上了一堂精彩的思政课，让同学们对"雷锋"这个名字有了更深刻的了解，它传递着一种精神，一种力量，一种正气。从此，班级同学知雷锋，爱雷锋，学雷锋，做雷锋。

为了增强同学们的消防安全意识，培养消防逃生、自救自护能力，我们走出校园，将德宇大讲堂设立在南开区五马路消防支队。请消防队员为我们讲授消防知识。同学们还亲自穿上消防服，感受消防员挥汗训练的艰苦。在观摩消防员奔赴火场的救援演练中，消防员用速度，用坚持为同学们诠释了"赴汤蹈火""竭诚为民"的铮铮誓言，让同学们肃然起敬的同时学到了保护自己的本领。

为了让同学们近距离感受杂技这一非物质文化遗产的特殊魅力，激励同学们对传统文化的热爱，我们将德宇大讲堂设立在天津杂技团。那些表演艺术家纷纷表演蹬技、顶技、魔术和戏法，同学们看得眼花缭乱，赞不绝口。我们还观摩杂技团小队员的训练场，在训练场上，小队员们为了练习柔韧度、平衡力、灵活性，每个动作都要重复上万次。那一刻，学生真正领会了"台上一分钟，台下十年功"。学生们在为一个个杂技节目送去掌声的同时，激发了对传统文化的骄傲和自豪感。

作为中华优秀传统文化和非物质文化遗产的重要组成部分，泥人张世家彩塑艺术当之无愧。我们通过家委会家长联系到泥人张第六代传人张宇先生。于是，我们走出校园，将德宇大讲堂设立在古文化街"泥人张"展览馆，馆内陈列着非物质文化遗产的守护人——"泥人张"第六代传人张宇先生的代表作品。一个个泥人独具匠心，千姿百态。张宇先生赠送同学们画册，并亲自为"德宇班"题字。学生在课堂之外与艺术家近距离接触，同时牢牢记住"泥人张"世世代代传承的精神："一生只把一件事做到极致。"这是一次美育实践活动，开拓了同学们的文化视野，使学生领略到传承百年的匠心精神，品读出了民族文化艺术的浓厚智慧。

一笔一画，字字生辉！为了提高同学们的书法艺术修养，我们还走出校园，将德宇大讲堂设立在著名书画家方大开院长的书画展馆，方院长耐心细致地讲解让同学们坚定文化自信——写好中国字，做好中国人！

校内校外的德宇大讲堂，让同学们聆听先锋的故事，让同学们见证泱泱大国正是因无数人的奋斗而巍然屹立。

德宇班同学不只是当今伟大时代的见证者，更是明天的生力军。班级成立了德宇小讲堂,请同学们走上讲台,讲出那些脚踏实地的小进步。《周恩来的成长》《周恩来的三用大衣》《周恩来的餐桌》……同学们积极响应教育局"以周恩来为人生楷模"的号召,认真学习周恩来事迹,讲述周恩来故事,在周恩来精神的感召下不断奋进。

德宇小讲堂也是同学们放飞梦想的地方。梦想成为天文学家,看看地球外面世界的同学分享了"如何让一个棒球飞出太阳系";梦想成为足球运动员,站在国际赛场为国增光的同学分享了"足球是怎样从蹴鞠发展成世界第一运动的";梦想成为医生的同学分享了生活急救小常识。

以德宇大讲堂为广大,以德宇小讲堂为精微。学生们心怀高远,为精忠报国而坚定;同学们日积月累,为每日进步而确幸。

二、助幸福前行之路:广于崇劳敬劳,微于实干创造

我国劳动教育源远流长,历来有着"耕读传家"的优良传统。新时代青少年担当民族复兴大任的新使命,这对我们的劳动教育提出了更高的要求。由此我们召开了"崇尚劳动精神,敬重劳动人民"主题班会,在班里弘扬劳模精神、工匠精神,为同学们树立了"劳动最光荣"的观念。

在学校,同学们自我管理,轮流进行日常值日。在校外,同学们热心公益,乐于助人:到社区帮助孤寡老人剪指甲;到景区摆放共享单车,擦拭路边垃圾箱;到长虹公园清理杂草;到水上公园宣传光盘行动;到地铁站向旅客宣传地铁逃生常识等。元旦,我们举行了"包饺子技能大赛",同学们个个拿出家传绝活,一展风采。由此,崇尚劳动,参与劳动,热爱劳动的意识在德宇班悄然形成。

当然,劳动教育不只局限在劳,劳动教育的核心价值是以"劳"促全,五育并举。我们班的同学坚持全面发展,在体育艺术方面各有所长。今年,我们班被评为南开区"周恩来班",天津市优秀班集体,天津市中小学十佳学生集体。

三、祝年少总角之谊:广于达则兼济,微于携手共进

绵长的夏河之畔,巍巍的凉山之巅,有着与平原截然相反的自然气候和具有独特魅力的民族文化。那里的孩子尽管生活拮据俭朴,但对于知识有着渴望,对于外面的世界充满想象。我们班与甘肃省夏河县九甲小学同学互通书信,与藏族小伙伴结下友谊;与四川省凉山州昭觉县工农兵小学五年三班建立联谊班。我们德宇班同学也希望尽到微薄之力,帮助彝族小伙伴更好地改善自己的学习生活。我们寄去94本名人书籍,帮助他们设计班级报纸,与他们共上心理健康课,共学周恩来精神,共度国庆,共迎冬奥……在助人的过程中,德宇班同学渐渐发现我们

收获的也许比给予的更多。在书信往来间，我们了解了丰富的民族文化，求同存异中感受着志同道合。在德宇班报上，两地学子彼此分享家乡，彼此介绍民俗，彼此畅谈梦想。在共迎冬奥的活动中，两地学子共同了解冬奥历史，共同庆祝中国冬奥健儿的成功。在"光盘行动，从我做起"的倡议下，午餐时间，我们在两地教室体会着"一粥一饭，当思来之不易"。

一年多来，德宇班同学与工农兵小学同学发现助人和被助的界线渐渐模糊，身处异地的学生们在交流与互助中携手同行。

四、筑思政教育之地：广于心中所想，微于今日所行

习近平总书记在主持召开学校思想政治理论课教师座谈会时强调："小学阶段是学生人生观、世界观、价值观形成的关键时期，从小加强他们的思想政治教育，帮助他们扣好人生第一粒扣子，是落实立德树人根本任务的基础。"

课内，我们将思政主阵地——"道德与法治课"秒变情景小剧场。讲台变成了同学们施展才华的舞台。通过情景模拟，角色扮演，现场调查，道德与法治课从此变身为同学们争先恐后的竞技场。

校外，周恩来邓颖超纪念馆，天津觉悟社纪念馆成为德宇班的另一个思政阵地。同学们开展"为中华之崛起而读书，做新时代好少年"主题小队活动，队员们将平日所读的《周恩来传》《周恩来的故事》《周恩来寄语》铭记于心，结合周邓纪念馆的藏品，结合觉悟社的一张张黑白照片，充当了小小讲解员，为参观的游客讲述中国从沉睡到苏醒再到崛起各个时期周爷爷和邓奶奶的感人故事。在觉悟社门前，恰遇天津电视台采访，德宇班同学在镜头前介绍班级"学周""知周""做周"的过程。当晚，天津新闻播出了同学们举着手中的小国旗，发出的铮铮誓言——"请党放心，强国有我！"德宇班同学用铿锵有力的声音道出了"愿以吾辈，捍卫中华"的理想信念。

线上，我们建立的"我的德宇班"公众号，是同学们的又一个思政阵地。我们推出经典诵读栏目。同学们通过自己的传诵，将一段段无声的文字变成有声的传情，使得德宇班同学牢记总书记的谆谆教诲，增强进取心，拼搏力，立志要为中华民族伟大复兴的中国梦努力学习。临近期末，班级公众号推出"嘻哈快递"栏目。在一段段短视频中，同学们或与父母一起出镜，或与社区小伙伴一起合演，一个个搞笑片段，令德宇班同学舒缓情绪，一起解压。公众号还推出"科普小达人"栏目，同学们分享二十四节气的由来。"小楼一夜听春雨，深巷明朝卖杏花""微雨众卉新，一雷惊蛰始""雪入春分省见稀，半开桃李不胜威"……伴随着二十四节气的介绍，一首首关于节气的诗句印在同学脑海中。同学们在赞叹中华传统文化的同

时,增强了文化自信,争相要做中华传统文化的小小宣讲人。公众号还结合五年级统编语文教材,推出"德宇悦读"栏目,同学们争相在镜头前演绎冯骥才笔下的《俗世奇人》。每个"奇人"都让同学们感受到"津"味小说独特的语言魅力。

线下,我们还创办了班报——德宇书心苑,这是我们用手可以触摸到的思政阵地。里面记录了德宇班和四川大凉山工农兵小学五年三班的班级风采:表彰好人好事,推出习作作品,展示文体活动。我们的班报已经做了52期,从最初的老师家长全程辅助到如今学生完全自主,从班干部负责到班级全员参与,同学们在投稿、设计、编辑和整理中记录下童年弥足珍贵的回忆,而在纸张之外,耐心、细心、合作和创造的精神更将陪伴着同学们受益终身。

暑假期间,我们还将思政阵地转移到了家庭。亲子活动成了主旋律。亲子共读一本书:从《富国论》中找寻一个国家怎样才能聚集更多财富;从《红楼梦》中感受"满纸荒唐言,一把辛酸泪";从《西游记》中得到勇敢斗争,永不言弃的力量。亲子共唱一首歌:父子共唱《我和我的祖国》,母子共唱《在希望的田野上》,全家祖孙共唱《万里长城永不倒》。亲子共锻炼:父子来到小区草坪,共享足球的乐趣;母女来到小区广场,一个轮滑,一个滑板,互炫技艺;父子挥拍打羽毛球;姐弟计时互拼俯卧撑……在陪伴中同学们感受到家的温馨,感受到沟通与交流的畅快,感受到理解与被理解的暖意。

"致广大而尽精微",在这个治班理念的引领下,我们用两个学期进行班集体目标建设,组织建设,制度建设,文化建设。由此促使广大的理想指引着同学们的方向,精微的实践铺就前进的坦途;相信同学们一定铭记班级昔日的璀璨,更期待班级明朝的辉煌!

幸福成长篇——养成良好习惯

养成"对自身安全负责"的好习惯

当前的教育存在一种弊端：老师父母总是自觉地担负起儿童安全的责任，总是不停地提醒孩子："小心，这样做太危险。"而孩子本身很少关注自己的安全问题。如果孩子不能区分怎样做安全，怎样做危险，那么父母、教师和社会再严密的保护也不能保证万无一失。据有关部门统计，全国每年有近两万名少年儿童非正常死亡。小学生正处在人生的成长阶段，面对突发事故时更容易受到伤害，这是一个值得引起重视的问题，而中国基础教育在生存教育领域尚处在缺失的状态中，我们的孩子如何对自身的安全负责？学校和老师既不可能时时刻刻地跟在儿童身边，也不能因为怕出事故而束缚孩子的手脚，限制他们的行为。其实，百般照顾，不如培养学生养成对自身安全负责的好习惯。

一、众多惨痛事实，警示学生要对自身安全负责

小学生天真可爱、活泼好动，什么事情都希望能亲身体验，感受其中的快乐。因此，在他们身边隐藏着许多安全隐患，这是他们在玩耍时没有预料到的。请看下面案例：

案例一：2021 年 10 月 1 日，在哈尔滨市双城区水泉乡大德村附近，四名未成年人驾驶电动三轮车在村路路口处与大货车相撞，造成三轮车方 2 人当场死亡、2 人受伤经抢救无效死亡的严重道路交通事故。此次事故中，驾乘电动三轮车的一方均是十三四岁的中学生，他们在本应该如花般盛开的年纪却付出了血的代价，带给家人无尽的痛苦，同时也给大家敲响了警钟。

案例二：2021 年 3 月 13 日，淄博市淄川区一景区内，15 岁少年不幸溺亡。落水少年当时与 3 名伙伴，两两一组各租赁一艘观光船在湖内游玩，游玩过程中该少年从一条船跳至另一条船上时发生意外，不慎落水。

这些惨痛的实事给我们留下深深的教训与反思，无论在学校、社会还是在家庭，安全隐患无处不在。孩子们往往存有"侥幸心理"，才导致了一幕幕惨剧发生，希望这些惨痛事实能够化成警钟，警示学生时时处处养成对自身安全负责的好习惯。

二、提高安全意识,教给学生自救自护常识,促使学生养成对自身安全负责的好习惯

小学生是祖国的未来,他们的健康成长,关系着千家万户的欢乐幸福,他们的身心安全备受社会关注。我们必须创新安全管理模式,构建起学校、家庭和社会三位一体的安全管理网络,从小提高学生的安全意识,教给学生自救自护常识,促使学生养成对自身安全负责的好习惯。

(一)将安全教育渗透在各科教学中,帮助学生提高安全意识

课堂教学是进行安全教育的重要阵地,学生安全意识的建立和加强离不开各科教师的引导、释疑。为此,教师在学科教学中教会学生知识、培养学生能力的同时,也应该关注学生的生命健康与安全,注重情感、态度与价值观目标的达成。教师要充分利用学科特点,在教学中结合教学内容自然融入安全教育的常识,使学生乐于接受。

例如,教师利用健康教育课讲授"食物中毒急救""传染病的防治",结合"细胞分化、癌变和衰老"等教学内容,教会学生形成良好的生活方式(远离吸烟、吸毒等),养成良好的卫生习惯、饮食习惯等;利用科学课进行"自然灾害发生时的自救和救人"教育,包括水灾、地震、雷电和滑坡、泥石流等灾害发生时的逃生方法和救人方法,还有"野外遇险求生"教育等;利用信息课教给学生绿色上网的常识,利用网络资源引导学生学会处理突发事故,师生共同探讨脱险的方法、技巧。

利用语文课本中涉及安全常识的内容,合理展开安全教育。我在教学生字"灾"时,引导学生观察插图(一丛熊熊火焰燃烧着房屋),由此启发学生谈感受。学生自然发现,"火焚屋"便是"灾"呀!学生很快了解了字义,也记住了字形,同时我就把发生不同火险的防范、灭火方法等知识顺理成章地传授给了学生。在教学《桥》一文时,我抓住文中老百姓与共产党员老汉面对洪水肆虐时的不同表现,引导学生辨识在突如其来的洪水面前,正确的逃生办法,从而使学生明白了"在灾难面前多一分镇定,多一分谦让,就多一分安全"的道理。

以上做法体现了教师在学科教学中对学生生命安全的人文关怀。既符合学科教学内容的特点,又在教学中贯穿了令学生终身受益的安全知识,帮助学生树立安全意识。

(二)将安全教育贯穿在丰富多彩的活动中,帮助学生增强安全责任感

保护自我不是自私的表现,是维护生命安全的自觉行为,更是每个人都应承担的一份责任。小学生活泼好动,对安全危机缺乏预见性,当意外发生时,往往束

手无策,甚至因不懂简单避险常识而酿成大错。要想让学生做到"不伤害自己,不伤害别人,不被外界伤害"的"三不伤害",达到"养成注意安全好习惯"的目标,安全教育、培养自救能力是重要的一环。建议开展以下活动,让学生体验发生意外时的现场处理方法,锻炼其自救自护的能力,从而促使学生养成对自身安全负责的好习惯。

1. 请消防员现场讲座

教给学生用电防火防煤气的知识。指导学生独自在家时安全用电,不用手或导电物去接触探试电源插座,不用湿布去擦拭电器,不随意拆卸安装电源、线路、插座等。发现火灾应立即拨打119报警,一旦身受火灾威胁时,要冷静地采取正确有效的方法,自救逃走。逃生时,用湿毛巾或口罩保护口、眼睛及身。煤气泄漏时要先切断气源开窗通风,千万不能马上开灯、打电话,否则会引起爆炸。

2. 组织观看录像

引导学生了解饮食卫生常识。教育学生不购买"三无"产品、劣质过期食品和饮料。

3. 开展多种形式的安全事故预防演练活动

利用校会时间,组织全校师生开展对洪水、地震、火灾等灾害事故的紧急疏散演练,使学生在活动中了解安全,认识安全,掌握避险,逃生自救的方法,培养学生的自救自护能力。只有这样,在日常生活中遇到紧急情况,才能冷静而又正确地面对和恰当处理。

4. 开展辩论赛

引导学生掌握与陌生人交往的办法。例如,当面对陌生人的求助时,我们该不该全力帮助?(该不该替陌生人引路?该不该扶起路边摔倒的老人?该不该帮陌生人照看行李?)在辩论中,学生掌握了与陌生人交往的技巧,增强了防范意识,懂得了在保护自己的基础上,尽己所能帮助他人。

5、举行演讲比赛,呼吁学生"绿色上网"

引导小学生认识网络资源的积极意义和不良信息的危害,学会合理使用网络资源,增强对各种信息的辨别能力。网络资源可以丰富学生的课外知识,但不沉迷网络游戏,不看少儿不宜的视频。

以上活动丰富有趣,小学生在活动中应认识到身边处处存在安全隐患,只有掌握了自救常识、应急措施,才能学会如何对自身安全负责任。

三、培养良好生活习惯，充分体现学生对自身安全的责任感

学校、家庭和社会都有义务培养小学生良好的生活习惯，以便提高他们对自身安全的责任感，更好地避免各种难以预料的伤害。例如，培养良好的饮食习惯，平时不买无证流动摊点的食物；不乱吃或乱喝没有生产标志的东西；不吃腐烂变质食品；按时吃饭，不暴饮暴食，不吃零食。培养良好的课间休息习惯，在课间休息时不做剧烈活动，避免发生各种伤害事故。培养良好的上下楼习惯，做到"右行礼让"。培养自觉遵守交通规则的习惯，过马路时走人行道，遵守交通信号灯，不骑自行车带人，不在路上玩耍。

良好的生活习惯与自身安全是紧密结合、相辅相成的。例如，正确有序的穿衣服能保护身体，鞋带系得牢固可避免跌倒摔伤，热汤、热水吹一吹再喝能避免烫伤，吃鱼把鱼刺挑干净能免受咽刺之痛，吃饭时不嬉笑打闹可避免气管进异物。请老师和家长携起手来，从生活的细节入手，加强教育和督促，让学生形成良好的生活习惯，提高学生对自身安全的责任感。

对自己的安全负责，不仅是一种意识，更是一个终身受益的好习惯。社会、学校、家庭都有义务引导学生认识身边的安全隐患，防止危险的发生，同时，教师应指导学生避险自救的方法，使学生不断提升安全意识，养成时刻对自身安全负责的好习惯。

养成自觉关心他人的好习惯

素质教育的一个重要任务是培养中小学生具有良好的思想道德品质。基础教育阶段是一个人发育成长的重要阶段,是初步形成正确人生观和世界观的关键时期。当前中小学教育的一种倾向是重视文化科学知识,忽视怎样做人,导致大部分儿童缺乏交际能力,不能自觉地关心爱护他人,这是一种心理不健康的表现。为了了解当今小学生在"关心他人"方面的详细情况,以便因势利导地开展工作,加强思想品德教育,我从关心父母,关心社会等几个方面对六年级的一个班级进行了问卷调查,全班共 42 人,问卷均有效,由调查结果使我受到以下启示。

一、"自觉关心他人"是小学生从"自我"中解放出来的重要途径

调查结果表明,当今的父母把全身心的爱都奉献给了孩子,而孩子对父母的爱大打折扣,班内仅 35.7%的同学给父母送过生日礼物,大部分同学不曾向父母表示祝贺,更令人吃惊的是,在这些十一二岁的孩子中竟有 14 人不知道父母的生日。(见表 1)

表 1　关心父母调查结果

	不清楚	送过礼物	只是知道,未曾表示
父母对子女的生日	无	40 人占 95.2%	2 人占 4.8%
子女对父母的生日	14 人占 33.3%	15 人占 35.7%	13 人 占 31%

当今的孩子大多是独生子女,"以我为主,独霸天下"的心理严重,他们从小就生活在父母搭制的爱的小屋里,太习惯于被爱了,当他们遇到困难时,他们希望有人伸出援助之手;当他们经受痛苦时,他们希望有人与他们分担。他们已自觉不自觉地把幸福系于被他人所爱的程度上,一旦在这方面受挫,就觉得自己非常不幸。在孩子的天空中,"自我"占了极大空间。这些孩子只见自己不见他人,只知人人为我,不知我为人人。孩子们这种普遍存在的"自我意识"不能不令我们教育者担忧,将来他们如何与人交往,如何与人协作。为此,我们要从父母、同学、老师——这些孩子们最亲切的人入手,创设种种机会,培养学生养成"自觉关心他人"的好习惯,让学生享受心系他人的幸福滋味,体会人生的真正乐趣,从而使学生抛开自我,以健康的心理走向更广阔的人际交往中。

二、养成"自觉关心他人"好习惯,是 21 世纪人的生存和发展需要

原国家教委副主任柳斌在谈素质教育中说:"我们国家在党的基本路线指导下,改革开放取得了很大成绩,经济发展了,科技发展了,人民生活开始富裕起来了,但是社会的公共道德水准却降低了,知识增多了,技术进步了,但人们的公民意识、公民责任感、公民义务感却淡薄了。""自觉关心他人"便是公民的义务和责任之一。它体现了一个人的道德素质,体现了当前的社会文明程度,对我国未来的社会风貌,民族精神有着决定性影响。

此外,随着 21 世纪科技的不断进步,我们越来越意识到人的生存和发展离不开协作。协作即为实现共同目标所进行的个人与个人之间或群体与群体之间同心协力、相互促进的合作性行为,而人与人之间的相互关心、理解是进行协作活动成功的基础。俗话说,"众人捧柴火焰高"。从古至今,每一项进步都凝结着几十几百甚至更多人的努力。可以说,任何一项发明都不可能是一个人独自完成的对小学生来讲,也离不开协作。例如,解答一道难题,如果只靠一个人去思考,不仅耗费时间而且寻到的答案会片面,而若几名同学共同讨论研究,既节省了时间,又可找到比较完整的答案。如今许多教育者已意识到培养学生具有"协作精神"的重要,而只有让学生养成"自觉关心他人"的习惯,才能达到协作的默契。

三、"自觉关心他人"是向社会奉献爱心的具体表现

我们经常会听到这样一首歌,"只要人人都献出一点爱,世界将变成美好的人间"。可在问卷中,仅 9.5% 的同学曾自觉地向社会捐款。(见表 2)

表 2 是否参加过捐款活动

学校组织捐款 尽己所能	学校组织捐款流于形式	曾经自觉地以个人名义向社会捐款
6 人占 14.3%	36 人占 85.7%	4 人占 9.5%

由此表明,大部分同学对社会求助者持漠视的态度,究其原因,主要是如今的孩子个人意识太强,对社会中需要帮助的人缺乏关心,他们虽然很纯洁,不会存心伤害求助者,但对求助者也不会主动奉献爱心。社会就是一个大家庭,在追求物质文明的同时,更加追求精神文明,而彼此的相互关心爱护就是精神文明的重要体现。社会中每个人都希望得到他人的关心,尤其是缺乏自理能力的人,如福利院的孤残儿童,老年公寓的孤寡老人。记得一位腿有残疾的儿童说过:"我最怕的是见到路人的冷眼,最想见到的是当我摔倒时路人扶我站起的那一瞬间。"为此,就从小学生抓起吧,让学生逐渐养成"自觉关心他人"的习惯,因为社会需要"人人都献出一点爱"。

四、将"自觉关心他人"的习惯外化为言行，内化为素质

问卷调查结果为我们教育者敲起警钟，我们要加强引导学生养成"自觉关心他人"的习惯，可采取以下几种做法，将其外化为言行，内化为素质。

（一）以教师的身教，唤醒学生"自觉关心他人"的意识

"身教"指教育者用自身的实际行动作出榜样、表率，这是一种行之有效的教育手段和方法，它具有形象、感人的特点，有利于教育者建立威信和对受教育者的潜移默化的影响。加里宁在《论共产主义教育和教学》中说："教师的世界观，他的品行，他的生活，他对每一现象的态度，都这样或那样地影响着全体学生。"为此，作为教育者的教师、家长要重视自己的言行，以此打动孩子，让孩子学习效仿。例如，父母带孩子去看望爷爷、奶奶，问一问老人的身体情况，嘱咐一些饮食方面的注意事项等；教师在班内主动帮助有困难的学生，照顾病假后复课的同学，为比赛失利的同学给予鼓励等。这些言行孩子们会看在眼里，记在心里。渐渐地，孩子们增强了自觉关心他人的意识，懂得随时释放自己的爱心。

（二）以小伙伴的表率，养成"自觉关心他人"的习惯

榜样是培养学生优良品德的典范，是为学生提供思想言行规范要求的物化模式，好的榜样使学生易于效法，能从榜样的事迹中受到启示和鼓舞。为此，教师可抓学生身边的典型事例，树立"关爱小标兵"，让学生明确"自觉关心他人"也是一种美德。如：班内××同学脚扭伤了，一位同学自觉搀扶他上下学；××同学生病请假了，同桌自觉帮助他记录课堂听课笔记；××同学胆子小，不敢参加演讲比赛，一位同学自觉凑到跟前为其打气。教师要及时树立这些同学为榜样，鼓励同学细心体察周围师长同学的冷暖，将无私的关爱给予求助的同学、操劳的父母、辛苦的老师。

（三）以教育的良机，享受"自觉关心他人"的幸福

人们常说，抓住了教育的最佳时机，就等于教育成功了一半。例如，××同学家中失火造成严重的经济损失，一时无法正常上学。教师可借机要求班内每位同学为这位同学做件好事，有的同学为他买来文具，有的同学为他找出御寒衣服，还有的同学请他一起回家学习……经过这次事件，孩子们体会到给予的幸福，品尝到"关心他人"的滋味。又如，教师带学生到儿童福利院搞联谊活动，让学生亲眼看到孤残儿童的学习生活情况，让学生亲自教福利院孩子制作手工，让学生与福利院孩子共同表演节目，从而真切感受福利院孩子生活上的困难，情感上的需求；也可带学生到老年公寓服务，陪老人聊天，与老人做游戏，给老人带去欢乐与慰

藉。学生在参与活动中不仅深刻懂得"老吾老以及人之老,幼吾幼以及人之幼"的道理,更在心灵受到震撼的同时,逐渐学会将关爱洒向社会的不同角落。正如一位同学所说:"原来关心人的感觉比被爱的感觉更幸福,那是一种欣喜,一种说不出的激动。"由此,我们呼吁,让所有的孩子都去自觉关心需要帮助的人,在"关心他人"中享受真正的幸福。

　　当21世纪的钟声敲响的时候,当人们穿梭的脚步越来越快的时候,不要忘记,人与人之间最需要的是关心。让我们教育者携起手来,共同引导学生养成"自觉关心他人"的好习惯,让我们的世界充满温情!

养成"懂得感恩"的好习惯

曾看过这样一篇报道"他们为何忘掉恩人",讲的是沈阳沈河区 84 岁的老人王儒臣捐资助学,遭到所助学子冷落的事情。13 年来,老人先后资助了 40 名贫困学生完成学业,其中有 10 名是大学生。如今他双目失明,卧病在床,却从未收到受其恩惠而完成学业的大学毕业生的来信,更别说来人探望了! 相信每个人看了这篇报道,都会深感遗憾和痛心。在当今社会商品经济大潮的冲击下,感恩——这个生生不息、绵延千年的人类传统美德却出现了严重的缺失。上课的时候,我曾经做过这样的调查,"你常对父母说感激的话吗?"结果显示,七成学生从不跟父母说感激的话。他们认为,"他们是我的父母,我是他们的孩子,他们理所应当对我好","父母对自己好是应该的,不需要天天将感激父母的话挂在嘴边吧","别人的爸妈也对自己的孩子很好啊,我没觉得我的爸爸妈妈有什么特别的"。也有一些同学把老师帮助他改正错误,误认为是老师在存心刁难他;还有的学生经常不按时完成作业,老师催促他补作业,他却误认为是老师跟他过不去。对亲人的关怀,对老师的教导,对好心人的规劝,对社会的给予不懂感恩,这是目前学生中存在的突出问题。要知道,在西方"感恩"是一个带有浓烈宗教味道的概念。在英国,很多古老的教堂石墙上至今仍然雕刻着"思考"与"感恩"二词。"感恩"在牛津字典里的定义是"乐于把得到好处的感激呈现出来且回馈他人"。在我国,"感恩"一词出自晋代文豪潘岳《关中》诗"观遂虎奋,感恩输力",亦取"感戴恩德"之意。所以"感恩图报",也是我国人民自古以来的传统美德。众所周知的古语"施人慎勿念,受施慎勿忘""知恩图报""投我以桃,报之以李""受人滴水之恩,当以涌泉相报"等都体现着一种知遇之恩、养育之恩、培养之恩、提携之恩和救命之恩。为此,笔者认为在当今的学校德育工作中,让学生拥有一颗感恩的心,养成懂得感恩的好习惯迫在眉睫。

如何让学生拥有一颗感恩之心,培养懂得感恩的好习惯呢? 感恩就是对他人、社会和自然给予自己带来的恩惠和方便在心里产生认可并意欲回馈的一种认识,一种情怀和行为,即知恩和报恩。

一、感恩习惯的养成受诸多因素影响

（一）取决于学生认知因素

俗话说"知恩图报"，只有知道了别人对自己的付出和关爱，才会产生报恩的意识。如果意识不到别人的付出，怎么可能产生感恩之心呢？大人们太过于溺爱自己的小孩，认为孩子小，凡事替孩子包办——铅笔替孩子削好，书包替孩子背着。家务不让孩子碰，有好吃的全留给孩子。凡此种种都是无条件地给予，从没有培养孩子的回报意识。在家中孩子们是"小皇帝"，在学校则目空一切，眼中只有自己，形成了只知道"我该怎么样"，不知"该我怎样"；只知"我要什么"，不知"要我什么"；只知"人人为我"，不知"我为人人"。现代教育的确强调让孩子们"张扬个性，自主成长"，但这绝不是让孩子们恣意成长。过于强调个性的凸显而忘本，容易使孩子们失去起码的道德准则，不能承担起社会家庭学校所所要赋予的责任。很多孩子随意浪费粮食，早已忘却了"粒粒皆辛苦"。他们记得所追求的明星、偶像的生活起居和兴趣爱好，却记不住自己父母的生日；他们知道麦当劳、肯德基哪一款最好吃，却不知父母的辛苦。如果只知道索取，不知道奉献，又怎能学会感恩呢？

（二）感恩的想法没受到过鼓励

许多孩子向父母表示"您辛苦了"的时候，父母往往说"你把书读好就行了"。很多父母什么事都不要孩子做，好像孩子获得的满分，便是对父母最好的回报。当一个人无偿为另一个人付出时，这种爱极可能被视为理所当然。

（三）受家庭和学校教育的影响

做父母的如果不关心和感激上一代人，孩子就会模仿父母的行为。一些孩子不知道感恩，没有养成感恩的好习惯，根子还是在父母和老师身上。因为我们不会教，不愿意教，甚至觉得感恩教育多此一举，感恩习惯没必要培养。学习成绩优劣成为判断孩子健康成长的决定因素，这种重学习成绩轻道德人伦的教育方法，是造成学生不懂感恩的重要原因。孩子作为一个人，应该什么良好习惯都要培养。

二、学生养成"懂得感恩"习惯的途径

北京师范大学心理学博士、北京航空航天大学副教授赵梅女士说感恩之心有两个特性，一个是及时性，即在困难的时候得到了帮助，马上就能产生对对方的感激之情；另一个是滞后性，也就是当时意识不到，直到以后自己有了亲身体会，才油然而生感恩之情，俗话讲"生儿方知报娘恩"即是这个道理了。在日常教育工作

中,我注意从以下几个途径去培养学生养成"懂得感恩"的好习惯。

(一)要学会知恩

要理解父母的养育之恩,师长的教诲之恩,朋友的帮助之恩。即理解他人,让孩子感同身受。我们学校曾有这样的学生,只因为中秋节妈妈买不起名牌月饼而与妈妈大吵一架,最后离家出走。还有的同学只因为父母给予学业压力大或妈妈管得较多,就与父母大声吵闹。现在很多孩子禁不起挫折,遇到一点不如意就想不开,就肆意发泄心中的不满。他们从小习惯了接受,他们所有的需求都可以被父母无条件地满足,在他们的生命字典里已经没有"感恩"二字。为此,感恩习惯的养成必须以学生由内而外的"内省"为突破口,将感恩思想从学生内心激发出来,变"要我做好"为"我要我学好",找回学生内心人性的东西,真正促进学生的主体性的发展。在教育教学过程中,我和学生一起描述父母、教师的辛苦与劳累,付出与收获,压力与机遇,以及最大的人生期望。让学生理解、体贴、尊敬父母和老师,从而回报父母和老师的教育。我努力使学生达到"我有一颗感恩的心,即使我不大喜欢某科,我也要努力去听,因为我知道老师深夜备课的苦心;即使我不太接受父母的急躁情绪,我也要耐心与父母沟通,因为我知道父母的良苦用心"。懂得感恩,便拥有了理解,包容,便自然而然地让自己和周围都多了一份温暖。

(二)培养学生的责任感

责任缘于人们在相互交往过程中的相互帮助与彼此承诺。在组织教育教学的过程中,我曾经搞过一次活动:让学生来做一回账房先生。我给每个学生发一张调查问卷,请学生按照问卷内容逐一填写,其中涉及家庭每月的收入,家庭教育投入,家庭生活支出等,希望每个同学认真如实开展家庭调查后再填写……这样学生能体会到父母挣钱的艰辛。我还让学生主动承担一定数量的家务劳动,让他们懂得家务就是你应承担的责任和义务,不要在做家务后向父母索要报酬和奖励。爸爸、妈妈和孩子既各自承担家庭的责任和义务,又共同分享家庭的利益。我还鼓励学生参与社会实践服务,如慰问敬老院,参加社会公益植树,保护公园生态环境等,在实践服务中学生感受到为他人奉献的快乐,从而增强了学生的社会责任意识。

(三)培养"懂得感恩"的好习惯应以集体活动为载体,让学生在集体活动中体验"感恩",并回馈现实生活,将内心的"感恩"外化于行动

1. 开展感激老师的教诲之恩活动

要培养学生懂得感激老师的教诲。因为老师不仅讲授了知识,更是教会了学生如何做人。正是老师们春风化雨式的教育,解开了学生成长路上的心结。可请

每个同学给自己心目中的老师写一封信,表达自己的感激之情;还可在学生中进行尊师重教签名活动;也可组织学生写感恩日记,通过记录自己的感恩故事来表达自己的感恩之情。

2. 开展感激父母养育之恩活动

要培养学生懂得感激父母的操劳。因为父母不仅赐予孩子生命,更把孩子养育成人。感激父母是最起码的要求,是做人的道德底线。如果一个人连自己的父母都不爱,又怎么可能爱同学、爱社会。教师可引导学生每人写一篇亲情作文,进行校内评比。参考题目:《我的父亲母亲》《写给父母的话》《父母的手》《还给父母一个吻》《我和父母在一起》《父母的相册》等。还可留一项爱心家庭作业:① 送父母一句温馨的祝福;② 给父母讲一个开心的故事;③ 给父母过生日,赠送亲手制作的礼物;④ 给父母捶捶背,洗一洗脚;⑤ 我为家里做四件家务:打扫卫生、叠被、洗碗和洗衣物。也可举行主题班会算算亲情账,感知父母恩。⑥ 将自己一个学期的学费、书费、资料费、生活费、交通费、零花钱等支出加起来,算出家长为自己的投资;⑦ 计算学习投资的成本;⑧ 假定自己毕业后的收入,计算自己大致需要多少年才能回报父母。

3. 开展感激同学的帮助之恩活动

要培养学生懂得感激同学的友爱。因为自己在生活和学习中得到同学的鼓励、支持、安慰,有了同学的陪伴才获得欢乐和自信。养成懂得感激同学的习惯是学生未来走入社会,与同事友好合作的基础,为此不容忽视。可开展以"同学如手足""牵手同学、共同进步"为主题的班会,大力倡导同学之间友爱互助之风,还可结合学生的生活实际和每年开展的贫困生救助工作,发动大家开展为同学做一件有益的事、给班级做一件有益的事,给帮助过自己的同学、朋友以及社会上那些伸出关爱之手的单位和个人写一封感谢信等活动,掀起同学之间互助、互学、互进的热潮,增进同学之间的友谊。

通过以上的系列教育活动,学生进一步理解父母的"不容易",体会到老师的辛劳,感受到同学的友爱,培养了学生感恩的心,并学会用自己的具体行动去感谢父母、老师和同学,使学生明白人的一生中应该感谢的人很多。正是有了感恩的心,我们的世界才变得如此温馨和美丽。当然这些活动都要求教师在教育过程中,应做到"以理服人,以情感人,情理交融,感人心灵",让学生在不知不觉中受到教育,使其知、情、意、行在情理交融中实现自我完善,最终自然养成懂得感恩的好习惯。

三、养成"懂得感恩"的好习惯对构建和谐社会的作用

感恩有利于增强学生的社会责任感。我们应认识到,感恩不仅是一种品德,一种习惯,更是一种责任。人怀着感恩的心去生活,去学习,他就会格外地努力,格外认真。他们要以优异的成绩回报父母含辛茹苦地培养,回报老师呕心沥血地教育。作为一名班干部,他得到同学们的信任,让同学们选出了他,他就要怀着一种感恩的心去工作,那么他就能把这个工作做到最好。对于今天的学生来说,感恩应是一种责任意识、自立意识、自尊意识和健全人格的体现。只要我们人人都有一颗感恩的心,养成懂得感恩的好习惯,就会感到世界原来是那么美好。只要我们人人都有一颗感恩的心,我们的校园、我们的社会也将会更加和谐。

感恩有利于促进人与人之间和谐共处。学生怀着感恩的心情去生活,他们的心态就会谦逊和谦卑,就会对外界产生友善的敬畏感。感恩能加强人与人之间的感情交流,促进人与人之间的和谐相处。构建和谐社会需要个体和谐,个体和谐的根本是心理和谐,具有感恩的心情,最有利于学生的心理和谐。

感恩有利于构建人与自然之间的和谐关系。人是自然的产物,人的生存、繁衍、发展,都要从自然界获取物质与能量。尊重自然,感恩自然,促进人和自然的和谐发展,是我们追求的一种理想生存境界。通过培养感恩的好习惯,引导人们对大自然的恩惠心存感激,就会对自然产生关爱、保护意识,就会自觉保护好自然环境,构建人与青山绿水之间的和谐关系。

其实,培养感恩的好习惯,让我们的学生有情感,有灵性,有爱心,有怜悯之心,知恩图报,这是我们的教育之本,也是我们教育的大目标!学会感恩就等于架起了做人的支点。

教育孩子感恩父母的生育和养育之恩,世界上就会少了很多不孝之子;教育孩子感恩朋友的点滴帮助,世界上就会融化很多矛盾;教育孩子感恩生活的丰富多彩,世界上就会少了很多寂寞和冷酷;教育孩子感恩社会的包容和大度,世界上就会少了很多的磕碰和牢骚;教育孩子感恩造化的无私和慷慨,世界上就会少了很多的污水和黑烟。让感恩成为学生的一种习惯,让学生终生怀有感恩之心,我们必将拥有一个充满爱心,充满阳光,充满和谐的世界。

养成"把东西放回原处"的好习惯

美国著名哲学家罗素曾经说过:"人生幸福在于良好习惯的养成。"由此可见,良好的习惯对于人的生活、学习及事业的成功都是至关重要的。

新接手四年级一个班时,刚开学我就发现,很多学生的课桌是语数外课本大聚会,再看书箱,各种练习册叠加在一起,其中还夹杂着卷了边角的几张试卷,上课铃已经打响,学生也不知整理,似乎上什么课就随手拿起什么书,看起来挺"方便",但整节课下来,经常会听到"叮叮当当"掉东西的声音。下面谈谈我是如何培养学生养成"把东西放回原处"的习惯的。

一、善于发现,具体引导

我们是否经常遇到这样的师生对话:

"你的作文本呢?""我忘带了。""放哪了""也许在家里的写字台上了。""你说实话,写了没?""我真写了,就是找不到了。""……"

"咱班的板擦呢?谁擦的黑板?""我擦的,擦完就放……""老师,在这了!""噢,我可能随手放窗台了。"

类似这样的对话,几乎节节课出现。于是,我用手机拍下了学生凌乱的课桌、书箱、书包、饭兜,拍下了图书角东倒西歪的图书,拍下了卫生角彼此打架的扫帚把,墩布杆。

利用周五班会课时间,我将这些照片投放到大屏幕上。也许平时学生们对这番景象司空见惯,但投放到大屏幕上后,学生立刻意识到什么,有的悄悄收拾自己的课桌、书箱;有的瞟了一眼自己的书包,偷偷将拉链拉上了。卫生委员也立刻跑到前面,收拾整理扫帚墩布。由此证明,学生自知这样是不好的,但日常没有养成良好习惯,便见怪不怪了。

究其原因,老师和家长日常一看到孩子的类似问题,就一味地埋怨,发脾气,而忽略了一个重要问题——缺乏具体引导:到底为什么不好,如何改掉这种做法。班会课上,我引导学生讨论:"为什么我们要将用过的东西放回原处?""方便下次使用""方便下次找到""桌面显得干净""书箱显得整齐"学生似乎全都明白,张嘴说得头头是道,但缺乏习惯的养成。于是组织全班同学以小组为单位,给每个地方设计一个小贴士。图书角上贴着："爱我请将我送回家"，卫生角贴着"我们是列队整齐的服务大军"，书桌上贴着"随时整理，保证清爽"，书包外层贴着"随取随放，各回各家"等。最后，我们还为这个好习惯设计了一期板报，板报题目是"各就各位，方便你我"。

有了随处可见的"提醒"小贴士，有了板报的大力宣传，教室的角角落落都化身为无声的老师，学生受到无形的督促，良好习惯悄然养成。

二、持之以恒，不怕反复

良好习惯的养成不是一朝一夕的事，它必须经过长期的训练。为此，我们老师一定要有耐心、要持之以恒。千万不要刚开始培养孩子习惯时经常督促、检查，但过不了几天就不管不问了。这样就往往前功尽弃，使学生又回复到原样。我们必须认识到一种新习惯往往是在打破原有习惯基础上形成的。因此，在新的习惯形成阶段，原有的习惯重新顽强地表现出来是常有的事，这样就出现了"反复"。遇到这种情况，我们不能操之过急，更不能采取简单粗暴的方法去处罚学生，要想办法帮助个别同学寻找原因，耐心引导，使学生在"反复"中学会辨别，在"反复"中形成和巩固良好的习惯。

三、身体力行，不断强化

教师的以身作则是孩子养成良好习惯极为重要的外部条件。我们设想，如果我们把空余时间全都花在看手机上，又怎能让孩子养成爱惜时间的好习惯；相反，如果我们做事很有规律，无论在哪，将用过的东西随手放回原处，那么，在这种潜移默化的影响下，我们再提出明确的要求，学生会信服并自觉地养成良好行为习惯。记得有一次，学校在操场开运动会，散会后，各班学生便列队回教室，一个上午比赛，运动员拼尽全力，身心疲惫；啦啦队激动呐喊了几个小时，嗓子眼开始冒烟；老师更是忙前忙后，两腿发胀。无论是谁，此时都想先回教室喝水休息了。可是操场上零落的实心球，跳高器械，仰卧起坐垫子，此刻显得格外刺眼。于是我提议同学们收拾这些比赛用品，班中几个同学嘴里没说什么，但表情已经在强烈反抗。我组织同学就地坐在操场上，告诉学生："其实我们这样做，并没费多少事，可以大大减轻体育老师的负担，也方便体育老师下次使用。这样，你们先休息十分钟，然后我们一起行动，别忘了我们板报的口号是'各就各位，方便你我'。"学生听后士气大增，休息没五分钟，就开始在操场忙碌起来了。我也撸起袖子，跟着学生一起搬裁判使用的椅子。人多力量大，一会工夫，各就各位，操场恢复了原貌，也许运动会比赛的某些时刻令学生难忘，但大家齐动手、收拾操场的镜头令全班同学难忘。

相信在老师言传身教下,学生一定会改掉随手乱放东西的坏习惯。

　　此外,在培养习惯过程中,我们还要经常运用检查、鼓励、表扬、批评等手段进行强化,促使学生巩固良好的习惯。

　　通过这几年对学生的教育,我觉得对学生良好习惯的养成需要老师的关心和鼓励,更需要老师的细心发现、耐心引导和恒心坚持。学生的心灵是一块神奇的土地,你为他播种一种习惯,其实就是为他储蓄一份幸福呀!

养成文明如厕的好习惯

一次,学校组织部分学生到日本学访。临行前,老师们在培训会上讲了很多出访时的注意事项:在对方学校如何与小朋友交流,在酒店如何保护自身安全,在景点如何有秩序地文明参观等。我们列出的注意清单足有两大页,可到了机场,如厕时就发生小插曲。

我带着八个四年级女生去卫生间,学生一进去,就三五凑在一起,找"单间",有的两个小朋友进了一个"单间"。有的一个在单间,一个在门外与其大声地谈笑。此刻,两个外国大姐姐在外面门口静静地等待。一位中国老奶奶从某一单间出来对学生说:"孩子们,得在外面门口排队"。"在外面门口排队?"学生看着那两个站在卫生间门口的大姐姐,一脸疑惑。是啊,学生在学校,我们没有对其如厕排队的规则进行强化管理,学生习惯了在"蹲位门口"等待,却不知要在"厕所门口"排队等待,这不单纯是习惯上差异,更是文明如厕的重要表现。我意识到我们教育细节上的缺失,脸上也开始灼热,悄悄叫里面站着的孩子退到门口。

回到机场,我把学生集中在一起,小声谈论了此事,让学生说说刚才如厕的不当行为。孩子们聪明,马上说:"都在门口等,出一个,进一个。""好,那我们这次行程,大家一定记住哦!如果有哪个小朋友忘了,就互相提醒一下。"出访行程很紧张,不是开展深入教育的最佳时机。但如厕问题已成为我返程后紧要研究的专题。

我们知道很多国际组织,如世界卫生组织,世界贸易组织,国际劳工组织,但估计很多人都不知晓,还有一个世界厕所组织。根据世界厕所组织提供的数字,一个人每天大约上厕所 6 到 8 次,一年就是约 2 500 次,算下来人一辈子竟有两年时间耗费在厕所里。如此说来,厕所着实是每个人生命中的一件大事。这个组织研讨 60 亿人的厕所问题,也非常有必要成立了。改革开放四十年,我们取得了伟大的成就,我国的厕所建设也向前迈了一大步,无论是景区还是街道,都增设了很多设施功能齐全的厕所,有的装潢讲究,有的专门设立了无障碍卫生间,有的增设母婴室,有的还有休息间,硬件有了保障,"软件"却往往不尽如人意——人们并未养成文明如厕的习惯,也不清楚文明如厕包括哪些行为标准。人们总觉得谈论这些问题不太雅观,羞于挂在嘴边,正因如此,如厕教育被很多校领导和老师忽略。这一开学，我便提出"别拿厕所不当事儿"这个教育观点，也自然成为我的口头禅，促使学生一点点养成"文明如厕"好习惯。

"说教"的方法，只能管好一刻，顶多一两天，过后还会恢复他们的"常态"。榜样的力量是无穷的，但对十岁的孩子，榜样也会显得有些苍白。苏霍姆林斯基有句名言："我深信，只有能够激发学生去进行自我教育的教育才是真正的教育。"这次，就让学生当教育的主人，让他们在自我体验、自我感悟、自我认知、自我教育中，了解规则，认识规则，进而践行规则。

我组织全班同学按男女生分组对教学楼里一年级、三年级、六年级三组厕所进行如厕状况的调研，各小组工作很细致，记录下不同年级学生如厕问题。

一周后，我们利用班会课开展大讨论：

你发现哪些如厕问题？（学生踊跃地拿出记录本）。

一女生：下课时，厕所蹲位紧张，同学都在自己班同学蹲位前等待，有的还扒厕所门，与同学逗乐。

一女生：如厕后，很多同学不及时冲厕所。

一男生：男生经常在厕所打逗。

一男生：有的同学去完厕所不洗手。有的同学洗完手随便淋着水就回教室，弄的楼道都是水。

一女生：有的同学在厕所隔板上乱写乱画。

为什么会出现这些如厕问题？（学生积极举手）。

一女生：厕所没有老师管理。

一女生：厕所冲水按钮比较脏，我们看到有的同学用脚代替手去按钮。

一男生：同学在教室受老师约束，没有自由，所以，有些男同学在厕所"放飞自我"。

一男生：厕所没有烘干机，没有擦手纸，同学洗完手只能淋着水出来。

为什么要强调"文明如厕"？（很多学生沉默了，只有一个同学举手）。

一男生：厕所打逗容易出危险。

看来，学生只能从最表面的安全问题的角度，看到文明如厕的必要性，抑或大部分学生会以为老师开展这个调研活动的目的只是教育学生注意安全，却不懂如厕礼仪背后的文明行为。

反思我们之前的教育，也许只是告诉学生如厕要怎么做，强调最多的无外乎"不许在厕所打逗"，但又缺乏强化管理，久之，学生在这个"教育盲区"为所欲为，出现种种如厕"过于自由"现象。而对于为什么"如厕要讲文明"，学生从未思考过，教师从未深究过。

通过此次的如厕调研,如厕问题彻底摆在我们面前,越来越让我们感到这是迫在眉睫的大事,是非常值得关注的焦点。曾听过这样一个小故事,一名到日本游玩的游客看到一名厕所的清洁工在清洗厕所之后舀里面的水喝,他看得目瞪口呆,就问清洁工:"为什么不喝外面的直饮水?"清洁工随口说:"这里的水与直饮水一样啊。"不经意的一句答话,让我们读出厕所的干净程度。世界厕所组织发起人杰克西姆经常讲这样两句话:"厕所是人类文明的尺度,我们忽视厕所太久了!"的确,厕所是社会进步,文明发展的产物,厕所使用情况反映的是这个地方文明发展的情况。很多考察者,都很重视厕所的状况,走访一个国家,步入厕所的瞬间,即可判断这个国家的国民文明程度。踏入一个家庭,看一眼厕所布局,便可知主人的卫生情况。为此,厕所看似一个无人重视的场所,却是着着实实考验每个人道德品性的标尺。对于学校,厕所算是老师的管理盲区,却处处体现学生的自觉性、自律性和文明意识。为此,我们就学生的如厕调研,召开了"小角落 大文明"主题班会。班会课上,学生争先摆出如厕种种不良现象,小组积极分析产生原因,在大讨论中,学生从多角度认识到文明如厕是一个人必备的好习惯。

第一,保障安全。厕所是每个同学都要"涉足"的地方,又是老师视线无法达到的地方,甚至监控都无法"执法"。"厕所真是一个自由之地吗?"学生展开讨论,最终认识到,如厕安全完全需要同学的自律与自觉。同学们绝不可以在此地打逗,嬉戏,"保持文明行为"既是为了不影响别人如厕,更是个人安全的保障。青少年成长过程中时时处处都有安全隐患,只有提高自己的安全意识,懂得自我保护,保证自己如厕的文明行为,才能远离安全隐患,才能保证同学们如厕"轻轻悄悄进来,舒舒服服离开"。

第二,获得尊重。"如厕为什么要使用隔板?"我先将问题抛给学生,学生自然认识到如厕属于个人隐私,不欢迎外人"观摩"。趁势,我引导学生认识到在别人如厕之时,不可彼此聊天,打逗。尽管两个同学关系非常好,也不可以两人同时在一个蹲位,一边说笑,一边如厕。再要好的朋友,也要懂得尊重彼此的隐私。

第三,爱护公物。厕所隔板是"涂鸦墙"吗?水龙头能秒变"呲水枪"吗?蹲位台阶是"跳台"吗?几个问题让学生分辩,学生自然感受到厕所隔板不是写诗歌、对联的地方,不是留言板,不是发泄脏话的工具,更不要把此种行为美其名曰"厕所文化"。乱涂乱画严重破坏了厕所的幽雅环境,给如厕同学带来不舒适的体验。水龙头属于校园公物,有洗手的专用功能,并非同学寻找快乐的玩具。"节约用水"是每个公民的义务,必须自觉遵守。

班会课的讨论促使学生悄悄改变自己的如厕举止。学生不再将厕所变成"校园乐土"。往日戏称的"三不管"现在真正成了"心来管"。往日如厕"不是事",现在对待"不小视"。文明如厕让班中同学懂得了尊重,更了然这也是一种文化。但不能止于自我领悟,还需全班同学行动起来,不仅做文明如厕好习惯的践行者,更作好习惯的督促者、监督者、推广者。于是,我们班在全校掀起了"如厕革命"。

一、制作提示标语,宣传文明如厕行为

全班同学,以小组为单位,为全楼10间厕所制作宣传标语。"讲文明,舒适你我他""靠近文明,拒绝涂鸦""洗手不甩水,干净不浪费""水龙头——谁的眼泪在飞""尊重同学,从如厕做起""文明排队,不争不挤"……一条条宣传标语,一个个个性化的花边设计,一句句温馨提示,体现了学生文明如厕意识的提升,更给小小厕所带来一缕"文明"的春风。

二、利用学校广播,宣讲"文明如厕"倡议

班干部起草倡议书,从文明如厕的意义,国际文明如厕标准,到校园文明如厕的行为体现:如厕路上不奔跑,厕门口安静排队不嬉闹,如厕遇到有特殊需求的同学主动谦让,厕后及时冲便池,洗手后及时关水龙头,保持厕所内安静,不在隔板乱涂乱画,出厕前照照镜子等方面向全校同学提出倡议,促使每个同学都养成"文明如厕"好习惯。

三、利用现代信息技术,制作文明如厕微课程

(1)讲述我国厕所演变历程。感受20世纪90年代在中国经历的轰轰烈烈"厕所革命"后,国人终于告别脏乱差,有了温馨舒适洁净的厕所体验。

(2)树立文明如厕小榜样。通过录制视频,请小榜样讲述自己如厕遇到的种种问题,自己是如何解决的,从而宣扬如厕谦让行为,如厕时化解尴尬小妙招等。

(3)提出如厕不文明现象。通过微课,为学生列出如厕不文明的种种行为,促使学生知行明理。

(4)小手拉大手,号召家长养成文明如厕好习惯。在微课中,请小朋友为爸爸妈妈爷爷奶奶,讲述文明如厕的正确做法。

(5)向社区宣讲文明如厕。利用社区电子屏,循环播放文明如厕的微课视频。

一次偶然的被动场面,却带来了文明如厕的教育契机。学生在自我体验,自我思考,自我觉悟中接纳公共场所的"文明",学会重新审视规则,学会深思规则背后的公德素养,最终外化的便是自觉自愿的美好行为,让学生有尊严地如厕,获得被尊重的幸福!

愿每一个教育工作者都能将文明如厕作为常规教育,关注学生如厕点滴行为,让学生养成文明如厕好习惯,愿我们的每一名学生都能成为国家文明如厕的推动者、践行者。"小手拉大手",带动全体公民,重视厕所文明,让小小厕所成为彰显我们国家国民素质的又一张名片。

养成"正视错误"的好习惯

错误，是人人生活中都不可缺少的组成部分，它可能是激励人成长的阶梯，也可能是毁掉人一生的利器。既然错误人人都犯，作为教育者，我们就要积极引导学生从小养成"正视错误"的好习惯。下面以一个教育案例，说说我是如何培养学生养成"正视错误"好习惯的。

一日，一男生进教室时口袋鼓鼓囊囊，还用手紧捂着，我便拦下他询问，他立刻摆出一副坦白交代的面孔，从口袋主动掏出几张写满字的条格纸，我仔细看，上面赫然写着"吴同学著"，这是我班学习委员的作品啊！"这是吴同学写的小说，我早打算交给您了！"男生忙上前解释。我让他回位，下意识瞟了一眼吴同学，她神色紧张地看着我，我又低头看了看那些文字，"谈情说爱""含情脉脉"尽在其中。我有些诧异，这是我们的学习委员，怎么会写这种小说？怎么处理？我感觉此刻教室众多眼睛在瞅着我，都在期待着一场精彩！我默默地把那几页纸夹到备课教案里，便如什么也没发生似的开始上课。课上，女生不时偷眼看我，我也不动声色，像平日一样，当确认吴同学一定能回答问题时，便叫起她来，也像平日一样大力表扬她（毕竟是我们的学习委员啊）。渐渐地，同学们从刚才的"看热闹"情绪中释放出来，投入地跟着我"之乎者也"，感受古文之美！

下节体育课，我悄悄把吴同学留在身边，问问原因。吴××马上又紧张起来，承认是其所写，"我……就是感觉好玩，想……想写小说，里面没有同学的身影，都是自己瞎编的……""那怎么到了王同学手里？""他从我书箱拿走，看了以后，就说我写黄色小说，我求他别告诉老师，他就要求我每天早上借他数学作业抄，如果不借，就揭发我！"

故事听起来有些复杂，一个优秀学生，怕小说内容影响自己的声誉，便委曲求全；一个自认为抓住了别人"小尾巴"的学困生，便以抄作业相要挟。

怎么办，这不是个案，我们身边经常会有类似的小学生，"小尾巴"被人抓住了，受到威胁。"你作弊，信不信我告老师？""你把同学水壶摔坏了，你别惹我，不然我就告发你！""你偷摘校园柿子，我要揭发你！"当"小尾巴"被人抓住后，当事人自认理亏，最怕被人检举，而威胁者得意地抓住把柄，可以为所欲为。作为班主任，我依照以下三步引导学生养成正视错误的好习惯。

一、不怕——敬畏错误，犯错没什么可恐惧

首先引导学生正确认识"错误"。要敬畏错误，但不要害怕错误。是啊，在我们的惯性思维中，我们总是敬畏自然，敬畏生命，敬畏英雄，却不曾敬畏自己犯下的错误。"人非圣贤，孰能无过。"我组织了一次班会，主题就是"敬畏错误"。班会分三个板块，第一板块我借助课件向同学们介绍几位名人小时候犯错的故事，如华盛顿把父亲最爱的樱桃树砍了；沈从文为看戏而逃课；白岩松曾因考试成绩倒数第二，一生气偷偷把张贴的成绩榜撕了……由此引出第二板块，请同学讲一讲自己曾经犯的错误。学生受"名人犯错"的启发，争着讲述自己的经历：把别的同学的高分试卷改成自己的名字，踢球把停在马路边的汽车后视镜撞碎，把考试的小抄藏到铅笔盒里，模仿妈妈字体在考试失败的试卷上签字……可以说，如果没有这次班会，学生的这些错误也许永远不会说出来，而每位学生在讲述时都有些激动，讲完后又好像一下子释然，脸上写满了轻松。第三板块，出示有关"错误"的名言：刘少奇说过："任何人都要犯错误，人从降生的那一天起，便不断地犯错误，只有在不断的错误，不断的碰钉子的过程中，才能逐渐懂得事情。"莎士比亚说过："最好的好人，都是犯过错误的过来人，一个人往往因为有一点小小的缺点，将来会变得更好。"周恩来说过："有错误要逢人便讲，既可取得同志的监督帮助，又可以给同志们以借鉴。"一个个活生生的故事，一条条发人深省的名言，让学生充分认识到人的成长离不开错误，小朋友会犯错，大人也会犯错，连伟人都有可能出错，由此教育学生不要"谈错色变"，任何错误都是人生赐给自己的最好礼物。班会结束，同学们对"敬畏错误"四个字的理解由"？"渐渐拉直变成"！"是啊，错误，也需要敬畏，那是每个人进步的铺路石！

二、不逃——直面错误，犯错没什么可回避

既然错误也值敬畏，那就要学会直面错误。借此，我组织同学开展一场辩论赛。辩题为——小学生犯错，要不要主动告诉家长或老师？

正方观点：

正1说："自己知道错误就行了，最好不要告诉周围人，免得影响自己的声誉。"正2说："我一直以来都是爸妈眼中的优秀学生，爸妈也以我为骄傲，我俨然就是家长群中的'别人家孩子'，所以我如果犯了小错，不会跟爸妈说，免得让他们对我失望。"正3说："我不愿跟老师说我的错误，我怕老师知道后会对我产生误会，认为我是坏孩子，对我另眼相待，所以，与其遭人嫌弃，不如不说。"

反方观点：

反1说："小学生犯错，有时没有能力承担后果，就要第一时间告诉父母或老

师,寻求大人的谅解与帮助。比如去年我不小心把停在路边的小轿车的后视镜碰裂了,我第一时间跟爸爸说,让爸爸出面帮我联系车主,很快解决了问题。"反2说:"有一天课间,我跟同桌争抢地方,把同桌水壶捧碎了,我开始很害怕,他的水壶还是迪士尼限量版,于是我主动跟老师说了事情过程,然后老师协调我们互相承认错误,我们两个妈妈也及时通了电话,最终同学原谅了我,我们还是好朋友。所以我觉得跟老师讲清事情,老师会理智地处理问题,比我们自己憋在心里好。"

双方辩论有理有据,各执一词。最后得出结论:小学生首先从思想上要正视错误,要放下一切顾虑,要相信无论是家长还是老师,都不会计较孩子成长中的错误。另外,从行动上,小学生要化被动地逃避错误,变成主动承认错误,寻求大人帮助是纠错中最便捷的路径。当然,也要学会为"错误"买单,承担自己应该承担的责任,这是一个人"长大"的体现,也是一个人应具备的最基本的品德。

三、不妥协——改正错误,犯错没什么可退让

一旦被别人抓了"小尾巴",该怎么办?我特意请来做律师的家长走进教室,给大家进行了一次"法律大讲堂",专题讲一讲类似这样的案件。律师以几个真实的案例告诉学生在别人以"把柄"要挟自己时,不要惊慌,要第一时间告诉家长或老师,不要把自己的小错在心中无限放大,越放大自己的错误,就越害怕对方,就越想迁就对方提出的各种要求,而对于善于抓住把柄的人来说,他们的欲望是无止境的,甚至会要挟当事人做出违法的事情,所以,当受到威胁时,要第一时间亮明态度,绝不妥协退让,不要让自己的小错,变成要挟者坑害自己的筹码,从而酿成大错。

在律师深入浅出的讲解中,我们开篇故事主人公吴××立刻心领神会,脸上终于露出舒心的微笑,而那个男生也低下了头。

借此,我给大家讲述了蒲松龄写的文言文《狼》的故事。学生在凝神倾听的过程中,一点点认识到屠夫因害怕两狼前后夹击,便一再给狼投骨头,而狼得逞后并未罢手,而是不停追讨肉骨头,屠夫才意识到自己的妥协是完全无效的。由此学生也在故事中明白对于像狼一样的恶势力,一味地退让妥协,只能让对方更加放肆、贪婪。只有在恶势力面前敢于斗争,善于斗争,才能取得最终的胜利。

课下,我再次找到吴××。"老师,我知道自己不该写这样的小说……""孩子,写小说不是错误,正好练习练习自己的文笔,但是以你现在的年龄,还不太懂什么是爱情,再说,写小说的目的是什么,是要与读者产生共鸣,要读者欣赏的,而你的这个小说,估计你是不敢拿出来与大家分享吧!多写写咱们的校园趣事吧!这样,咱就写……"我一时没词了,"俗班奇人"!哈哈,我俩都笑了,因为我们刚

刚学了冯骥才的《俗世奇人》，这个充满智慧的学习委员就脱口蹦出了这么个名字。其次，不管写啥，孩子已经在这段经历中明白了不妥之处。

"孩子，正因为你对自己写这样的小说心虚，便给了那个男生可乘之机，他一而再，再而三，找你要作业抄，你明知这样帮同学作弊不对，但又无可奈何，对吗？"我再次引导。吴××点头认错："老师，我知道以后不管我犯什么错误，都不会逃避了，我一定不给威胁者可乘之机，也不给他留下把柄，不让自己每天都在忐忑中度过。"孩子道出了真心话，我也长长地为这个孩子舒了一口气，并再次叮嘱，"犯错不可怕，任何人的错误都可以原谅，但不要被威胁者利用，那样肯定付出更大的代价，甚至犯下更大的错误。"

那个揪"小尾巴"的同学也是不容放过的。我把男生叫到校园走廊，他自然意识到即将进行的一场对白，便又一次主动起来："老师，我…… 我不该以抄作业相要挟。"真是"聪明"的孩子，开口就能抓"重点"。"那你知道你犯了几个错误吗？"我问道。"嗯……不该抄作业，不该要挟同学。"心里明白为什么做事不明白？遇到如此"明白"的孩子，我要怎样引导。"孩子，你自然知道抄别人作业既欺骗老师又糊弄自己，这是不聪明之举。但你以要挟的方式实现自己的私利，似乎很轻松就能达到目的，这看起来很聪明啊！"在聪明与不聪明间我等待其回应。"不，都不聪明……我不该要挟同学，律师阿姨说这是不道德的行为甚至会违法。"请律师进课堂还是奏效了。"孩子，方式选择错了，即便达到目的，也不光彩。当然，你本身抄作业的行为就不光彩。双份的'不光彩'，收获什么结果？""害了同学，害了自己。"后面的谈话不用赘述，相信这个男生已悄悄学会以善意的方式帮助同学纠正偏离的航线，以踏实的态度应对自己的学习困惑。

一场风波平息了，但给我这个班主任的思考并未结束。对于刚刚进入青春期的孩子，他们的"小秘密"越来越多，而且大体不愿跟家长沟通。我们班主任就要多一分察言观色的细心，多一分明察秋毫、顺藤摸瓜的本领，同时，我们要多留些时间与学生接触，洞察学生间的点滴问题，早发现，早预防，尽量在第一时间抓住学生间微妙的矛盾，同时冷静理性，站在学生的角度看待学生问题，站在教育者的角度解决教育问题。尤其到了中高年级，学生心智渐渐成熟，对于自己一时的错误，开始有自己的小心思，我们就要一点点引导学生养成正视错误的好习惯——在错误面前不怕，不逃，不妥协。

养成"管理时间"的好习惯

子曰:"逝者如斯夫,不舍昼夜。"孔子认为时间如流水,一去不复返。朱自清说:"燕子去了,有再来的时候,桃花谢了,有再开的时候,杨柳枯了,有再青的时候,但是聪明的,你告诉我,我们的日子为什么一去不复返呢?"朱自清在感慨世间万物都可以循环往复,为什么时间不等人。关于时间的名言警句,学生在小学时代接触不少,但似乎只是知道它们需要背诵(因为考试要默写),却不能对其内涵有更深的体会。诚然,时间在小学生眼中,看不见,摸不着,没有声音,没有影子,学生当然没有意识去管理。我们老师每天在课表的制约下,每一节课都争分夺秒,课堂设计环环相扣。学生在课表的指挥下,一会儿忙这科,一会儿学那科,一天校园生活被安排得紧锣密鼓。那么学生的业余时间如何利用。很多学生回到家已经没有作业了,便开始玩手机,在家里晃来晃去,无所事事,时间便在他们的懒散中悄悄地溜走。学生缺乏时间管理的意识,家长没有对学生进行时间管理的引导,学生便大把大把地挥霍自己的课余时间。由此,我从五年级开始指导学生制定时间管理表,让学生学会化整为零,巧妙管理好自己可支配的零星时间,并高效利用起来,充实自己的课余活动。

开学,我的第一项家庭作业便是制定时间表。引导学生回到家,首先与父母沟通,明确一家人晚上的安排,例如,是否有钢琴兴趣课,是否有篮球训练,是否需要参加家人生日宴等。学生根据父母提供的既定活动计划开始制定个人时间管理表。

表1—学生"双减"后的时间表。

表1

18:00	到家吃晚饭
18:30	练习钢琴
19:00	复习学校课程
19:30	休息十分钟
19:40	练习跳绳
20:10	吃水果 喝酸奶
20:30	洗漱 读枕边书
21:30	休息

我还要求学生睡前对自己的"时间表"做一句话总结,评估自己时间安排得

是否合理,第二天该如何调整。有的学生说:"原定一个半小时参加爷爷生日宴,结果路上堵车,耽误了十五分钟,我要随时调整。""今天要求背诵《少年中国说》,我原定十分钟,却用了半小时背下来,以后背诵任务可再加些时间。""今天教练批评我篮球训练偷懒,罚我多练习十分钟。以后我必须认真哦!"

好习惯的养成离不开"坚持"。据专家研究,一个好习惯的养成至少需要21天。这就需要家长的支持,老师的监督了。我坚持三个星期将第一项作业定为"制定私人专属时间表"。三个星期,每天早上我都检查学生的时间表,运用口头表扬和集体展示表扬相结合的方式鼓励学生制定科学合理的"时间表"并严格履行。

一个时间表看起来似乎过于严苛,孩子回家没有了自由,没有了懒散时间,所有碎片时间都被列入表格,但实际操作起来,学生并未抵触,反而在家长的支持下,学生感受到被尊重的幸福,感受到自主的快乐。我与家长也通过微信达成共识,时间表的设定并非剥削孩子的"玩",反而让"玩"变得更有意义,更有趣味。由于是学生自己管理制定,从思想上就增加了自觉性,在按照时间表完成每项任务时,也会格外珍惜时间,他们都渴望提前完成任务,时间观念自觉增强,时间管理意识自然提高,对各项工作的自觉性也会因时间表的存在而更加自律。

每到周六周日,我依然指导学生制定时间管理表。

下面是一学生周六的时间管理表。

表2

8:00	起床
8:20	吃早餐
8:40	到少年宫学画画
11:00	随妈妈回家休息
12:00	吃午餐看中央电视台《12点报道》
12:30	休息
13:00	午休
14:00	到小区与同学打篮球
16:00	吃水果喝酸奶
16:20	读《鲁滨孙漂流记》
17:30	到姥姥家吃晚饭,陪姥姥聊天
19:00	回家练习钢琴
20:00	与爸爸妈妈散步聊天
21:00	洗漱,看枕边书
22:00	睡觉

　　我们从这个时间管理表发现,学生能够把自己的一日生活安排得井然有序,其中既有学习时间,也有锻炼时间,既有陪家人聊天时间,也有发展个人爱好时间。时间管理,不仅督促学生珍惜每分每秒,更大大增强了学生的时间管理意识。

　　作为班主任,在坚持三个星期后,我开始尝试每周看一次学生的时间表,进行简单点评,及时了解每个孩子的课余时间安排,或表扬,或指导,给学生及时的鼓励,促使学生尝到管理时间的"甜头",日久天长,学生养成自觉管理时间的好习惯,同时,形成"完成各项任务不拖沓""自觉自律"的意志品质。

　　最后引用班中几位家长的感言:

　　有了时间管理表,我家便不再"鸡飞狗跳"。

　　有了时间管理表,我家孩子写作业不再走神,不再频繁去厕所,精神集中很多,效率很高!

　　我的口头禅,"快点""抓紧时间""来不及了"已经彻底休息了。

　　我家孩子还在书桌上摆了一个计时器,每一次"滴滴"响,都是在为孩子完成既定任务所唱的"凯歌"。

养成主动与家长沟通的好习惯

　　每年暑假，学生在家待了一个长长的假期，很多父母也歇年假，按理说，孩子与父母朝夕相处，彼此陪伴的时间更多了，本该增进亲情，却不想家庭矛盾越来越多，甚至越来越激化。尤其是即将进入青春期的孩子，他们宁可天天抱着手机，对着屏幕刷抖音，玩游戏，也不愿与最亲近的父母交流沟通。亲情在手机面前变得越来越"消瘦"。终于盼来了开学，"神兽归笼"，家长可以放松些了，但家庭矛盾并未结束。我们相继听到来自不同地区的学生因各种原因出现心理障碍，甚至选择轻生。各学校召开紧急家长会，对家长进行学生心理辅导方面的讲座。学生的心理需要保护，家长的心理需要调节。我们作为班主任，又该如何协助家庭解决其中的问题呢？

　　我所带的班是五年级学生，对于十一二岁的孩子，在个子长高的同时，心理也发生了微妙的变化，开始有心事，开始有选择地与人交流，懂得收敛自己的想法，不再像幼儿时期一样，随心所欲地表达自己的情感。家长经常在一起怀念孩子小时候的可爱黏人，却为这些"半大"的孩子定义为冷漠。其实值得庆幸的是孩子的这些表现说明他们在成长，当然长大不意味着淡化亲情，不等于疏远父母，我们的家长多么想走近孩子的内心，做孩子全方位的导师啊！可大多数孩子，却悄悄地关上了与家长沟通的心门。更有些学生手机加了密码，与父母不加好友，父母根本无法从手机看到孩子的动态。学生与家长间已悄然立起一张厚厚的障壁，而排除的最佳方法就是沟通。那么，如何培养学生养成与家长沟通的好习惯呢？我采取如下做法。

　　2020年6月20日，是学期末最后一天，我在语文课上举行"写信仪式"——请每位同学给家长写一封信，向父母说说心里话。学生面面相觑，不知老师葫芦里卖的什么药。我知道他们还有一个更大的顾虑，就是不想让老师看到这封信。于是，我先讲清规则，我拿出45个信封，五个胶棒，告诉学生，"你们的信直接转交给你们的父母，不会有任何人看到，你们谁写完了，谁可以到前面领一个信封，自己亲自把它封好，再不放心，可以在接缝处写上自己的名字。等同于'加密'文件。"学生听了，似乎放心了，我又趁热打铁补充道，"这毕竟是你人生中第一次郑重其事地给家长写信，也是你家长第一次隆重地收到孩子的第一封信，写什么内容，要想好哦。"全班学生面对这两个"第一次"又开始紧张起来。的确,这封信无论学生写什么内容,家长都会视若宝贝。为了凸显一点意义,我为学生列出几个主题词,给学生一点提示。

感恩	建议	愿望	道歉	……

教室里,学生看了看主题词,互相对视,明显没有想好写什么,我也不作声,默默地等着,五分钟后,教室逐渐安静,有十几个同学开始动笔。十分钟后,"小脑袋"都低了下去,渐渐沉浸在书信里,我知道那一刻,学生开始敞开心扉,开始尝试用自己的笔打开亲情通道。四十分钟,陆陆续续有同学到前面把信折叠整齐,用胶棒严严实实封好信封,那里面已经不是简单的信纸,可能承载着他们的万千心事。学期末的家长会,我将这份特殊的礼物(孩子的信),富有仪式感地交给每一位家长,家长小心翼翼地打开信,迫不及待地读着,教室里,爸爸妈妈们或微笑,或落泪,或皱眉,或严肃,无论何种表情,都在传递着同样的感受——自己的孩子已经长大。我建议家长回家,利用三天时间,富有仪式感地给孩子写一封回信,悄悄放在孩子床头。家长们欣然应允。

有幸的是,我们的张钰杰同学愿意把自己写给父亲的信,公开给大家,也愿意与大家分享父亲的回信,我们来看看这对父子的心里话。

给爸爸的信

亲爱的爸爸:

从小时候起,您就想方设法疼爱我,呵护我,记得三四岁,您给我洗衣物只用肥皂,而不用洗衣粉,说是怕伤到我的小皮肤。当时,我幼小的心灵承受了我所感知不到的父爱。恍惚记起,您为了我喝上好奶粉而成了众多奶粉店的"常客",我喝到的奶粉,早已注满了父爱,竟是那样甜!

幼儿园时,望着其他小朋友的玩具,我的心就像一下被网套住的蝴蝶,渴望而又空荡,而您,为了我的快乐,在炎炎夏日正午,在外"忙碌"了一个多小时,只为了看见我的笑容,我鼓弄着玩具,您在旁边,用手抹了抹额头上的汗,转身离开了。有时,我真后悔,竟为了一个玩具,让您四处寻觅。

……

往事,此刻,不知为何,历历在目,爸爸,相信儿子渐渐读懂父爱——伟大、亲切,感谢您!

您的儿子 张钰杰

2020 年 6 月 30 日

爸爸的回信

亮亮，我的宝贝儿子：

你好！这是爸爸第一次提笔给你写信，说起这"第一次"还得感谢你们敬爱的陈老师，是她给全班家长布置了这么一道有趣的作业。爸爸才有这样的方式跟我的宝贝儿子说说心里话。

还记得前段时间的父亲节，你给爸爸发的红包吗？爸爸非常感动，亮亮还记得爸爸的节日。

回望过去的一年，亲爱的儿子，爸爸和妈妈为你感到骄傲。你学习成绩出色，并被评为"三好学生"，但不要骄傲，需要再接再厉。

我想再说说手机，时代发展到今天，互联网走进了我们的生活，我们要把手机当作工具，不要把它一直当作玩具。用好了，它是我们的朋友，用不好，可能让我们沉溺其中，在虚幻的世界里不能自拔，最终会害了我们的，相信儿子一定会把握好这个"度"的。

在过去的这些年，爸爸在与你的相处中，也在慢慢地学习和成长。感谢你，我的宝贝儿子，爸爸经常因为出差和加班，最大的遗憾就是陪伴你太少，今后爸爸尽量多抽出时间陪伴你，和你一起背诗和做有趣的数学题。

最后，希望我的宝贝儿子快乐，健康，天天有进步！

爱你的爸爸

2020 年 7 月 2 日

在这对父子的信中，我们看出，儿子随着年龄的增长，渐渐感受到父亲多年的付出，而父亲也看到了儿子的进步，提出中肯的希望。父子亲情，不便表达的爱在方块字中漫溢。

"亲情需要沟通""有爱要大胆地表达"，这是谁都明白的道理，可对于渐渐步入青春期的孩子，实现起来有一定困难。

我们班主任要当亲子沟通的桥梁。为了帮助学生养成主动与家长沟通的好习惯，我每天都布置十分钟的亲子沟通作业，即要求学生利用吃晚饭或睡前时间与父母聊天 。每星期完成一封沟通信件，要求学生通过写信的方式，向家长书面写写自己的心里话。学生在亲子聊天中，谈谈对班级活动的看法，对教师教学方法的态度，对自己犯错的认识，对国际形势的分析，无论什么话题，都会自然透露出学生思想成长的轨迹，都会让学生获取长大被尊重的自豪，也让他们享受到个体生命的存在意义。而学生在书信中，或表达感恩，或抒发悔意，或请求谅解，或提出建议，以真以诚互通心事，文字有了温度，亲情便有了厚度。诸多好处，怎可不培养学生与家人沟通的好习惯？

第四辑

幸福集体篇——参加多彩活动

德宇大讲堂——家长走上讲台

通过与家委会商量，班级开设"德宇大讲堂"，邀请各行各业的家长走进课堂，讲述小学生能够接受的各领域知识或与小学生息息相关的生活常识，激发学生的求知欲望，拓宽学生的兴趣爱好。

附我们的邀请函：

家长您好，我们的"德宇大讲堂"即将开讲啦！现诚挚邀请您作为主讲人，为我们普及课外知识或生活常识，如果您时间允许，可以私信我，我们沟通讲课内容，安排授课时间。感谢您的大力支持！

这项活动，对于家长也是新鲜事物。有的家长从来没有站过讲台，有的家长虽然讲过课，但学生都是二十多岁的青年同事，对于一群十一岁左右的学生，家长不乏有些紧张担忧。但还是有几个家长愿意先来尝试。"老师，我在大学讲法学，我想给孩子们讲讲《民法典》。""老师，我在银行工作，我想讲讲关于防范金融诈骗。""老师，我在证券工作，我想讲讲如何合理安排压岁钱。""老师，我是护士，我可以讲讲心肺复苏急救知识。""老师，我在国防工作，我可以给孩子们普及航天飞机的知识！"各行各业家长纷纷报名，有这些优秀家长的支持，"德宇大讲堂"值得期待！

很多老师不理解，自身工作已经超负荷了，试想五年级语文老师兼班主任，兼道法课教师、书法课老师、素拓课老师，本已经焦头烂额，又给自己添加每周一堂的"德宇大讲堂"，简直就是自讨苦吃。但我认为这个"苦"启迪的是学生的兴趣，激发的是学生的智慧，打造的是班集体特色，这是落实立德树人最实在的课堂。我还将"德宇大讲堂"的很多工作交给班干部负责。几个学生干部负责布置黑板，每次开讲前，他们都麻利地在前面黑板上贴上"欢迎进入德宇讲堂"几个大字，再稍加装饰，气氛便烘托出来。班长负责协助家长调试课件，大队委主持德宇大讲堂，专门负责每次的开场和结束语。卫生委员负责整理会场环境卫生。班干部各就各位，各负其责，教室在十分钟内瞬间变成"大讲堂"。班干部的组织协调能力也在一次次历练中迅速培养出来。

"同学们，欢迎大家走进德宇大讲堂，今天我们很荣幸地邀请到徐华艺的妈妈，为我们讲解心肺复苏的急救常识，大家鼓掌欢迎。"伴随着主持人的声音，徐华艺的妈妈走上讲台，为大家介绍心肺复苏的急救要领，还带来了模型，为大家示范急救全过程，学生认真听着每一个环节，努力记住要领。到了亲自实践环节，学生按照指令，进行急救演示，动作干脆利落，有板有眼，得到同学们一片片掌声。

赵艺闻妈妈为同学们讲解银行存储常识，帮助同学们识别信用卡，借记卡。同学们现场演练在柜机存储业务，也当了一回小小理财家。

"战斗机都有哪些种？空军的节日是哪天？"汪子涵的爸爸给同学们科普飞机常识，讲完课，同学们对汪子涵爸爸的一身空军服装格外感兴趣，这几颗星代表什么，这几个竖杠表示什么，看来空军是学生们极其陌生的领域，但这堂课一定会在一些同学心里埋下"长大当飞行员"的理想种子。

王靖慧妈妈为同学们普及宪法常识。同学们在家长的带领下进行宪法宣誓，感受宪法的威严。同学们表示："一定要从小掌握宪法知识，树立宪法意识，养成守法习惯，担当宪法小卫士的职责和任务。"

薛涵予妈妈为同学们上了一堂精彩的网络安全普法课——《防范网络诈骗，做诚信好少年》。涵予妈妈不仅为大家讲解了如何防范网络诈骗，还普及了相关的法律知识，告诉大家应对突发的网络诈骗的方法。德宇大讲堂提高了学生对防范网络诈骗的警惕性。学生们表示一定会"小手拉大手"，将课堂所学知识讲给家人听，提醒家里的老人不能轻信网络骗局。

我们的讲课家长也非常注重调动同学们听课的积极性。每次授课后，授课家长都会增设互动环节，或提问，或演练，让学生每堂课收获满满的知识，参与互动的同学还有小礼物，学生怎会不喜欢德宇大讲堂？

附　"德宇大讲堂"家长授课感想

争分夺秒，急救生命

——"德宇大讲堂"授课感想

徐华艺妈妈

报名"德宇大讲堂"后，我要围绕什么主题讲授呢？我想让孩子们健康用眼，又想让他们认识医学，还想让他们强健体魄……可是，一堂课时间有限，我要为孩子们准备一堂最重要的课，最终定下讲课主题为"心肺复苏"，让孩子们从小认识到"生命最宝贵"。

我是一名有着十几年工作经验的临床护士，可面对小学生，还是有些忐忑。我决定先完善PPT，内容要精练，图片要直观，还要尽可能吸引孩子们的眼球。于是，我大量搜集资料，筛选整理，看着自己还比较满意的PPT，我有些憧憬走进"德宇大讲堂"了。下面开始设计授课环节,一定要调动孩子们的积极性。因此我设定了很多提问环节,激发孩子们开动脑筋。心肺复苏这项技能操作性很强,只听我讲,孩子们会感到枯燥,如果有模拟人,孩子们的兴致肯定会更高涨,知识的吸收效果也会更好。

终于盼来了讲课的这一天,面对尊敬的陈老师,可爱的同学们,我紧张的心情恢复了平静。讲课过程中,同学们聚精会神,生怕错过每一个字;在提问环节,同学们积极踊跃,手举得很高;在操作环节,同学们都全力以赴,有的同学在胸外按压时都气喘吁吁了,还在坚持,为探寻准确的按压位置;有的同学在人工呼吸时,脸都憋红了,还在努力,以确保足够的潮气量使胸廓起伏;有的同学练完一遍又要重做一遍,不断地熟悉流程。看着善于思考、勇于提问、敢于操作的同学们,我非常欣慰,活跃的课堂气氛出乎我的想象,只感到时间过得飞快,一堂课太短暂了。

这堂课让我巩固了自己的专业知识,也让孩子们掌握了重要的急救技能。我希望同学们在今后的学习生活中能够珍惜时间,珍爱生命,不断进取,为祖国的医学做出贡献!

给小学生讲金融

—— "德宇大讲堂"授课感想

赵艺闻妈妈

这是一堂特殊的课,在阔别校园 15 年后,这一次,我有了一个新的身份,作为"德宇大讲堂"的讲师,给五年 14 班的同学们上一堂关于金融知识的课程。

虽然以前在工作中,也经常组织培训,但这次的培训受众却很特殊,培训对象是五年级的孩子。我需要把金融专业的知识转化为这个年龄段的孩子能听懂的知识,还要能吸引他们,让他们能从中有收获。我查阅了很多资料,又通过访谈几个孩子,初步了解了这个年龄段孩子的认知能力,做足了功课,才去迎接这份挑战。

上课前,我给每位同学发了一枚一元硬币,用"钱"勾起同学们的兴趣,引出我这堂课的主题。这堂课主要围绕货币的起源、人民币的发展、银行的职能、银行卡的种类、新型支付方式及支付安全等几个方面进行讲解,通过一个个生动有趣的小视频,把枯燥的金融知识用通俗易懂的语言讲解出来。同学们对这堂课都很感兴趣,听得津津有味,把重要的知识都记录下来。课后,我们又通过趣味情景表演和有奖问答等互动方式,让同学们在欢乐生动的氛围中对金融基础知识加深了解,得到直观、切实的体验。同学们也认识到新型支付方式给我们带来便利的同时,也带来了一些风险,也学习到一些有用的小妙招儿去应对这些风险,守护好自己的"钱袋子"。

我爱祖国蓝天

——"德宇大讲堂"授课感想

汪子涵爸爸

11月10日,正值空军建军72周年之际,很荣幸受陈茹老师邀请,来到中营小学5年级14班,开展了一次关于"我爱祖国的蓝天"的空军知识讲课活动。整个讲课过程中,孩子们专心听讲,踊跃发言,表露出对祖国日益强大的关心,深深感动了我。孩子们,你们是祖国的花朵,是祖国未来的希望,希望你们努力学习,为我们祖国的繁荣强盛贡献自己的一份力量!

附 德宇大讲堂学生感言

我的妈妈走上"德宇大讲堂"

徐华艺

周三下午的"德宇大讲堂"我既期待又兴奋,还很紧张,因为是我的妈妈要来为我们讲心肺复苏了。妈妈还是第一次走进我们的课堂呢!时间马上就快到了,我的心更加激动了。

随着幻灯片打出"争分夺秒,急救生命"几个大字,妈妈开讲了!我观察同学们,有的正在聚精会神地听课,有的正在和同桌互相讨论,还有的一直积极举手。同学们把口诀都倒背如流,按压手法也非常标准,看到同学们学到知识的喜悦,我也开心地笑了。

妈妈这堂课的成功,还不光是妈妈的功劳,还有积极活跃同学们的配合呢!

今后,我要向妈妈学习,成为一位能为祖国做出贡献的人!

听爸爸讲空军知识

汪子涵

我的爸爸是一名军人,从小我就零零碎碎听他讲了一些空军飞机的知识,但是从来没有听他系统性介绍空军发展历程。突然有一天,妈妈告诉我,给爸爸报名参加了我们班德宇大讲堂活动,我既惊讶又兴奋。在准备课件的那几天,爸爸一直追问我:"同学们喜欢什么内容呀?你又喜欢什么呢?"为了选择合适的题目和内容,我们全家绞尽脑汁,始终无法确定。有一天,我和姥姥唱《我爱祖国的蓝天》时,爸爸突然灵感一现说:"我知道课件标题是什么了,就叫'我爱祖国的蓝天'。"于是,爸爸开始在网上查找素材,妈妈和我帮他制作课件,在全家齐心协力下完成了讲稿。

期待的那天终于来到了。11月10日，是爸爸来参加德宇大讲堂活动时间，因为转天就是空军成立72周年纪念日，正好映衬了他的讲课内容。当我来到校门口接爸爸时，我吃惊的下巴都要掉下来了，爸爸从来没有在我面前穿得这么正式，显得那么威武！随着爸爸绘声绘色地介绍空军知识，我紧张的心情也平复下来，从他讲的空军大事件里，我了解了军人为了祖国和平和繁荣，做出了巨大贡献。讲飞机优越的性能时，我感受到了祖国日益强大，他的课得到了老师和同学们的一致好评，我为爸爸感到骄傲！

爸爸就是我心中的榜样，我一定要好好学习，以后也能为国家强大做出自己的贡献！

妈妈老师来上课啦
赵艺闻

我所在的班级还有个"响当当"的名字——德宇班。每周三都会有家长来到我们德宇大讲堂，为我们带来不同的第二课堂。今天又是周三，我心想：今天该是哪一位家长为我们讲课呢？可当那个人迈进教室瞬间，我愣住了，她不就是我妈妈吗？真不敢相信，我这个"工作狂"妈妈居然能请假来给我们上课！要知道长这么大，妈妈从来没有接送过我上下学。只有一次我做手术，妈妈才请了一会儿假，又匆匆忙忙回到单位，每天陪伴我的只有爷爷奶奶。她今天怎么来了？大家的目光齐刷刷地落在了我的脸上，我的脸一下子红了，心里像揣了只兔子一样"砰砰"跳，不知为什么我会如此紧张。

终于要开始了，我也很好奇她会是个什么样的老师？她先给我们每个人发了一枚一元的硬币。我想：这是要干什么呢？接着她从货币的起源讲到我们现在使用的货币，全程我听得非常认真。她果然跟平时在家不一样，声音、姿态显得是那么亲切又不失干练。她借助一个个小视频来给我们讲起金融的知识。为了让我们更深刻地记住这些藏在"银行"中的知识，她还组织同学们以扮演角色的方式模拟存储，其中还特意挖了一个"小陷阱"——妈妈让贷记卡客户取钱。而贷记卡是不能取钱的，只能存钱，但还是有同学不幸中招了。她怕我们记不住这么多知识，特地准备了一个小环节，那就是有奖问答。这个环节太富有挑战性了！同学们在竞答中不仅巩固了金融知识，还可以喜获一个小奖品！我们就是在这样一节生动有趣的课堂里学到了很多专业的金融知识。

原来，我的妈妈老师讲起课来也是这么有趣，我很幸运有这样一位好妈妈。

德宇大讲堂——走进消防队

为了让同学们学习安全知识，培养安全意识，掌握更多的自救逃生常识，提升自我保护的能力，同时也为了让同学们更好地了解消防队员的工作和生活，我们将德宇大讲堂设立在五马路消防支队。

活动现场，消防员带领同学们参观消防水罐车、抢险救援车，用生动且专业的术语讲解压缩空气呼吸机、切割机等各类消防救援工具的用途和使用方法。同学们大开眼界，知道消防员不但要灭火，还承担着各种救援任务，时刻守护人民群众生命财产安全，同学们的眼睛里流露出对消防员深深的敬佩。

参观完消防车和器材装备后，消防员耐心细致地讲解火灾应急逃生自救的办法、火警报警常识，进一步激发了同学们学习消防救援知识的兴趣。

在消防员的带领下，同学们还亲自穿上厚重的灭火防护服，戴上了消防头盔，切身体会到消防员叔叔"争分夺秒竭诚为民"的艰辛。

参观消防员宿舍时，同学们被棱角分明的被褥、干净整齐的物品惊艳到了，纷纷在消防员的指导下叠被子、铺床、整理内务，并表示回去后自己也要向消防员叔叔学习，叠"豆腐块"，打扫房间。

本次德宇大讲堂，我将校园附近的红色资源转化为教育资源，同学们在看一看、听一听、摸一摸中真切地了解了消防器械和消防安全知识，还了解了消防队员的工作和生活，既增强了感性认知，拓展了视野，又提高了安全意识和自我保护能力。同时也让同学们对消防队员这一职业有了更深层的理解与钦佩，很多同学立志长大要像消防队员一样勇敢、守纪、一心为民！由此激发了同学们更深的爱国热情——从小学先锋，长大做先锋！

附　学生活动感受

走近"蓝朋友"
孙怡著

这天，我和同学们一起参加消防队体验活动，亲眼见证了"蓝朋友"的刻苦训练和高超技能。

首先，我们来到了训练场地。一名英姿飒爽的消防员叔叔早已在那里等候。

他拿起了一个又高又沉的大梯子,脚下如踩了风火轮般冲向模拟高楼的训练塔,把梯子迅速展开、架好。他的表情凝重,眼睛紧盯着二楼,仿佛真的有火灾发生。突然,他手脚并用向上爬。"二楼多高啊,好危险啊!"我的心紧张得快要蹦到嗓子眼了。可没等我反应过来,叔叔仅用两秒时间到达二楼窗户边,他用手抓住梯子最上端的横梁,顺着惯性纵身一跃,就翻进窗口,动作娴熟,身轻如燕。"哇,太厉害了!"在场的同学们被一系列惊险的动作震撼到了,不由自主地热烈鼓掌。

第二站,我们来到了消防员叔叔们生活起居的地方。一进门一张张洁白如雪、平平整整的床映入眼帘,被子叠得好似一个个棱角分明的铁块。我们早上起来要匆匆赶去上学,被子随意地瘫在床上,不去理会,最后只等着家长来收拾这残局。想到这里我不禁有些愧疚与敬佩。

最后,我们参观了消防车,消防员叔叔耐心细致地向我们介绍消防车内部构造、设施及用途,让我们大开眼界。我们在车上拍了照,留了影。

在回家的路上,我不禁思考,他们每天这样超出常人的训练是为了什么——他们的付出是为了能在灾难来临时多挽回几条生命,降低老百姓的损失。同学们,当我们怡然自得地品着茶时,也许消防员叔叔们正火速穿好衣服,极速赶往火场;当我们躺在床上悠然地打着游戏时,也许消防员叔叔们正拎着沉甸甸的水管,冲进火场,准备与"火蛇"决一死战;当我们正在楼下和朋友们愉快地玩耍时,也许消防员叔叔们正背起伤员,艰难地跑出火场。消防员叔叔们用血肉之躯筑起一道道坚固的围墙,守护着人民的生命安全,向他们致敬!

致敬最美逆行者
——参观南开五马路消防队有感

汪子涵

小时候的我,就是家门口各个消防队的"常客",在门口总能看到那个痴迷地盯着消防车、崇拜地望着消防员的我。9月12日下午,我终于如愿以偿地跟着陈老师走进了消防队,近距离地观摩了消防员叔叔的训练和生活。

消防队里的一切都那么井井有条,消防员叔叔们个个英姿飒爽,无论是在消防队的健身房里,还是在训练场上,消防员叔叔们都在挥汗如雨地训练着。正是这些成千上万次的训练铸造了火场最美逆行者过硬的本领。消防员叔叔给我们展示爬杆时,简直身轻如燕,他的腿几乎没用力,人就已经爬到了杆顶。在大厅里,随着警铃响起,消防员叔叔们离弦的箭一样冲向滑竿,瞬间滑到一楼。他们迅速穿好消防服,戴好头盔,跑到消防车前,完成了出发前的准备。他们的动作一气呵成、有条不紊,从警铃响起到准备完毕仅仅用了1分钟,我们不约而同地鼓起掌来。在训练场上,只见一位全副武装的消防员手拿拉梯,全速前进,冲到了消防塔旁,迅速拉开梯子,挂到墙上,脚踏梯子,飞一样地冲到了二楼,他们训练有素的救援技能赢得了我们的阵阵喝彩。

在消防队,我们了解到无论严寒酷暑,消防员叔叔们都坚持刻苦训练,践行"赴汤蹈火""竭诚为民"的铮铮誓言。他们用自己的方式诠释着"青春无问西东,岁月自成芳华"。我们作为新时代的少年,要向这些最美逆行者学习,学习他们的坚持和刻苦,学习他们的勇敢和无畏。让我们拼搏进取,以梦为马,不负韶华!

我穿上了消防服

刘翊

火,能给予我们温暖,但也会给我们带来灾害。这个世界上被火摧毁的事物不计其数,一个个鲜活的生命被那重重火海包围住,最后一点一点被吞噬。从小,爸爸就告诉我:"水火无情,不能玩火。"这短短的一句话,一直让我对火十分恐惧,也一直让我对消防员叔叔特别崇拜。

9月12日下午,陈老师带领我们来到五马路消防队参观,我特别地激动,终于有机会看看我心目中英雄们的飒爽英姿啦!到了消防队,一位消防员叔叔带着我们进行参观。我们参观了他们的训练场地,场地一侧的各种消防装备整齐地排列在一起,像静静伫立着等待集结的士兵。这是为了在出警的时候不会把时间浪费在穿衣服上。消防员叔叔给我们做了示范,怎样在一分钟之内迅速穿戴所有的装备出车。我还非常幸运地试穿了一下消防服,站在镜子前我感觉自己威风凛凛,神采奕奕,好像成了一名真正的消防员,随时准备奔赴火场去执行救援任务!可当我正准备迈开双腿前进时,就像有人在我腿上绑了一座大山似的,双腿不会打弯,走路都走不动了。我真佩服消防员叔叔们,身穿这么重的装备还能动作迅速。

接着我们参观了消防车库,现场观看了他们的消防训练,我们学到了不少知识!叔叔还带我们参观了他们的寝室。一走进寝室,哇——一排整齐的被子就像是一排四四方方的豆腐。消防车上的各种抢险救灾工具,实在是太多了,看得我眼花缭乱。

今天的参观让我在崇拜消防员的同时,也深深地体会到当一名消防战士是多么的不容易!必须经过各种艰苦的训练,就像消防站上面写的"练为战"。现在,我一定要好好学习,为将来的梦想打下坚实的基础。"只要功夫深,铁杵磨成针"。终有一天,我会是一名真正的消防员,加油!

德宇大讲堂——走进泥人张美术馆

冯骥才说:"手艺道上的人,捏泥人的'泥人张'排第一。而且,有第一,没第二,第三差着十万八千里。"泥人张是中国传统案上雕塑的代表,它创始于清代末年,创始人张明山先生,生于天津,他继承传统的泥塑艺术,从绘画、戏曲、民间木版年画等姊妹艺术中吸收营养,经过数十年的辛勤努力,一生中创作了一万多件作品。2019 年 11 月,国家级非物质文化遗产代表性项目保护单位名单公布,天津泥人张彩塑工作室、天津市南开区泥人张美术馆荣获"天津泥人张"项目保护单位资格。又是一次近水楼台先得月——南开区的泥人张美术馆就在学校附近。2021 年的深秋,我组织德宇班同学将德宇大讲堂设立在了南开区泥人张美术馆。同学们在此观看泥人张的一个个典型作品,讲解员细致地介绍了中西方雕塑不同的表达方式,阐释雕塑语言的培养和建立,指导学生看待"传统"及"工匠精神",唤起同学们对非物质文化遗产的热情,增强同学们对文化遗产保护的关注和自觉意识,增强文化自信。

泥人张作品无论是传统的版式布局,还是经典的色彩搭配,都带给同学以"视觉欣赏""饱览眼福"的冲击感与满足感。泥人张第六代传人张宇先生还赠送给同学们画册,并亲自为我们"德宇班"题字。此次的德宇大讲堂,同学们记住了泥人张世世代代传承的精神——一生只把一件事做到极致。

附 学生活动感受

"捏"出来的津门文化

——参观泥人张美术馆有感

汪子涵

作为土生土长的天津孩子,印象里的泥人张就是一群憨态可掬的泥娃娃。10月 10 日,陈老师带我们参观了坐落在古文化街通庆里的泥人张美术馆,在这里,我第一次领略了泥人张泥塑的艺术魅力。

走进古色古香的院落,一件件独具匠心的泥人张作品映入眼帘。它们仿佛带领我们穿过历史的长河,将它们的故事向我们娓娓道来。泥人张第一代创始人张明山,看戏时在宽大的袖口里就可以塑造出栩栩如生的人物肖像,这精湛的技艺至今让人拍案称奇。《吹糖艺人》是泥人张第二代传人张玉亭的作品,泥制的吹糖艺人表情惟妙惟肖,举止传神到位,隔了100多年后,当我们看到人物表情时,仍会不由自主地跟着鼓腮吹气。它也理所应当地在1915年就获得了巴拿马万国博览会的一等奖。泥人张第五代传人张乃英创作的《白求恩》,再现了抗日战争时期,白求恩给一个小八路军战士检查身体的情景,泥塑的创作兼顾了传统的工艺和西方雕塑的技法,白求恩和小八路军战士手臂上的肌肉线条刻画地自然逼真。看着白求恩慈爱的笑容,关切的眼神,我仿佛回到了炮火连天的岁月,来到了战地医院……

泥人张六代传人的作品各具风格,个性鲜明,有着浓厚的时代气息。一代一代的传人在传承传统工艺的基础上,又通过自己对艺术的理解,不断推陈出新,寻求突破,用它特有的艺术语言,书写出当代华章。

津门艺林一绝——泥人张

沈天心

10月10日上午,我们走进德宇大讲堂——位于古文化街通庆里的泥人张美术馆。刚到通庆里巷,就看到了挂有"非物质文化遗产宣传基地""泥人张美术馆""泥人张世家客厅"的门牌。

泥人张有195年的历史,已经传承到了第六代。张明山(1826—1906)是泥人张的创始人,他自幼随父亲从事泥塑制作,练就一手绝技。18岁即得艺名"泥人张",以家族形式经营泥塑作坊塑古斋。他只需和人面对面坐谈,抟土于手,不动声色,瞬息而成,面目径寸,不仅形神毕肖,且栩栩如生。泥人张的用料也十分讲究,所捏的泥人可保存久远,不燥不裂,在国际上享有盛誉,赢得了中外游客的喜爱和称赞。

走进美术馆的大门,可以看到高高悬挂的"山不在高"四字木匾。馆内设计风格独特,巧而精致,古朴的院落形成了独特的文化空间,让我及同学们在历史的氛围中感受文化与艺术的熏陶,一尊尊泥塑静待于一二号藏馆内,漂亮的吴姐姐用了近一小时的时间解说了珍藏在馆内的所有泥塑的历史和故事,同学们时而笔记,时而思考,目光一直盯着陈列在玻璃柜内珍藏的泥塑。我印象深刻的是五老观画、编织女工、吹糖人等,一个个泥人形象逼真,须眉欲动。

一个多小时的德宇大讲堂,我学到了课本以外的知识,了解到清朝的手艺人的高超匠技,他们对艺术的热爱和追求,让我受益匪浅,感触至深。

泥人张——真绝

张逸帆

2021年10月10日上午,我们班同学神采飞扬,在班主任陈老师的带领下,来到古文化街宫北街通庆里的天津泥人张美术馆参观。

泥人张美术馆是由折式楼梯连接相对的两座小二楼,分为四个展室,共收藏了泥人张六代人的精选作品一千余件。

据记载,天津泥人张是北方民间彩塑的代表,它创始于清代末年,至今已有180年的历史。泥人张的创始人叫张明山,自幼随父亲从事泥塑制作,练就一手绝技,18岁即得艺名"泥人张",他只需和人面对面坐谈,抟土于手,不动声色,瞬息而成,形神毕肖,栩栩如生。

走进一号展室,映入我眼帘的是泥人张世家六代传人的照片。馆内陈列着六代传人的代表作品。这些作品独具匠心,千姿百态,惟妙惟肖……

在这些泥人彩塑里,最出众的是关公像,只见关羽头上缠着绿头巾,头巾上有九个褶,褶皱下面有金色的图案。身穿金盔金甲,内着红袍,外穿绿色战袍,战袍上面画着金龙戏珠,脚上蹬着金色战靴。面如重枣,两条卧蚕眉,配一双丹凤眼。左手捋长髯,右手持青龙偃月刀,他双眼目视前方,好像在沉思怎样水淹七军,攻打樊城。这尊泥塑栩栩如生,仿佛带我穿越到了三国时期。这尊关公像是泥人张的第六代传人张宇捏的泥人彩塑里的代表作品,它不但继承和发扬了前五代老一辈的精湛技艺,而且结合当今的科技进步进行创新,把过去的水粉色改为丙烯色,它覆盖力强、不爆裂、不脱落、不易褪色,干后不溶于水,可以用水冲洗。

最可爱的要数大肚弥勒佛了。他穿着一件红色的袈裟,上面画着金色的竹叶,坐在一块大青石上。光头,大耳垂,颜上点着一个红点,小眼睛,面带微笑,双下巴,胖胖的肚皮像个篮球,寓意着大肚能容天下难容之事。右手拿着棕色的五谷袋。衣服的褶皱雕刻得自然流畅。

这一件件精美的泥人张彩塑作品,它承载着泥人张六代传人的智慧和才干,是多么了不起啊!我要学习匠人们那种潜心钻研、刻苦磨炼、精益求精的精神。

将泥土变成不朽的艺术

姜一唐

天,早已破晓,淡青色的空中飘着几片浮云……2021年10月10日上午,陈老师带我们来到古文化街的泥人张美术馆进行参观。天津的泥人张彩塑是深得百姓厚爱的传统民间艺术品,泥人张影响远及着世界各地。色彩丰富、栩栩如生的泥人着实令人喜爱。

在展馆里,讲解员为我们介绍创始人张明山老先生的生平以及泥人张的几代传人的生平。最令我印象深刻的创作,还得是那个京剧大师谭鑫培像,讲解员介绍,在那个时候,当面为别人塑像是一件不尊重的事情,那怎么塑像呢?殊不知张明山先生捏像只需两人对面谈笑,他顷刻将泥藏入袖中,抟泥入手,悄悄塑像。谭鑫培先生与张明山先生见面时,张明山就在袖中塑了这么一个泥人,并且惟妙惟肖,栩栩如生。这也正是他成名的原因之一。

通过参观我知道了,练成泥人张的精湛技艺不是靠天赋,而是靠"勤奋"和"刻苦"。这样泥人张才一代一代地传承下来。生活中的我们也一样,做事情只要刻苦努力、坚持不懈,就一定会成功!

一生只把一件事做到极致

王露霏

今天,我们走进"泥人张美术馆",掀开了泥人张 180 多年的历史。我恍然大悟,原来平时爱不释手、啧啧称奇的小泥人背后竟包含了这么多人的专注、认真和坚持。

看,一捧土,几种颜料,能被"泥人张"匠人的巧手捏制成千姿百态,栩栩如生的各种人物。那大肚能容天下事的"弥勒"、那忠肝义胆的关羽、那慈眉善目的妈祖娘娘……个个都是精美绝伦的艺术品。

听,讲解员阿姨为我们讲述着"泥人张"创始人——张明山的故事。他为了使泥人逼真、传神,常在集市、茶馆、戏院观察各行各业、形形色色的人物外形、神态、服饰,然后偷偷地在口袋里捏泥人。经过数十年的辛苦努力,他终于创作出了神形兼具、名扬四海的作品。

在参观快要结束时,我看到一句话:"一生只把一件事做到极致。"这就是"泥人张"世世代代传承的精神。多么浅显又蕴含深远道理的话啊!我们作为新时代的少年,要学习、传承这种精神,要做到多一些勤奋,少一些懒惰;多一些专注,少一些分心;多一些坚持,少一些放弃。

神奇的泥巴

——参观泥人张美术馆有感

陈思澄

10 月 10 日上午,我们怀着激动的心情来到了泥人张美术馆参观。当我们踏入古文化街通庆里 4 号院时,首先映入眼帘的是"山不在高"四个大字,古朴幽静的小院子透露出历史的气息。这里曾经有人居住,后来经过改造成了泥人张美术馆,收藏和展览了泥人张世家历代大师的经典作品。

进入到美术馆，墙上陈列着六幅泥人张历代传人的照片，讲解员向我们介绍了历代传人。听完泥人张传人的介绍，我们开始参观美术馆内的展品。一尊尊泥塑静静地陈列在展馆里，各具情态，随着时间的推移经久不衰，始终保持着栩栩如生的姿态和鲜艳的色泽。我最喜欢的是第六代传人张宇先生的代表作品之一"大肚弥勒"。它看上去大肚翩翩，脸上带着笑容，手里提着一个褐色的布袋，身上穿着红袍。眼睛、鼻子、嘴角都洋溢着笑容，好像将一切烦恼都抛之脑后，就连大肚皮都透露着开心。

泥人张的这些泥塑都带着浓浓的生活气息，把精湛的手工技艺和创作者对于生活的深刻理解融合在了一起，真是让人惊叹！希望这些传统艺术能很好地传承下去，将我们国家的非物质文化遗产发扬光大。

德宇大讲堂——走进天津杂技团

天津市杂技团,始建于 1957 年,其前身为中华技艺团和中华马戏团。杂技团阵容整齐,实力雄厚,有保留节目 30 多个,其中不少曾在国内外比赛中获奖。杂技团先后赴法国、美国、日本、澳大利亚、芬兰、挪威、丹麦、瑞典、冰岛、意大利、以色列、朝鲜、韩国、德国、比利时、俄罗斯等国家进行访问演出,博得观众的赞誉。杂技——中华优秀的传统文化,同学们偶尔在电视屏幕观看,但杂技演员平日如何训练的,他们训练场是什么样子,估计很多孩子都充满了好奇。适逢我班同学妈妈在天津杂技团工作,我便"近水楼台先得月",拜托这位家长帮忙,将德宇大讲堂设立在天津杂技团,我们要一起去探访杂技背后那些不为人知的故事。全班听到这个消息都开心得不得了。

盼望着盼望着,学生每天都在数着日子过。但对于五年级孩子,我们的活动不能是简简单单走马灯式的参观,要引导学生带着理解,带着疑问边看边探索,要对中华传统文化有自己更深的见解。我组织同学上网搜集天津杂技团的成立历史,了解魔术杂技等发展历程。在此过程中,我与杂技团领导沟通,共同制定班级活动方案。

附 参观杂技团活动方案

【时间】2021 年 9 月 28 日下午 2:00

【地点】天津市杂技团,河西区佟楼三合里 81 号

【活动流程】

1. 非物质文化遗产传承保护项目介绍及展示(包括《中幡表演技艺》《传统魔术变鱼技艺》《传统杂技顶花坛技艺》《重蹬技表演技艺》)。

2. 作品展演——杂技节目《新征程》。

3. 空竹展示与学生互动。

4. 参观学员队排练场,并观看学员队训练,表演。

5. 参观学员宿舍,由学员代表讲述一天的学习生活。

6. 大会议室参观杂技团历年来在国际国内赛场取得的荣誉,并邀请青年魔术演员表演近景魔术。

(注:全程由艺术室老师录制视频,做成小样,送给学生。)

这种班级集体活动,不同于学校的社会实践活动。校级活动由德育主任安排,我们班主任只管看好学生,一切听学校调度。班级集体活动,就得班主任和家委会成员共同商议,全盘协调,安排活动流程,做好活动保障,一切以学生安全为前提,每个活动环节都要想全想细。

附 家委会制定的活动方案

1. 家委会邀请五名志愿者家长参加班级参观活动,做好后勤保障工作。

2. 志愿者家长提前安排好送同学到天津杂技团的用车问题,停车问题。

3. 志愿者家长分工:两人分别负责全程摄影和录像;一人负责管理班级活动物品;一人负责带队组织学生去厕所;一人负责组织纪律。

4. 志愿者家长提前备好晕车药、饮用水、急救药包等。

整个参观活动,为学生"叩开"了传承非遗文化的大门。同学们观看了精彩纷呈的节目之后,将他们的所见、所想、所感倾注于笔尖,写下了一篇篇美文。

附 学生活动感受

卧虎藏龙

刘翊

9月28日下午,我们德宇班的全体同学来到了天津杂技团参观,真没想到,在这喧嚣繁华的城市之中竟然还有这样一片"静土",生活着各个身怀"绝活儿"的艺人,传承着中华的非遗文化。

王团长带着我们这一群懵懂的少年"敲响"了传承非遗文化的大门。我们观看了"中幡表演技艺""传统魔术变鱼技艺""传统杂技顶花坛技艺""重蹬技"以及向国庆献礼的杂技舞蹈"新征程",还有"古典戏法"和空竹展示表演,一个个表演让我们应接不暇,眼花缭乱。我们为演员们的高超技艺而喝彩,其中最令我难忘的是参观过程中的最后一个节目"古典戏法"。

说道"戏法",你们知道"戏法"与"魔术"的区别吗?简单地说,戏法是中国传统技艺,魔术是西方流传来的。戏法所用的道具大部分是劳动人民司空见惯的日常生活用品或生产工具,如盆、碗、碟、勺、笼、箱、柜、刀等;而魔术道具,大部分观众不熟悉,全靠特制而成。戏法儿的服装遵循传统,一直穿大褂表演;而魔术的服装为西服或制服。国家级非遗传承继承人肖桂森老爷爷为我们表演了他的"绝活儿"——中国古典戏法,在肖爷爷妙语连珠地讲解过程中,五个看似普通的铁环,在他的手中上下翻飞,一会变成洋车,一会变成礼帽,一会儿串成一串儿,一会儿又各自分开,我们不由自主地发出一阵阵的惊叹,热烈的掌声此起彼伏。

"只要你相信,奇迹就一定会存在!"这一堂内容丰富多彩的非遗传承课让我们学习到了许多课堂上无法触及的知识,让我也更加了解了我们伟大祖国厚重的传统文化,我由衷为祖国喝彩:我爱我的祖国!

神奇的杂技表演

——参观杂技团有感

韩智轩

我最喜欢看杂技表演,每当看到演员们一个个危险动作,我都会手冒冷汗,而再当演员化险为夷,我都佩服得五体投地。真想亲眼看看他们是怎么做到的。今天,在陈老师的带领下,终于有机会参观天津市杂技团训练场,我心里激动不已。

走进大院,杂技团的团长带我们来到表演厅,并向我们简单介绍了杂技团的概况以及发展历史。刚介绍完毕,就有叔叔、阿姨为我们表演传统杂技"中幡表演""传统魔术变鱼""传统杂技顶花坛""重蹬技"等。大家欢呼雀跃,迫不及待地观看着。每个节目都惊险刺激。其中,最让我惊心动魄的是传统顶花坛。四个身强力壮的叔叔,手里各拿着一个青花瓷坛,花坛大小可以坐得开一个三岁小孩。他们拿着花坛向上一抛一接,姿势变化多端。最让我心惊胆战的一幕是,叔叔们把花坛高高地往上一抛,"啪"一声,不偏不倚正好落在拱好的后背上。多么惊险啊!围观的同学不由得为他们鼓掌。

接下来是神奇的传统魔术"变鱼"。一位身穿绿色衣裙的阿姨走上前,她一手拿着红布,一手拿着一瓶清澈的水。阿姨把红布往水瓶上一盖,然后拍三下,吹口气,红布一掀,瓶子里多了两条活蹦乱跳的红鲤鱼。同学们窃窃私语,这是哪出来的鱼啊。接着她又用一块金光闪闪的黑布,盖上有水无鱼的鱼缸。这次,我瞪大眼睛仔细观察,生怕错过每一个细节。只见她用手在空中左抓一下,右抓一下,轻轻一掀,鱼缸里凭空变出许多鱼。这又是怎么回事,太神奇了!

这次参观,真是收获满满。正如俗话说:"台上一分钟,台下十年功。"他们轻松、熟练的一招一式都是用泪水和汗水交织而成的。作为一名学生,我更应该向他们学习这种努力刻苦的精神。

中幡飞舞　传承辉煌

——参观天津市杂技团有感

汪子涵

九月二十八日下午,陈老师带我们去参观天津市杂技团。杂技团的叔叔阿姨和小学员们特别热情，表演了精彩绝伦的节目。有的节目惊险刺激，有的节目幽默风趣。我们时而紧张得心惊肉跳，时而被逗得前仰后合。在所有节目里让我印象最深刻的就是"顶中幡"了。

"顶中幡"是我国珍贵的民间艺术，是我国的非物质文化遗产项目。表演"顶中幡"的叔叔们都是非物质文化遗产的传承人。中幡主体有十几米高，中间的柱子有成人小腿那样粗。中幡上部悬挂着标旗，颜色和图案喜庆而传统。表演"顶中幡"的叔叔们一会儿将中幡顶在头顶，一会儿托着中幡翻跟头，中幡在叔叔们手中上下飞舞，交替腾挪，惊险动作一个接一个，看得我凝神屏气，惊心动魄。当叔叔们表演结束时，中幡落地发出"咚"的一声，我瞬间意识到在叔叔们手中"轻如鸿毛"的中幡实际上非常重。我们情不自禁地跳起来，兴奋地鼓起了掌。

"顶中幡"这个节目非常炫酷，叔叔们胸有成竹、轻松自如的动作，凝结着他们平时刻苦训练的汗水。俗话说得好："台上三分钟，台下十年功。"他们不懈努力就是要不遗余力地将"顶中幡"这门艺术发扬光大，将这份辉煌世世代代传承下去！

瞬息万变的银色铁圈

——参观杂技团有感

赵昱沣

周二的下午，我们在老师的带领下兴高采烈地来到天津市杂技团参观。杂技团的叔叔阿姨们为我们表演了许多精彩的节目。我最喜欢的就是传统戏法——六连环。

六连环是由肖桂森老师为我们表演的，只见他手中拿着六个闪闪发光的亮银色的铁圈，这铁圈像极了太上老君的"金刚圈"，不仅银光闪闪，在肖老师的手中它还拥有了"魔力"。肖老师嘴里念叨着"狮子头，狮子尾，狮子肚子，狮子嘴，狮子底下没有腿，狮子还会大张嘴的。"同时，他左手捏住六个铁环朝下一抖，然后右手把这些铁环分散开来，这些铁环瞬间就变成了一只狮子的形状。接着，他把手中的铁环一合，再向右抖一下，向上抖一下，右手提住一个铁环，又变出了一个新的形状，这是什么呢？肖老师说："篮子把，篮子盖，篮子没底——破篮子。""哈哈哈……"顿时，引起同学们一片笑声。之后，肖老师用他那登峰造极的手法配合着诙谐幽默的语言把这六个小小铁环又变成了铜锤、头盔、雪莲花、轮椅、帽子、黄包车、牌楼、绣球灯、金鱼等物品，我们看得眼花缭乱。这台精彩纷呈的杂技表演在同学们一阵阵欢声笑语中结束了。我也深深地被肖老师的高超技艺所折服。

"台上一分钟，台下十年功。"正是这场精彩的杂技表演，让我明白了这句话的真谛。我也要学习表演家们，努力坚持，奋发图强，尝一尝成功的喜悦和甜蜜。

成功没有捷径可言

——参观杂技团有感

江宇桐

几天前，我们班组织了一次探访天津杂技团的活动。我去过马戏团，也去过魔术团，就是没去过杂技团，它究竟需要像魔术师那样化腐朽为神奇的手法，还是需要像马戏演员一样和动物默契的配合？强大的好奇心驱使我早早地来到杂技团门口集合。

进入杂技团大厅，各种各样的道具映入眼帘，有轮胎，独轮车，彩绳，铁环……可谓是琳琅满目，应有尽有。就在我们左顾右盼、应接不暇的时候，一群独轮车骑手从大屏幕后方钻了出来，直接给了我们一个下马威，只见他们脚踩独轮车排着整齐的队伍，忽快忽慢、忽远忽近出现在我们面前。此时，主持人也冒了出来，致辞欢迎我们的到来。面对这一系列的惊喜，现场瞬间就沸腾了。

就在我们还沉浸于刚才的场景时，第一个节目开始了。只见每个演员都拿着一个缸，起先缸只是在空中传来传去，后来缸被放到各自的头上，演员们开始快速地奔跑起来。哇！他们头顶着一个缸还可以飞快地奔跑。那缸仿佛长在他们的脑袋上一样，稳稳地不会掉下来。就在我沉思时，发现同学们的表情也五花八门，有的正在为刚才精彩的表演而欢呼；有的和我一样正在思考演员们究竟是怎么做到的；还有的看似十分的紧张，可能还沉浸于刚才的那场表演里无法自拔。随着一阵鼓响，第二个节目开始了。只见两条红色彩带倒挂在墙上，一个大姐姐从地上跳了上去，在两条彩带之间来回穿梭……或动或静、时快时慢，真的是静如处子，动如脱兔。把观众的注意力又重新拉回到现场了……

表演结束以后，我将我心里的疑问提了出来，向演员们问道："我看你们的动作十分难做，是借助什么道具吗？"演员们笑着说："哪有什么道具？台上一分钟，台下十年功，之所以能做这么高难度的动作而不出现误差，是我们平时刻苦训练的结果啊。正如人生一样，成功没有捷径可言的。"这次活动不仅让我看到了一场精彩的表演，更让我明白了，任何的成功都需要加倍的努力，杂技如此，学习亦如此。

体验传承千年之民族技艺

——天津市杂技团参观记

王睿蕭

今天，我们很荣幸地来到了天津市杂技团参观。这是我第一次近距离观看杂技表演，在老师的带领下，我们怀着激动的心情等待杂技团团长的到来。

　　跟随着团长的脚步，我们来到了杂技团的练功大厅。这个大厅足足有半个足球场那么大，大约三层楼高，杂技团的老师们平时就在这里进行训练和节目的彩排。大厅里错落有致地摆放着各种器械和道具，有威武的高大中幡、有垂落的彩色飘带、有精美的青花大瓷缸，也有我们夏天戴的草帽，吃饭用的桌子和椅子，甚至是几条柔顺的手绢，这些都是杂技老师们表演的道具，同时也充分证明了杂技是一项贴近百姓生活的艺术。我们聆听了团长讲述的我国杂技的历史和起源，观看了老师们表演的蹬技、顶技、魔术、肩上芭蕾等精彩纷呈的杂技节目，感受到杂技表演的震撼、壮观与柔美。随后，通过观摩杂技团小学员们练功和柔术表演，我们感受到杂技人成功背后的艰辛与付出、喜悦与泪水，同时也为我们国家的非物质文化遗产得到传承而高兴和自豪。

　　在这次活动中，有一个令我印象最深刻的节目是"变戏法"。一位和蔼可亲的老爷爷手中拿着五个银色圆环站在我们面前，要为我们表演中国传统的节目。刹那间，五个单独的圆环在他手中突然连了起来，我们"啊"的发出惊呼，紧接着他又敏捷、迅速地变换着圆环：一会儿变成一顶帽子、一会儿变成一辆老式洋车、一会儿又变成一只口罩……我们被老爷爷的幽默表演逗得哈哈大笑，同时更被他精彩的技艺而吸引。虽然我们瞪大眼睛、目不转睛地想看清五个圆环变幻的秘密，但是谁也未能解开这个谜题，看来要想探寻其中的奥秘，只能拜老爷爷为师了。

　　杂技艺术作为中华优秀传统文化，凝聚着中华民族的精神追求，传递着中华民族独特的精神标识。经过这次参观，我们感受到中华优秀传统文化的悠久魅力和时代风采，更增强了我们新时代少年的民族自豪感和荣誉感，这真是一次有意义的文化之旅呀！

德宇小讲堂——说说我自己

刚接手五年级时，为了能尽快了解每个学生，也为了让学生能够在新班主任面前，在同学面前充分展示自己的优点，我们的德宇小讲堂开学新版块便是"夸夸我自己"。请主讲人说说自己的名字有什么来头，自己的性格怎么样，自己有什么爱好。讲到自己，学生侃侃而谈，只有自己最了解自己，也最愿意把自己的闪光点讲给大家听。有的同学只是打了腹稿，便在讲台头头是道地介绍，而台下的同学时时传来惊呼，没想到平时少言寡语的小雨竟然在钢琴大赛获一等奖，没想到平时调皮淘气的小昊竟然取得天津市乒乓球第三名的成绩，没想到小姜的名字竟然是父母名字的结合。德宇小讲堂，给同学们提供了夸自己的平台，也给同学提供了全面了解小伙伴的平台，真好！

附 同学讲稿

你一定久"闻"我的名字
赵艺闻

我叫赵艺闻，这个"闻"字女孩子很少用，爸爸给我取这个名字的意思是靠技艺而闻名，希望我将来能在某些方面有所建树，直到现在好像还没发现哪方面特别厉害。

我是一个活泼开朗的小女孩儿，高高的个子，很标准的身材。乌黑的头发下有一张圆圆的脸，这张小圆脸可赢得了很多同学的喜欢，他们经常捏捏我的小肉脸，并亲切地叫一声"小肉"。一双水汪汪的大眼睛下面藏着我小小的鼻子，这"不起眼儿"的小鼻子可灵敏了，炸鸡味从哪个方向飘过来，我就从来没闻错过，家里人都说这个"闻"字可真不是白叫的。我这张小嘴不光能尝味儿，说起话来也不含糊，经常一句话说清事情的本质，让人难以相信这是一个小孩子说的话。

其实我的特长是运动，各种运动项目我都很喜欢，比如跑步、跳绳、打排球、打篮球等。我的身体素质很好，动作灵活，因此还被选为学校排球队队员。自从看了女排夺冠后，好期待我也能打场漂亮的排球比赛。我最喜欢的项目还是跑步，你们知道为什么吗？跑步过程可以让我全身心地投入，大脑感觉很放松。当然，通常我也能取得很好的成绩，能给我带来一定程度的满足感，要知道我50米成绩在班级内可是名列前茅的。

这就是我，一个人们眼中普通的女孩，但对于我来讲，我就是独一无二的赵艺闻。

以书为友
姜一唐

我姓姜，名叫一唐，许多人都会问我：你这个名字是怎么来的？其实很简单，我爸姓姜，我妈姓唐，名字就出来了，中间那个"一"，大概就是想让我各方面都是第一吧。现在你对我的印象还很模糊，接下来我就来清晰介绍一下我自己。

说到外貌，我既不像东施那样丑陋无比，也不像貂蝉那样美貌非凡。我的身材偏胖，脸蛋圆圆的，鼻子上嵌着一双炯炯有神的大眼睛，最有特色的是那充满智慧的大脑门和盖在"智慧锦囊"上的刘海。

书籍是我一生的挚友，我经常在书海中遨游：我来到过曹文轩的油麻地，和乡村的伙伴们一起玩耍；我来到过张嘉佳的云边镇，品尝刘十三人生的坎坎坷坷；我来到过海明威的大海上，领略老人如何在精神上成为胜利者；我来到过雨果的巴黎圣母院，分辨美丽与丑陋共存的强烈对比……我一直认为，从书籍中汲取知识的力量，能拓宽自己的知识面，充实自己的人生，是人一生当中的必需品。正是应了臧克家那句话："读过一本好书，像交了一个益友。"

怎么样？现在你应该已经对我印象深刻了，这下你该记住我了吧？

欣赏自己
张逸帆

时光荏苒，岁月在我身边划过十二个春秋，是时间塑造了现在的我，一个思想不同，性格不同，追求不同，独一无二的我。如果用一个词描述自己，我选择"欣赏"二字。

我欣赏自己的坚强。当我五岁的时候，平生第一次因手术住院，在加护病房一个人待了三天，要知道，在之前我从未离开过爸妈那么长时间，当我平安从加护病房出来的时候，看到妈妈那激动的眼神，我以为我会流下委屈、伤心的泪水，但我没有，只是平静地向我最亲的两个人招了招手。爸爸夸我长大了。那一刻，我的生命字典注入一个词——坚强。

我欣赏自己的乐观。因为我坚强，所以我乐观。随时随地，人们都可以看见我微笑的面孔。我天生就爱笑，凡事都看得很开、很简单，即使天塌下来，我也把它当作是香软的棉花糖，够乐观了吧！课堂上，我乐观地听课学习，乐观地讨论问题，乐观地回答问题；课间时，我总是和同学们愉快地说笑着，或是在走廊里微笑地欣赏我们美丽的校园,或是笑看操场上活动的同学们。学校里我快乐,家庭里我幸福。这就是我,每天把灿烂的笑容挂在脸上,用爸爸的话叫"实足乐天派"。

我欣赏自己的孝顺。古人云:"老吾老,以及人之老;幼吾幼,以及人之幼。""孝"字我想大家一定非常熟悉了,我用行动为它做了注解。当父母生病时,我展示了"男子汉"担当的一面,给父母又是送药,又是递水,还常常用一段段笑话来安慰他们。我为自己的孝顺感到骄傲。

我欣赏自己的自信。自信会给生命注入鲜活的动力。一个人不会欣赏自己,就像花儿失去了颜色,就像太阳没有了光泽;一个人不会欣赏自己,就好比大树掉了树叶,会渐渐枯死,天空没了白云,单调得乏味。我欣赏别人的优秀,更欣赏自己的自信,善于发现自己的长处,克服自己的短处,才能让自己成为同样优秀的人。

我还欣赏自己的不完美。"金无足赤,人无完人",我也会在学校里给老师制造"麻烦",在学习中走神懈怠,但不影响我进步的方向。我也懂得不要轻易放弃。在困难的时候再坚持一下,结果往往会更好。比如弹钢琴的时候多练习一遍会更熟练,背英语的时候多专心一点记得更快。总之,完美的事情都是从不完美开始的,放弃只会让你后悔,而再努力一点会让你看到成功的曙光。

我欣赏自己,因为我相信荀子的那句话:"路虽远,行则将至;事虽难,做则必成。"我欣赏自己,只有用自己的才华服务祖国的发展才能实现自己的人生价值。

动若脱兔　静若处子

刘泽阳

我叫刘泽阳,妈妈说,我名字中的"泽"取自伟人,希望我将来能有一番作为,成为国家的栋梁之材。"阳"是希望我做一个积极向上、阳光快乐的人。我有一双灵活明亮的大眼睛,浓密的长睫毛忽闪忽闪的,走起路来柔顺的马尾辫在后脑勺俏皮地一蹦一跳。我是一个活泼开朗、爱好广泛、脸上总是挂着笑容的女孩。

我喜欢运动,体育运动是我的强项。轮滑、乒乓球、篮球和羽毛球,这些运动项目我都无师自通。记得第一次上乒乓球课,教练看到我打得不错,一脸吃惊地问爸爸:"你确定她之前没学过?"爸爸坚定地说:"确实没学过。"在教练的指导下,我很快掌握了持拍、发球、对打的基本要领。我训练非常认真刻苦,我的球技突飞猛进,不到几个月就考过了四级。教练直夸我有天赋。体育运动不仅让我身体强健,还让我体会到竞技的快乐,更让我获得"挑战自我,迎难而上"的成就感。同学们,我们一起来运动吧!

除了运动,我也喜欢静。我喜欢画画,只要有时间我随时都会画上几笔。看到漂亮的花朵,夕阳西下映红的天空,甚至是弟弟比较有特点的玩具枪,不管是哪个场景,还是哪个物件,只要有了灵感,我就会把它画下来。我要用图画记录生活中美好、难忘的时刻。弹钢琴也是我闲暇时候比较喜欢做的一件事,每当黑白有序的琴键在我手指间跳动,琴声就委婉连绵地在我指尖流淌出来,这时我能忘记所有的烦恼,陶醉在自己的琴声中。

这就是我,动时敢拼敢打,静时温文尔雅,你记住我了吗?

闲不住的我

孙怡茗

俗话说:"丝瓜花,南瓜花,人家不夸,自家夸。"今天我就来夸夸我自己。

我叫孙怡茗,你如果问我为什么叫这个名字,我会这样回答你:"妈妈爱喝茶","茗"代表茶叶的意思,"怡"是取怡然自得的意思。"怡"和"茗"搭配就是怡然自得地品茶。妈妈希望我做事不要着急,能像品茶一样品人生。

我身材苗条,个子不高不矮,眼睛不大不小,鼻子不挺不塌,一张小嘴能说会道。我性格开朗,积极乐观,乐于助人,特别爱笑。别人的一句话就能把我逗得哈哈大笑。

我的爱好特别多,有钢琴、画画、跑步、打篮球……我的钢琴从四岁就开始学了,经常沉浸于悠扬的乐曲中;画画虽然不学了,但有时遇到美景我还是会展露才华;我长了一双又细又长的腿,所以跑得很快,短跑长跑都不错,是学校田径队的主力,大家都亲切地叫我"二姐";我跑得快,球性不错,所以篮球练得也不错。朋友们都说,我的课外班比学习班还多。

我还经常参加实践活动,参加了宝贝走天下的空军营,了解了战斗机、歼击机、轰炸机、运输机;参加了熊娃公社的"农庄里的一天",体验了割麦子,插水稻,感受到了"粒粒皆辛苦";还参加了早安宝贝爱心义卖,用卖出小礼品得来的钱,帮助残疾儿童;我喜欢推理,所以参加了贝尔侦探社,通过推理分析找到真相。

在家里,我很能干,除了洗碗、擦地、擦桌子这些力所能及的家务以外,我还会在奶奶做饭时打打下手,跟着奶奶学包粽子、包饺子;还会和奶奶学缝衣服、缝扣子;跟妈妈学做甜品,如蛋糕、面包、饼干、泡芙、牛轧糖……

这就是我,一个"闲不住"的女孩。

为自己喝彩

王露霏

"落红不是无情物,化作春泥更护花",我为落花喝彩;"墙角数枝梅,凌寒独自开",我为梅花喝彩;"欲把西湖比西子,淡妆浓抹总相宜",我为西湖喝彩;"宝剑锋从磨砺出,梅花香自苦寒来",我为自己喝彩。

我叫王露霏,今年 11 岁,我属虎,可性格却像温顺的小羊。我长得又高又瘦,妈妈总说我像一只行走的"铅笔"。平时,我总喜欢把乌黑的头发卡成一束,一晃一晃地像只小燕子在飞舞。我高高的鼻梁上架着一副小眼镜,好似很有学问的样子。

我的爱好犹如天上的繁星,数也数不清。我喜欢画画、唱歌、游泳、旅行……但最爱还是看书。没事时我顶喜欢寻一处安逸舒服的地方,看我最喜欢的魔幻冒险系列和动物系列小说。如《哈利•波特》《故宫里的大怪兽》《狼国女王》……这些都是我爱不释手的书籍。书一页一页在我手中翻动,我沉浸在书海中。我一会儿和哈利一起在霍格沃茨魔法学校上学;一会儿和李小雨并肩探索故宫中的神奇事情;一会儿又和狼王紫葡萄一起智斗断牙血瘤虎。

我还在生活中锻炼出迎难而上的勇气。记得三年前的暑假,妈妈为了让我增长知识,增强自信,给我报名参加了"故宫志愿讲解员"的活动。做一名合格的小讲解员可不是那么容易的!我冒着酷暑,走遍了故宫,一页页地查找资料,一遍遍背诵讲解稿,一次次练习走位和手势。终于,我能在游客面前面带微笑,大声讲解,还获得了游客们热烈的掌声。

这就是我,一个勤奋学习,开朗阳光,永不言败的我。

老王卖瓜,自卖自夸

王雨晨

我是一个很有个性也很阳光的大男孩儿。我的性格活泼开朗,爱说爱笑。本人的优点很多,缺点也不少,都说"老王卖瓜,自卖自夸",今天我就夸夸我自己。

我,大大的头,胖胖的脸,一双五点二的眼睛,炯炯有神。我的眼睛下面就是一个能嗅到所有美味的鼻子,鼻子下面是一张能够尝遍天下美食的嘴巴!但是我这张嘴不仅能吃还能说会道哦!我经常把爸爸妈妈逗得开怀大笑。

我爱读课外书,而且达到"痴迷"的程度,一看进去谁喊我,我都听不到了。有一天我正在家里看着我最爱的《漫画西游》,我看的那叫一个入神,仿佛自己也跟随着师徒四人走在了那条西天取经的路上,火焰山的热,借芭蕉扇的难,和牛魔王大战几个回合的险,看得我那叫一个痛快。这时妈妈在厨房忙乎着晚饭,晚饭做好了,妈妈喊我去拿碗筷,喊了好几声我都没有听到,于是妈妈好像使出了洪荒之力:"听没听到我喊你!"我可能看得太入迷了。随口来了句:"来了,八戒。"再看看妈妈是哭笑不得地看着我,随后一块抹布就飞到了我的脸上!我立刻知道了事情的严重性,双手合十说道:"女菩萨不要生小僧的气,阿弥陀佛,善哉,善哉。"妈妈被我逗得哈哈大笑起来。

这就是我,一个可爱,幽默,有点无厘头的我。

请你记住我

江宇桐

有些人因为拥有绝世容颜,而被人记住;有些人因为学识渊博,而被人记住;还有些人因为忧国忧民,而被人记住……虽说我是一个平凡的男孩,也同样希望你能记住我。

我的身材很匀称,四肢壮壮的,脸庞圆圆的,眼睛大大的,头发密密的,眼圈却黑黑的,因此,父母亲切地唤我为"熊猫宝宝",虽然给别人起绰号是不对的,不过我喜欢这个新的称呼,毕竟熊猫可是国宝呀!能得到这么一个珍贵的称谓不亦乐乎?

要说起我的名字,那就意味深长了。据说,我出生后爸爸想了足足半个月,才给我起了这个名字。我祖辈姓"江",子承父姓,"江"字自然而然地成为我的姓氏了,感谢这个姓氏,它让人联想到气势磅礴、奔流不息的长江。我名字的第二个字是"宇",爸爸想让我像宇宙一样有深度与广度,希望我能有胸怀天下之胸襟。最后一个字是"桐",爸爸说我是虎年出生的,虎入深山才能大有作为,不然就会落得"虎落平原被犬欺"了,而梧桐树传说是一种神木,传说是神鸟凤凰栖息的地方。这就是大家熟知的"江宇桐"的来历了。

我就是我,一个平凡而自信的男孩,你能记住我吗?

请记住我——帅气的小伙子

王睿蕅

午后,阳光静静地洒在房间里,窗边的花花草草肆意地享受太阳带来的温暖,窗外传出阵阵鸟鸣,像美妙的音乐萦绕在耳边。此时,有一个身影正在书桌前认真地书写作业,这就是我,一个阳光的大男孩。

我今年十二岁了,身体健壮,个子高高的,虽然是个单眼皮,但眼睛炯炯有神,脑门中间有道小时候磕碰的伤疤,看起来就像个"王"字,虽然痕迹逐渐变淡,但是也不妨碍我"生龙活虎"的帅气。

我爱好广泛,喜欢听音乐、打球和下象棋。每到假期我都会到姥姥家"度假"几天,每天都会和姥爷"杀"上几盘象棋。在姥爷的指导下,我的水平也由"马走日、相走田"的基本步法变为"马前枪、重重炮"等招数。但是姥爷并没有因为我年龄小就故意让我,每次都来势汹汹,步步逼近。我则稳扎稳打、步步为营,有时我们"杀"得昏天黑地、有时则暗藏玄机,你输我赢、好不热闹。

这就是自信帅气的我,你们记住了吗?

德宇小讲堂——讲讲周恩来故事

有了德宇大讲堂的尝试，我又产生开设"德宇小讲堂"的想法。源于我班孩子虽已经升入五年级，但还是比较怯场，胆子比较小，课上不敢积极举手发言，课下不敢向老师提出疑惑。用家长的话，孩子就是"窝里反"，在家比谁都能耐；在外面，尤其是众人面前，就跟避猫鼠似的，不敢展示自己。新时代呼唤自信，勇敢，有个性思维的孩子。他们需要一个舞台，需要一次锻炼，相信每个孩子只要有一次走上讲台，就一定会走出自己狭小的世界，变得越来越自信，越来越勇敢。

有想法就要有行动。当时正值班里开展"以周恩来为人生楷模"学习活动，大家都买了《周恩来传》，就讲里面的小故事吧！主讲内容已经敲定。开始征集主讲人。"同学们，我们准备利用午休时间每周进行两次德宇小讲堂，请同学们讲周恩来的故事，同学们可以自愿报名哦！"班会课我宣布了这个想法，并在班级微信群发了这个消息，有三个孩子主动报名，还有两个孩子在家长的鼓励下，"被动"地报了名。我们定于每周一、周三两天午休进行德宇小讲堂。每次 20 分钟，15 分钟讲课，最后五分钟是提问环节——检查同学们听讲情况，答题正确的同学有小礼物相送。小讲堂管理工作交给班干部负责。两个班干部负责黑板布置，张贴题目，一个班干部负责课件调试，两个班干部负责教室环境卫生，一个班干部负责德宇讲堂的主持工作。

德宇小讲堂开讲啦！

授课中看得出主讲人很努力，在家估计也演练多次了。但还是会出现各种意外，其实对于十一岁孩子来说，出现的任何意外都是意料之中。主讲人毕竟是第一次登台尝试讲课，而且一讲就是半节课，所以，我每次课后点评时都会表扬小老师的种种优点，肯定小老师备课时做出的努力，如课件很精彩，选取的小故事很有吸引力，教态很自然，声音很洪亮，设计的几个问题非常有水平等，给小老师增加信心。同时，也会提出一点点建议，如课件字体偏小，后排同学看不清；讲课专注于课件，不能随时观察同学听课情况；讲课声音缺乏抑扬顿挫，不能引人入胜；讲课眼睛只看讲桌，不敢正视同学。小小缺点都是同学们进步的阶梯，"小老师"欣然接受，并备受鼓舞。还有很多小老师刚刚下课，都迫不及待地继续报名，想再给大家讲一次课。真是一回生、二回熟，学生越挫越勇，越战越有兴趣。看着"小老师"

一个比一个讲得精彩，听课同学个个都在认真做笔记，以备答题环节有好的表现，整个课堂井然有序。

设立德宇小讲堂，同学们不仅仅了解了周恩来的一个个感人小故事，更提升了搜集、整理、提炼加工、输出资料的能力；不仅仅收获了一份做老师的体验，一份敢于挑战自我的勇气，更练就了团结协作，互相搭台的本领！

附 小讲师感言

做第一个"吃螃蟹"的人
姜一唐

秋风乍起，落叶归根。2021年9月初，陈老师告诉我们："班级即将开设'德宇小讲堂'。同学们可以根据《周恩来的故事》的内容进行改编，并以在讲台上讲述的形式呈现给大家。谁愿意第一个走上小讲堂，为大家分享呢？"同学们纷纷举手，我也不例外，也将手高高地举起来。此时，陈老师的目光锁定了我："就让姜一唐同学第一个为大家分享。"听到即将由我第一个来分享，我的心里别提有多激动了，费了很大的力气才勉强克制住我内心的那份喜悦。

要想讲得好，前期的准备可马虎不得。首先，我为准备工作绘制了一张基本的蓝图。随后我通读了《周恩来的故事》这本书，选定了其中令我印象最深刻的故事"为中华之崛起而读书"。我打算配合幻灯片为大家展示，这样就可以让同学们在听的时候更加身临其境。从未做过幻灯片的我，做起来难免有些吃力。我在电脑里选了一个幻灯片模板，从设计版面到文字录入都是我一个人摸索地做。一个晚上的时间，我终于完成了。其次，就是练习讲述。我在刚开始练习时有些不熟练，真担心落下某些内容，讲述过程中出现卡顿。不过经过无数次地对着镜子训练，无数次地调整表情、语调，我终于可以熟练、自然地讲述了。

9月24日，我走上那个令我期待已久的讲台。我打开幻灯片，准备为大家开讲。刚开始我竟有些紧张，豆大的汗珠从额头上滚落下来。可看到同学们都在聚精会神地听着，看我的目光中仿佛充满了鼓励与信任。我放松了下来，不再那么紧张了，开始大声地、深情地为大家讲述。结束后，同学们报以热烈的掌声。我欣喜若狂，不仅完成了我的讲述，而且战胜了我自己。

"种瓜得瓜，种豆得豆"。没有筚路蓝缕怎能看到成功的光芒？我终于明白了一个道理：拥有积极乐观的心态，才能在磨难面前收获成功的果实！

第一次当老师

王靖慧

五年级上学期,陈老师开始组织大家参加德宇小讲堂。我们可以自愿报名,给同学们讲讲周恩来爷爷的故事。这可是个展示自己的好机会啊。我第一时间就报了名,可是报完名之后,我开始发愁了,这可是我第一次为全班同学讲故事啊,我能顺利完成任务吗?我该怎么做准备呢?放学后,妈妈得知了我的烦恼,摸着我的头耐心对我说:"你就当作是和同学们聊一次天,心态要放轻松,而且重要的是对故事内容要特别熟悉,凡事预则立,不预则废啊。"听了妈妈的教导,我感觉自己又信心十足了。

于是,我开始每天努力地朗读故事、背诵主要内容。我选择的是周总理为国货代言的故事,妈妈还帮我做了演示的PPT。每天我都要看着PPT认真地练习上几遍,就当作是上台前的演练。我还仔细掐算了时间,尽量不超时。很快就到了我讲故事的日子了。尽管我准备得非常充分了,但是午饭时我还是紧张得手心里都是汗,双腿也有些发抖。当我登上讲台那一刻,我感觉大脑一片空白,好像一下子把故事内容全都忘了。这时,我看见讲台下的同学们用鼓励的目光看着我,好像在说:"加油,你能行的!"我的心情终于平静了下来,看着PPT上的故事线索,努力回想自己背诵的故事情节。慢慢地,我逐渐融入了周恩来爷爷为国货代言的情节当中,而且讲得越来越流畅了,声音也更洪亮了,表情也更自然了。在互动环节时,我还大胆地向同学们提问了几个提前并未预设的问题,教室里的气氛更加活跃了。最后我顺利地讲完了整个故事。这时,同学们送给我热烈的掌声,我感觉特别骄傲、自豪,我做到啦!我成了德宇小讲堂故事讲解员!

讲完之后,我的心情久久不能平静。我觉得这次讲故事我收获了很多。它锻炼了我面对同学们的自信和勇气,也让我感受到了用心做好一件事情的快乐。我爱德宇小讲堂!

一波三折的演讲

原煜茜

就在这个学期,我们德宇班开设了德宇讲堂。第一期演讲的主题是周恩来的小故事。我一听到这个主题就兴冲冲地报了名。

我反复阅读了《周恩来的故事》,最后选定了我最喜欢的一个小故事——《两次东征》。接着,在妈妈的指导下我将故事缩写成了800字左右的小文章,然后花了两天的课余时间,将这个故事背了下来,并运用信息课上学到的知识,做了一个PPT课件,这样准备工作就大功告成啦。

盼星星,盼月亮……望眼欲穿的我终于等到那一天的到来。那是一个秋高气爽的下午,我将PPT放在大屏幕上,我既紧张又兴奋,还有点害怕,害怕在同学们面前发挥不好。怀着错综复杂的心情,我走上了讲台,主持人致开场白后,我开始演讲。那一刻,我仿佛都能听到自己胸膛"咚咚——咚咚——"地跳动声音。下面40多张熟悉的面孔静静地等待我的开讲,他们的目光中饱含期待。我深呼吸了三下,心底里莫名地又燃出了勇气的火焰,烂熟于心的故事开始在教室铺展。

当讲到一半的时候,我的大脑又一次承受不住巨大的压力——卡壳了,我被这突如其来的状况吓出了一身冷汗,动作也变得僵硬,我再次调整呼吸,努力使自己镇静下来,继续演讲,还好没在全班同学面前出洋相。当我讲完最后一个字时,我长长地舒了一口气。同学们都被我的演讲所打动,台下响起了热烈的掌声。

事后,我仔细总结了这次演讲,有收获也有遗憾。第一次在全班同学面前演讲,我得到了很好的锻炼,它不仅提高了我的演讲能力,还锻炼了我的心理承受能力;但令我惋惜的是声音有点小,语速有点快,表情有点过于严肃。虽然有很多不足,但毕竟这是我第一次登台演讲,它在我心中留下了不可磨灭的痕迹。从今以后,我会加以改进,更加努力,争取做得越来越好。

第一次当小老师

孙怡茗

陈老师第一次征集德宇小讲堂小老师时,因为胆怯,我没敢参加。第一期讲课的同学们站在讲台上落落大方、侃侃而谈的样子给了我极大的勇气。当陈老师发起第二次征集号召时,我大胆地举起了手。

回到家,我把这件事告诉爸爸妈妈,他们都表扬了我。我和妈妈商量后,选择了我熟悉的"南昌起义"这个故事。每天,在完成作业后,我反复朗诵书上的内容,把故事内容熟悉到倒背如流。在妈妈的指导下,我在网上查阅了相关资料,对这个重要历史事件的背景知识有了更深入的了解。接下来,做PPT,反复练习讲课的内容,并且预设了课堂要提出的问题,还准备了几个小礼物。时光匆匆,一转眼就到了讲课的这一天。

一早,我怀着忐忑不安的心来到学校,抓紧时间复习讲课内容。终于,我的第一次德宇小讲堂开始了。我小心翼翼地走上讲台,几十双眼睛紧紧地注视着我。瞬间,我的脸紧绷着,好似冻住一般;我的心怦怦乱跳,像装着一只活蹦乱跳的小鹿一样;我的手心发冷,仿佛揣着两块冰似的。我用紧巴巴的小手去打开PPT,点了两回才打开,还以为PPT损坏了,惊得我一身冷汗。陈老师似乎察觉出了我的紧张,微笑地对我说:"就当在家排练一样,慢慢讲,说错了也没关系。"看到她温柔而坚定的眼神,我稳定了一下情绪,开始了我的讲课。"同学们,今天我给大家讲的是……"刚开始,讲得有点磕磕巴巴。讲着讲着,我的脑海里浮现出周恩来、贺龙等老一辈无产阶级革命家带领着中国工农红军在南昌反抗国民党反动派的画面,我仿佛融入到故事的情景里。我的声音随着故事情节的跌宕起伏而改变,时而高亢、时而低沉。同学们聚精会神地听着我讲故事,似乎都被故事深深地吸引了。不知不觉,故事讲完了。当说完"谢谢大家"时,我长长地喘了一口气。此时,教室里响起了雷鸣般的掌声。陈老师表扬了我,我的心里乐开了花,别提有多高兴了。

通过这次讲课,我克服了害怕在大家面前讲话的毛病,完成了一次原以为不可能完成的事情。我想,只要大胆去尝试,努力地去做就一定能成功。我相信下一次自己能讲得更好。

这一次我收获了勇气

杨彦晨

热烈的掌声像拂过草原的微风,持久地响起来,老师、同学们向我投来赞许的目光。此时,我忐忑不安的心情终于获得了些许平静。你一定会问我这是在做什么?这是我人生第一次上台演讲。

最近,我们班开展了德宇小讲堂活动——讲周总理的故事。活动刚一拉开序幕,同学们个个摩拳擦掌、跃跃欲试,争先恐后报名参加。我也不甘示弱,积极响应号召报了名。课前我精心准备着PPT课件,没想到信息课上学的本事可派上用场了,又是插图,又是编排文档。接下来,就是反复练习背诵文稿。同时,为了调动同学们的积极性,活跃现场气氛,与大家互动交流,我还特意设计了有奖问答环节。

11月2日,多么值得纪念的日子啊!我走上了德宇讲堂的演讲台,一下子看到台下那么多双眼睛注视着我,心立刻提到了嗓子眼儿,后脑勺不自觉地冒出了冷汗,想不到第一次上台竟是这样的感觉。加油!我默默地给自己鼓劲儿,鼓足勇气开始了人生演讲的第一句话:"亲爱的同学们……"一颗不安的心慢慢地平静下来,一气呵成完成了我的全部演讲。

通过这次演讲,我明白了一个道理:世上无难事,只要肯攀登。任何事情都应该勇敢地面对,大胆地尝试。只有这样,成功才会向你走来。

"男子汉"不能退缩

路嘉宸

两周前的那期德宇小讲堂活动后,班主任陈老师询问大家有谁想参加第二期的德宇小讲堂。其他同学纷纷举起手来,踊跃报名。陈老师看了一圈报名的同学,慢慢地将目光转移到我身上。她的眼神中充满了鼓励,暗示我举手报名。我的心里简直是十五个吊桶打水——七上八下。就在我犹豫不决的时候，我发现好多同学也随着陈老师的目光一起看向了我。我脑子里瞬时就浮现出黄继光、董存瑞等英雄形象。我暗自说道："男子汉不能退缩，上吧！"于是我硬着头皮也举起手报了名。

回家后，我和爸爸妈妈讲了这件事，他们都很支持我。我和爸爸积极准备，很快就在《周恩来的故事》里确定了一篇文章，接下来就是准备文案，爸爸还建议我找一些老照片来丰富演讲的内容，最后我们把这些素材都整合在一个PPT中。在做PPT幻灯片时，爸爸做我的技术顾问，协助我进行排版，力求将文字和图片结合得恰到好处。到了脱稿演讲练习环节，妈妈也不时地鼓励我，并辅导我演讲的语气和节奏。最后我突发奇想地设计了一个"坑"人的问答环节。一切准备就绪，静待"表演"开始。

我现在还记得那天，我上台前特别紧张，心好像停止了似的，大脑一片空白。但是等我走到了台上，看着台下老师和同学们熟悉的面庞，紧张的情绪一扫而光。随着开场白——"Hello，大家好！今天我为大家带来的故事是南开学子——周恩来……"我的演讲开始了。演讲进展得很顺利，在问答环节，我成功地以幽默风趣的方式深深地"坑"到了大家。"真的吗？""你真的确定吗？"成了我的口头禅。很多同学的答案明明是正确的，然而经过我这么一问，有些同学就动摇了。

我的德宇小讲堂圆满结束。在这里，我也想给后来者一些启发：一定要自信！不要拘泥于形式，可以用自己熟悉的方式给大家带来知识。在此，我要感谢父母的帮助和支持，也感谢陈老师给了我这样的一个舞台来展现自己。最后，我还要感谢我的同学们，你们是我最棒的听众。

附 "德宇小讲堂"家长感言

孩子成长的特色平台
路嘉宸家长

有一天小路同学放学回家，和我念叨着他要参加班里的德宇小讲堂活动了。我对这个活动早有耳闻，就是班主任陈老师发起的一个以"以德育人，立德树人"为核心，通过阅读《周恩来的故事》这本书，深刻学习周总理"为中华之崛起而读书"宏伟志向，并进行主题演讲的活动。德宇小讲堂使同学们更加深刻地感受到一种为国家和民族而奋斗终身的责任感和使命感。

小路同学自己十分重视这次活动，早早地就开始了准备工作：选文章、定素材、撰写演讲稿……还主动地询问家长的意见，不断地完善稿子。他自己还头脑风暴了一下,要在演讲的结尾加入一个和同学们互动的环节—— 有奖问答。

经过一段时间的紧锣密鼓,文案和照片都准备好了。但是这个演讲能否成功,能否让同学们在兴致勃勃地观看完之后,对演讲中提及的这段历史以及事件产生共鸣,这就取决于演讲者的临场表现了。我鼓励小路同学在做好充足准备的前提下,大胆发挥,要敢于在同学们面前表现自己。只有演讲者临场发挥得出色,作为观众的同学们接收信息的程度才会深刻。于是,小路同学每天利用闲暇时间,开始一次又一次地练习。过了一段时间,他就让我们作为"观众",进行模拟彩排。他希望把最好的状态展示给老师和同学们。我们看到小路同学满怀热情地去准备这么一件有意义的活动也十分高兴,也时不时地提一些小建议。就这样,一切就绪,剩下的就交给时间吧……

活动结束后,老师同学们都表扬小路同学的这次演讲发挥得很棒,他也十分满意自己的表现。作为家长,我们看到了小路同学的成长。同时也真真切切地感受到班主任陈老师倾注了大量的精力为孩子们组织各种有意义的活动,让孩子们在参与中收获知识的同时也得到了锻炼。我想对陈老师说一句:"陈老师,您辛苦了!"

德宇小讲堂——夸夸我家乡

2019年8月，国家扶贫攻坚项目在紧锣密鼓地进行中，"教育扶贫"是工作中的重中之重，教育部教师工作司号召全国领航校长工作室派出优秀教师到凉山支教。我有幸成为其中的一名支教教师。在四川省凉山州昭觉县工农兵小学支教期间，我看到了彝族学生一张张可爱的小脸，一双双渴求知识的眼睛，一双双麻利能干的手，同时也看到他们生活的贫困，学习习惯的缺乏，家庭教育的缺失（学生父母大多外出打工）。尽管老师很负责任，但班级容量超大（班中挤挤地坐满90多人），班务繁多，老师忙忙碌碌，却无法保证对每个学生给予足够的关注。而小学生上学不仅仅为了学习知识，还需要得到老师的关爱，需要找到知心的伙伴。为了解决这个现状，我尝试选取工农兵小学五年级六班和中营小学五年级九班建立联谊班。为了让孩子们尽快成为好朋友，我们在线上进行一次德宇小讲堂，请两个班的同学代表介绍自己的家乡。中营小学同学在线上热情介绍天津的建筑，美食，还配上音乐，视频。彝族小朋友也穿着民族服装配合课件介绍家乡的山水美景，民族特色活动。一次德宇小讲堂，让两个班同学很快了解了彼此，同时也为自己拥有这样一位远隔千里的挚友而骄傲！

附　两地同学发言稿

天津的古文化街
原煜茜

在我心中，天津这座城市就像母亲一样呵护着我，她那古色古韵富有魅力的建筑是那么令人神往。而最能代表天津特色的，当属古文化街了。

从踏入"津门故里"的大门起，我就深深地被这个地方迷住了。这里的建筑统统是青墙红柱，磨砖对缝，高低错落，蜿蜒曲折，显得整条街古朴典雅，充满文化的气息。

街道两旁是许多古色古香的文化小店，其中大多是文化遗产。有杨柳青年画，有"泥人张"彩塑，有魏记风筝，有刘氏砖刻，还有许多古玩字画店铺，字画上彩绘着历史神话故事，图案各式各样，让你目不暇接。这也算是富有天津特色的"活广告"了。琳琅满目的文化小店配上优美的建筑，简直妙哉！

在众多文化小店中，有一家小店可能会让你眼前一亮，那就是泥人张彩塑。泥人张是由清朝的张明山开创的，至今已有五代传人了。他们用熟练且精巧的手法，经过几道复杂的工序，使平平无奇的泥巴变成惟妙惟肖的彩塑作品。那拥有童真童趣的小娃娃，那叱咤风云的历史人物，那童心未泯的老人……真实体现了老百姓对美好生活的向往与朴实敦厚的性格。

除了众多的文化店铺外，还有不少小吃，其中有天津三宝——狗不理包子、十八街麻花、耳朵眼炸糕。但我最喜欢的还是那一把龙嘴大铜壶冲配出来的茶汤，远远就飘出来的香味和店主高超的表演技术让人看后不禁想排队买上一份尝一尝。

来吧，咬一口狗不理包子，掰一块十八街麻花，要一串"丁大少"糖堆，喝一碗香甜浓郁的茶汤，买一张"连年有余"的杨柳青年画，捏一个泥人张的"虎来福"，放一只风筝魏的纸鸢……这古色古香的文化街，犹如一坛窖香百年的老酒，令人回味无穷，构成了天津的一道亮丽的风景。

夸夸我的家乡

孙怡茗

哪个地方像我的家乡一样有独特风格的建筑？

哪个地方像我的家乡一样有令人回味无穷的美食？

哪个地方像我的家乡一样有让人捧腹大笑的方言？

我的家乡是天津——一座著名的海滨城市，也是我国四大直辖市之一，为什么取名天津？天津这一名称始于明代。明朝开国皇帝朱元璋去世后将王位传给了长孙朱允，当时被封为燕王的朱棣与朱允争夺王位，最后于1402年登上天子宝座。朱棣率军南下，就是从天津三岔口渡河袭取沧州，攻入南京的。他认为这是一块风水宝地，便让群臣献名。最后朱棣选中"天津"二字，意为"天子渡津之地"，天津由此得名。

天津不仅历史悠久，还有许多名胜古迹。富有西洋风格的意式风情街，五大道这些地方都是1900年八国联军占领天津时，在天津留下的房子，后来八国联军撤军了，慢慢地这些房子开始有华人居住，现在是许多名人的故居，其中有一个旅馆，毛主席还在那里下榻过呢！大家不妨去看看。

天津还有一条母亲河——海河，在海河上面有30座桥，海河就像是一条美丽的项链，如果说海河上的桥是这条项链上的珍珠宝石，那么天津之眼就是宝石中间最闪耀的翡翠，它是世界上唯一一座建在桥上的摩天轮，尤其是在晚上，天津之眼的灯亮了，是那么耀眼那么好看。

天津还有许多可口的美食,有葱味浓郁的煎饼果子,有肉汁醇厚的狗不理包子,有香脆可口的十八街麻花,还有软糯香甜的耳朵眼炸糕。

天津不光有许多美食,天津话也非常有趣。天津话干净利落,活泼俏皮,充分体现了天津人率真豪爽、亲切包容、幽默诙谐的性格特征,天津话总结来说就是"逗"。

天津还有许多非物质文化遗产,如在《俗世奇人》中写的泥人张、风筝魏等。

这就是我的家乡天津。这里有美丽的建筑,有可口的美食,有逗乐的天津话,还有技艺高超的手艺人……这些造就了天津的迷人风景,欢迎大家来我的家乡做客。

夸夸我的家乡

沈天心

有的人爱美丽而富饶的杭州,有的人爱繁荣昌盛的北京,还有的人爱欣欣向荣的济南,而我,最爱我的家乡天津。

天津有很多名胜古迹和网红必打卡景点,如五大道,天后宫,古文化街,南开中学,意大利风情区,黄崖关长城,大悲院等;也有很多特色小吃,如煎饼果子,狗不理包子,十八街麻花和耳朵眼炸糕,我今天就跟大家简单说说我最喜欢的古文化街和南开中学。

南开中学是一座有着悠久历史的学校,也是我心目中最理想的中学,至今已有118年的历史,培养了两位中华人民共和国国务院总理——周恩来、温家宝。

古文化街是国家5A级风景区,位于东北角东门,海河西岸。这里有天津老字号民间手工艺品店,有地道的美食,也有古代的服饰,我最爱"泥人张世家"。它是非物质文化遗产,在全国具有深远影响,很多中外游客慕名而来,我也曾隔着橱窗看到泥人张第六代传人张宇现场给外宾讲解,才了解到泥人张快200年的历史,创始人张明山先生出生于天津,一生创作了一万多件作品,他的作品独具一格,深受当地老百姓和中外游客的喜爱。

夸夸我的家乡

王露霏

我的家在天津,我出生在这里,生活在这里。在我眼中,天津既像是一位垂暮的老人,又像是一位风华绝代的青年。

说他像垂暮的老人,是因为天津建城已有600多年,走在天津的大街上,古建筑随处可见,让人有一种突然穿越的感觉。天津还是北方最早对外开放的城市,中国的第一条铁路、第一个国家邮局、第一部电话、第一辆有轨电车……这些都诞生在天津,是天津的骄傲。

说他像风华绝代的青年，是因为天津正以年轻的姿态展现在世界的面前。一幢幢高楼拔地而起，一个个购物中心比比皆是，一座座立交桥横跨长空，一条条高速铁路四通八达，一项项尖端科技发明让我们应接不暇。

夜晚，天津的母亲河——海河，像天上飘落的闪光玉带，把整个城市装点得更加朝气蓬勃，熠熠生辉。这就是我的家乡，亲爱的小伙伴们，请你一定要到我的家乡来做客，美丽的天津一定会让你流连忘返，我在天津等你呦！

美丽的昭觉

四川省凉山州昭觉县工农兵小学　吉子垃牛

凉山彝族自治州西南部的昭觉县，是我的家乡。这是一个群山环绕，树木茂盛，风景优美的地方。

春天，山上的树木抽出新的枝条，长出嫩绿的叶子。小草和野花开始飞快地生长。小溪和小河里的水在叮叮咚咚地流淌。可爱的小羊和小马在草地上吃草，大牛们在热心地帮助人们耕地。夏天树木长得枝繁叶茂，给昭觉的大山披上了一件绿色的外衣。清晨，雾从山谷里缓缓升起，山上的树木浸在乳白色的浓雾里，太阳出来了，把大地照得一片明亮。山林里的草地上，盛开着各种各样的野花，长出了各种各样的蘑菇，生活着许许多多的小昆虫。秋天就这样悄悄地来到我们身边，树木的叶子逐渐变黄了，松柏显得更苍翠了，秋风吹来，落叶在林间飞舞。这时候，大山向人们献出了酸甜可口的野果。果园里飘荡着迷人的果香。冬天，天气一天比一天寒冷，每当下雪的时候，活泼可爱的小朋友们就从家里跑出来，在雪地里堆雪人、打雪仗、滑雪，玩得很开心。大人们围坐在一起烤火，聊天，织擦尔瓦和披毡，火盆里烤着香喷喷的土豆。

昭觉的一年四季景色诱人，是我们彝族人生活的乐园！

富饶的昭觉

四川省凉山州昭觉县工农兵小学　木帕伍牛

昭觉位于四川省西南部，是凉山彝族自治州的一个县。那里风景优美，物产丰富，是个可爱的地方。

昭觉群山环绕，树木茂盛。大大小小的山上，长满了各种各样的花草树木。到了七八月份，满山遍野的蘑菇多得数也数不清。他们在山林里快乐地生长，有的像小伞，有的像花朵，有的像帽子……五颜六色的叫不出名字的野花，到处都是。美丽可爱的小鸟在树林里栖息着，生活看，欢唱着。五六月份的昭觉，是索玛花盛开的季节。索玛花非常美丽，五彩缤纷，有的是雪白的，有的是粉红的，有的是深红的，有的是淡紫的，有的是紫黑色的……索玛花有的长在高高的山顶，有的长在深深的峡谷,有的长在笔陡的山崖,有的长在平坦的草地……美丽的索玛花吸引了许许多多的中外游客。

彝家山寨

四川省凉山州昭觉县工农兵小学　咪色小莫

我的家乡在昭觉,昭觉最美的风景在独具特色的彝家山寨。一座座彝家山寨修建在昭觉的山山水水之间。

早晨,房屋、树木、野花、小鸟都被云雾包裹着,山上的羊群,劳动的农民,他们也都被云雾包裹着。金色的阳光照在山上,山上的一切都被镀上了一层金黄色。晚上,晴朗的夜空中,撒满了明亮的星星,一轮圆圆的月亮高高地挂在空中。在安静的夜晚,一声声优美的口弦乐曲在山间响起。彝家山寨进入了甜美的梦乡。

寨子的旁边是一条小河,小河的两岸是五颜六色的野花和绿油油的小草。河水非常洁净,甚至连河底的沙石都看得清清楚楚。草地上,一群群马、牛、羊在快乐地吃草。河水里,一群群鱼儿在水中开心地嬉戏玩耍。山寨的树林是最美的,山上长满了各种各样的树木,有松树、柏树、核桃树、桃树、苹果树……树木长得枝繁叶茂。树下堆积着厚厚的落叶。小花和小草满山遍野,到处都是。每逢休息的日子,我便和伙伴们一起来到山林里野餐,一起玩游戏,一起度过充实而又快乐的时光。

昭觉的彝家山寨是我心中永远的美丽家园。

德宇小讲堂——听听我"变形"

如果说生命是一次旅行,那么德宇小讲堂便是生命路上最真挚的记忆。天津市南开区中营小学六年十四班与四川省凉山彝族自治州昭觉县工农兵学校六年三班,甘肃省环县环城小学六年七班携手同行,他们尽管地处不同的海拔,拥有不同的民族语言,但他们同龄,同样伴着书香,激扬文字,依梦轻飞……

德宇小讲堂,让三地学子再次实现线上共享,他们都插上想象的翅膀,共同在思想的融汇中漫游,在情意的宣泄中感动,在心灵的震颤中驻足……

附 三地小讲师发言稿

我是一盏路灯
四川省昭觉县工农兵小学六年级 3 班　勒尔伍作

我是一盏路灯,我无法随便移动,每天都有形形色色的人从我面前经过。我经常会看到很多发生在路边的事。

白天,人们不需要我,我默默地看着眼前发生的各种事,心里产生了很多想法。就拿今天看见的事来说吧,一家三口坐在我面前,他们在聊天,我听见小男孩的母亲说:"天天就知道玩,你看你那成绩,差成什么样子。"小男孩听了母亲的话生气地说:"你每天都拿成绩来打压我,难道成绩不好就不是好孩子吗?"我听了这母子之间的对话,我觉得小男孩说得不无道理,虽然母亲是为小男孩好,但是不应该用骂来解决,应该是鼓励他而不是骂他。每到白天,我都十分烦恼。每一次都有人在我面前斥责自己的儿女,这让我感到很烦恼。到了晚上,我为人们照亮道路。很多人都会和家人一起来散步,我看着他们幸福的样子我也很开心。偶尔会有一些老年人到广场来跳舞,他们放着音乐,跳着轻松的舞步。我听着音乐,看着他们开心的样子,心里无比幸福。

我觉得我很孤独也很烦恼,但是我更多的是幸福和快乐。因为我为人们照亮道路,使人们更方便,这让我很幸福。

木星致人类朋友

甘肃省环县环城小学 六年7班裴振凯

亲爱的人类朋友：

你们好！我是地球的守护者——木星。对于我，你们或许只知道我是太阳系最大的行星，其实你们对我的了解太少了。我是一颗气态巨行星，身体丰满且轻盈，我绕着太阳不停地旋转，如同一位芭蕾舞者。我全身被风暴包裹，这是因为我憎恨那些想要伤害太阳系四个小兄弟（水星、金星、地球、火星）的"恶棍"。我虽外表冷酷无情，但内心也有温柔的一面，绚烂多彩的木星极光便是最好的证明。

我是太阳系的第一个孩子，我吃了许多"乳汁"，长得十分壮实，当然也很淘气。有一天，我产生了一个大胆的想法——想去内太阳系看看。便迈开大步，向着内太阳系冲去。结果没走几步就闯祸了，把一个现在叫谷神星的小行星给撞了。这一撞可不轻，他本来能成为一颗行星的，这一撞就让他在病床上躺了几万年，最后成了一颗小行星。这一次冒险，我抢了不少孩子的"奶瓶"，使他们一个个都长得很瘦小。不过也正因为如此，才使得内太阳系没有出现超级类地行星，确保了地球的顺利诞生。对了，我还要感谢我的弟弟土星，是他利用轨道共振把我拉回了外太阳系，从此以后，我一直安分地待在外太阳系，再也没有闯进过内太阳系。

我是八个兄弟中年纪最大的一个，理所应当保护弟弟们，但我最偏爱地球。若要问为什么，答案很简单，因为有你们，人类朋友！地球是我们兄弟中唯一一个有子孙后代的，我当然得爱护他了。记得有一次隔壁的"野孩子"彗星不知发什么疯，向地球冲了过去，吓得我赶紧跑过去抱住那个"野孩子"，好家伙，这"孩子"个不大力气倒挺大，给我身上撞了个疤。不过这点伤对我没什么，没过多久就好了，但要是撞到了地球上，后果就不堪设想。

最后，我想告诉人类朋友们，请善待你们的地球！地球环境恶化，是我守护不了的，你们要记住，不会再有第二个地球了！

地球的守护者：木星

我是一只小蜜蜂

天津市中营小学六年14班江宇桐

一天下午，百无聊赖的我正准备午休的时候，看见几只小蜜蜂在天空中无忧无虑地飞翔着，我不禁在想如果我能当一只蜜蜂该多好啊，这样也能在空中毫无羁縻地飞舞起来，想着想着便躺在床上睡着了。

感觉自己还在半梦半醒的时候，周围的一切都变得超级大了，我在蹦床似的枕头上跳动，在秋千似的吊坠上游荡，还在玩具船里玩起了激流勇进……更神奇的是,我的后背竟长出了一对晶莹剔透的翅膀,想到我入睡前的想法,我不禁好奇起来,莫非我真的变成了一只小蜜蜂?开心之余,我欣喜地发现现在的自己可以在房间里自由地飞翔,我飞到尺子上量了一下我的身长,竟只有一厘米长,我飞到镜子前照了照,发现自己果然变成一只蜜蜂!刚开始,我沉浸在一种淡淡的悲伤之中,毕竟人才是最高级的动物,我竟然从最高级的人退化到蜜蜂这种低等小动物了,后来我又从忧伤中走了出来,心想既然变成了蜜蜂,应该再也没有人管我玩游戏了吧?于是我来到手机前,可是以往巴掌大的手机,在现在的我看来宛若一座大山似的,以前随手一按的开机键,现在不管我如何顶、推、倚、踩……十八般武艺火力全开,那开机键都岿然不动、稳如泰山,更气人的是,开机键好容易往回缩了一下,我本以为大功告成,结果它直接把我弹到了一边,再看手机,脸上仿佛写满了不屑。又捣弄了一会儿后,我自觉无趣便通过窗户飞到了小区的花园里,花园有各种各样的花,如凤仙花、鸡冠花、三角梅、美人蕉……蝴蝶们在展示着自己的新衣裳,知了在枝头肆意地歌唱着,我的同类在辛勤地为花授粉,蜻蜓们在花园里玩起了捉迷藏,几只小鸟躲在角落里说着悄悄话……整个花园里充满了欢声笑语。然而,好景不长。几个孩子的到来彻底地打破了原有的平静,他们在花园里你追我赶,将花坛踩坏,将花朵摘了下来,还向其他伙伴展示他们的新"战利品"。就在我惊魂未定的时候,全然不知,一个拿着抄网的孩子,蹑手蹑脚地来到我的身后,直接就是一网将我抄住了,然后拿出一个球,猛地向我砸来,此时的我被网束缚住了,完全逃不掉,看着球向我接近,我的内心充满了恐惧、绝望,眼看球离我越来越近……啊!我猛然惊醒,原来这只是一场梦啊!

梦醒时分,我看着窗外的花花草草、虫虫鸟鸟,开心地笑了。

变成马首的日子

天津市中营小学六年 14 班 王露霏

这一天,我读着《英法联军火烧圆明园》的故事时,迷迷糊糊地睡着了。醒来后,突然发现自己站在香港苏富比拍卖行里的一场拍卖会中。我看了看我的身体,瞪大了双眼,不敢相信,"天呐,我竟然变成了圆明园海晏堂前十二兽首组合的一员——马首。"

"下面拍卖的是圆明园马首铜像,现在开始出价。"我隐约听到拍卖官在讲话,周围气氛凝重,人头攒动,对古董感兴趣的中外富豪们齐聚一堂,一双双眼睛都贪婪地盯着我。

我已经 160 多岁了,是意大利大名鼎鼎的传教士郎世宁设计的。我融合了东西方艺术理念与设计风格,通身以红铜为材,色彩深沉厚重,神态栩栩如生,毛发分毫毕现。我原来和11个兄弟居住在有"万园之园"美誉的圆明园里,我们一起构筑了一处意趣盎然的喷泉景观,那里鸟语花香、满园春色,是一方乐土。

一夜,月光被浓稠的乌云吞没了,我被远处的炮火声惊醒。宫女们惊恐的喧嚣,侍卫们慌乱的脚步,打破了京城的夜。枪炮声中,八国联军把战火烧到了圆明园。没过多久,一群异色眼瞳,白色皮肤的强盗闯了进来。他们露出贪婪、暴戾的目光,一见到园内的东西便往口袋里塞,所到之处一片狼藉,昔日金碧辉煌的宫殿也被烧成了断壁残垣。后来,我被装进了一个大箱子,漂洋过海,流落到异国他乡,沦为这些强盗家里的装饰品。当强盗向别人炫耀我时,无人理解我心中的酸楚,无人知道我是多么期盼回家,更无人明白我盼望祖国早日强大的心愿。在日复一日、年复一年的等待中,我终于明白了陆游吟诵那句"遗民泪尽胡尘里,南望王师又一年"时的心境了。

"6910万!"拍卖场上有些哗然,拍卖官示意大家安静说:"现在还有没有加价的?"人群里,我突然看到一双黑色的眼睛,柔和而又坚定。出价的是位古稀老人,他身穿黑色西装,透着从容与镇定。原来他就是爱国人士——何鸿燊。

"6910万第一次,6910万第二次!"我有些忐忑,我不知道我的命运将何去何从。我看到何鸿燊先生整了整衣服,眉头有些微蹙,嘴角却依然露着坚定的微笑。能看得出来,他志在必得。全场的气氛紧张到了极点,有的人耸耸肩表示放弃,有的人犹豫着要不要继续加价。

"6910万第三次,成交!"此时,全场响起了热烈的掌声。然而,出乎所有人意料,何鸿燊先生没有将我据为己有,而是当场决定把我无偿捐献给祖国。那一刻,我的心里像灌了一瓶蜜,眉角含笑,连那长长的红铜的脸上都泛着耀眼的红光。

相比陆游,我是幸福的。陆游至死也没有见到"王师北定中原日",而我今天终于可以回到我日夜思念的祖国了!

如今,我成了第一件回归圆明园的流失海外重要文物。每天来看我的参观者络绎不绝,其中有不少青少年。他们稚嫩中藏着勇气,懵懂中透着朝气,青涩中映着正气。透过他们我看到了一个强盛的国家,看到了一群未来能发光的人。

"起床了!"妈妈的叫声把我拉回了现实,原来是一场梦。如今我的祖国今非昔比,正以崭新的姿态屹立于世界的东方。"少年强,则国强"我们就是那群未来能发光的人,努力吧,少年!让我们变得更加强大,尽快接那些漂泊在外的文物回家。

我是一棵小草

四川省工农兵小学六年三班　　古次史洛

我是一棵小草,没有树高,没有花香,但是我自由自在、无忧无虑。

清晨，我睁开眼睛，伸了伸懒腰。啊！新的一天又开始了，我感到神清气爽，露珠妹妹帮我浑身上下清洗了一遍。现在的我，发出一股淡淡的、清清的草香。我的绿色小裙更绿了，绿得可爱，绿得发亮。我向露珠妹妹道谢，露珠妹妹给我讲她飘在天上的日子，她说，那里有千变万化的云朵，上面还住着神仙呢！

到了中午，太阳公公高高地挂在空中，照亮大地。照得我暖洋洋的，舒服极了！这时，河水哥哥就弹起了琴，"叮叮咚咚"，多么婉转动听的曲子啊！你看，小鸟姐姐和青蛙弟弟也情不自禁加入进来。小鸟姐姐"叽叽喳喳"地唱着歌，青蛙弟弟"呱呱呱"地打着鼓，这是一场多么美妙、快乐的演唱会啊。我听得着了迷，看得出了神，我陶醉其中，享受着，欣赏着。不知不觉，来到了下午。这时候，树爷爷便给我们讲故事。树爷爷是一棵百年老树，经历过许许多多的事，知道各种各样的故事。"我爷爷的爷爷曾经跟我说过几千年前，地球生活着一种体形庞大的动物——恐龙！它们有天上飞的，陆上跑的，海里游的，它们都有一栋楼那么高了。记得……"讲着讲着，我就入睡了，梦中我看见了恐龙，并和它们成了朋友。

这就是我一天的生活。既不充实，也不空虚，却自由自在、无忧无虑。

鹰击长空——我是一架战斗机

天津市中营小学六年 14 班汪子涵

一天晚上，我趴在床上，听着我最喜欢的《我爱祖国的蓝天》，看着我最爱的军事书，想着各种军事装备的画面，渐渐地进入了梦乡。

一觉醒来，太阳已经高高升起，睁开眼睛，我被眼前的一幕惊呆了。我发现自己正躺在一个半圆形的机棚里，我又低头看向我的身体，我恍然大悟，原来我变成了一架歼-20 战斗机！我顿时骄傲起来！我可是装备到基地的第一架隐形战斗机。你看我的三角翼，多帅，多霸气；看我前方的一对鸭翼，多炫多优美；再看看我身上的涂料，他们可是专门为隐身战斗机设计的，能吸收雷达波，多先进！左右环顾下我的邻居：歼-16 战斗机，性能不错，可惜不能隐身；歼-8 战斗机，实战经验丰富，但确实有点老；再看看运-20 运输机，她是一个名副其实的胖妞，虽然载重量大，但飞得太慢了！……

我越想越骄傲，觉得我就是这些飞机中最耀眼的那个！我的优点数不胜数：我飞得快，能隐身，机动性好……

训练场上，我总是一马当先地冲上蓝天，其他战斗机都被远远地甩到了身后，加油机和预警机根本追不上我。我顾不上他们的战术和队形，自由自在地全速飞行。

这天早上，训练基地通知我们演习，我立刻高兴地喷着气，心想："这是我来到基地的第一次演习,我一定要努力表现,争取让大家看到我有多帅!"我活动着筋骨,准备迎接演习。我等啊,等啊,等到其他飞机在我眼前冲上云霄;等啊,等啊,等到机场空无一机;等啊,等啊,从清晨到日暮;等啊,等啊,等到各架飞机胜利返航。我最终没能参加演习,我沮丧极了,心里很不服气:"为啥演习不带我!我明明是最先进的啊!"正当我愤愤不平的时候,机棚门开了,我非常激动,我以为我等来了出发的命令,没想到是基地首长走到了我身边。他拍拍我的身体,说:"你每次总是一马当先冲上云霄,后勤支援的飞机根本赶不上你,长机僚机也看不到你,这样的队伍打不了胜仗!现代战争不是一个人优秀就能打胜仗,我们需要一个团队来互相帮助,取长补短,才能取得胜利!"我恍然大悟,单打独斗是不可以的,要学会团队作战,和各种不同类型的飞机相互配合,这样才能发挥出自己的作用。在接下来的训练中,我学会了团队配合,在团队中发挥自己的优势。我跟各型机共同执行巡逻任务,学会了与加油机配合实现空中加油,学会了跟预警机配合,作为先头部队袭击远程目标……

正当我和其他战机共同编队飞行时,耳边突然传来了妈妈的大叫:"快起床,上学迟到了!"我猛地惊醒,意犹未尽地回味着梦里的自己,真希望能够再次鹰击长空!

我是一个太阳

甘肃省环县环城小学 六年7班　缪镇冰

我是一个火红火红的太阳。我热情奔放、心地善良,用自己的热量温暖世界的每一个角落。

春天来了,我一大早就从床上爬起来,挂在高高的天上,默默地普照着大地万物。悄然间,人间的山坡上迎春花欣然怒放,金灿灿的。小山变成了金山;桃花一吐芬芳,一簇簇花朵压满了枝头;梨树换上了雪白雪白的婚纱,成了春天里最美的新娘……

夏天来了,山上的树木郁郁葱葱,我正在它们的上空尽情地释放我的热量。那些可爱的绿精灵挥动着一只绿莹莹的小手,在跟我打招呼:"谢谢你,太阳!是你让我们能够茁壮成长。"我笑眯眯地看着他们,心里甜滋滋的。我发现几位在田里劳动的农民伯伯,被我烤得大汗淋漓,我马上躲到云里去,我要让农民伯伯舒适休息一会儿。

秋天,我来到了一个村庄。啊,我被眼前的景象惊呆了:稻田变成了金色的海洋,高粱举起了燃烧的火把,梨穿上了金黄的袍子,苹果树挂起了红灯笼……人们迎来了大丰收,我兴奋极了,脸蛋更红了。

冬天来了，人们在家里烤火取暖，开心地聊着天，好温馨啊！正当我感到欣慰的时候，我发现一个老奶奶躺在巷子的角落里。我大吃一惊，马上跑过去，用尽我所有的力量温暖老奶奶，让他不再瑟瑟发抖。我默默地守护着她，直到她的家人接她回去，我才放心开始新的旅行。

我是一个火红火红的太阳，燃烧是我的本能，奉献是我的品质，守护是我的职责！我是太阳，我骄傲！

德宇小讲堂——评评冰雪冬奥

2015 年 7 月 31 日,在国际奥委会第 128 次全会上,北京携手张家口获得 2022 年冬奥会和冬残奥会举办权,北京将成为全球首座双奥之城!那一刻,我们中国人的激动之情溢于言表。伴随着冬奥会火炬的点燃,一场场比赛,让我们一次次听到《义勇军进行曲》,让我们一次次看到五星红旗冉冉升起,让我们一次次被冬奥健儿的拼搏精神所流泪。随着北京冬奥会圆满落幕,回顾令人心潮澎湃的 19 个比赛日,中国冰雪健儿奋勇拼搏的英姿令人印象深刻,谷爱凌是获奖牌最多的运动员;苏翊鸣是最年轻的金牌得主;徐梦桃是年龄最大的金牌得主;闫文港是最让人意外的奖牌得主;隋文静和韩聪是合作时间最长的金牌得主;孔凡影是参赛项目最多的运动员;杨硕瑞和高弘博是最顽强的运动员;孙龙是最让我们心疼的运动员。每一个运动员的身影都历历在目,我们的德宇小讲堂自然切换到新的版块——冬奥山水间。请同学们将自己观看冬奥中最激烈的一场,最感动的一幕,最暖心的一刻与同学们分享,让同学们在"德宇小讲堂"再次回顾冬奥比赛现场,再次为中国健儿骄傲,再次许下志向:厚积而薄发,一起向未来!

附 小讲师发言稿

厚积而薄发
杨彦晨

奥运是什么?它是一个挑战,每一枚金牌都是一个极限;它是一场较量,每一滴汗水都是一次拼搏;它是一种人生,每一个记录都是一项奇迹;它更是一种精神,厚积而薄发,展现出生命的精彩和价值。

2022 年,"一起向未来"这句北京冬奥会口号响彻华夏大地。结合奥林匹克精神与中国元素的开幕式拉开了冬奥会的帷幕。

看奥运比赛是我在这个假期要做的头等大事,电视频道几乎被我定格在了 CCTV-5。啊!场场比赛精彩纷呈,家中充满了我的呐喊声、欢呼声和助威声。令我印象最深刻的当属短道速滑混合接力赛。那白色洁净的场馆里,教练排兵布阵,运动员互相鼓励,指令员举起手枪的那一刻,我觉得场馆内寂静得只能听到呼吸声。啪的一声,发令枪响后,运动员们爆发出令人震惊的速度,在那晶莹剔透的冰面上风驰电掣。那是力量与胆量的竞争,也是技巧与战术的展示。运动员们你追我赶,默契配合,"哇,赢了!中国队的首金来了!"我欢呼雀跃着。武大靖、任子威、曲春雨、范可欣在短道速滑混合接力项目中以 0.016 秒的优势领先意大利队获得了冠军,夺取了中国的首枚金牌。这枚金牌的分量很重,它背后洒满了运动员的泪水与汗水,体现了奥运健儿拼搏进取的精神。

冰心老人曾说:"成功的花,人们只惊羡她现时的明艳,然而当初她奋斗的芽儿,浸透了奋斗的泪泉,洒遍了牺牲的血雨。"十年磨一剑,厚积而薄发,场场精彩的奥运赛事使我看到成功的背后那无怨无悔的付出,奥运精神必将是我今后人生道路上的一盏明灯。

共燃冬奥梦,一起向未来

张逸帆

在举国上下欢度春节的大喜日子里,我们又迎来了令中国人民骄傲和自豪的一件事。那就是 2022 年 2 月 4 日,北京冬奥会开幕式在鸟巢圆满举行!这场开幕式以二十四节气为创作元素,取"立春"这个特殊的日子,让世界看到来自中国人的温情瞬间,为全世界人民奉献了一场无与伦比的视觉盛宴。

在冬奥会比赛的第一天,中国体育代表团就迎来了"开门红"——短道男女混合速滑夺冠。参赛的有加拿大、意大利、匈牙利代表队。我国的速滑男运动员有武大靖、任子威,女运动员有范可新、曲春雨。他们头戴流线型红色头盔,身穿左胸印着黄色五角星,右胸印着金龙、红黑渐变的连体服,他们足蹬溜冰鞋,生气勃勃、英姿飒爽来到赛场。与此同时,还有加拿大、意大利、匈牙利的运动员也陆续到场。

比赛开始了,只听啪的一声,发令枪响了,我国第一棒选手范可新和各国的选手像离弦的箭一样,争先恐后地冲出终点。他们个个朝气蓬勃、斗志昂扬,生怕输了这场比赛。瞧!我国的选手们动作规范,整齐划一,他们猫着腰,目视前方,双脚用力蹬滑,时而双手背后,时而双手摆臂,时而单手背后,单手摆臂。滑到弯道时,上身向内倾斜,右手背后,左手点一下地面,防止摔倒。赛场上的空气像凝固了似的。比赛到了白热化阶段,选手们紧追不舍。我国最后一棒的选手武大靖处于领先状态,快到终点时,突然,后面的意大利选手脚底生风超了上来,与武大靖并肩而行。说时迟那时快,在这紧急关头,武大靖如利刃出鞘,快如闪电,猛一用力蹬滑,捷足先登,冲向终点。中国队以 2 分 37 秒 34 的成绩勇夺第一。

我国的运动员配合默契,奋力拼搏,为中国体育代表团拿到了本届奥运会的首块金牌,这也是短道速滑项目历史上第一枚男女混合接力赛奥运金牌。运动员们站在领奖台上,颈项带着闪闪发光的金牌,手捧鲜花,五星红旗徐徐升起。我为他们感到骄傲、自豪！让我们共燃冬奥梦，一起向未来。

没有人能随随便便成功

——为谷爱凌喝彩

原煜茜

在 2022 北京冬季奥运会自由式滑雪女子大跳台比赛中，中国选手谷爱凌夺得金牌。消息一经播出，我不禁为谷爱凌勇于挑战自我的精神大声喝彩。

2003 年出生于美国旧金山的谷爱凌是位混血儿，父亲是美国人，母亲是中国人。金牌的背后是她坚持不懈的努力。她三岁开始练习滑雪，八岁加入自由式滑雪队，九岁拿到全美少年组滑雪冠军，十六岁时已获得六十多块奖牌。当 2015 年 7 月 31 日，国际奥委会主席巴赫宣布北京携手张家口获得 2022 年冬奥会举办权的那一刻，"到妈妈的家乡北京参加冬奥会"就成了谷爱凌的最大心愿。2019 年 6 月，谷爱凌在个人社交网站上正式宣布自己加入中国国籍，志在代表中国队参加 2022 年冬奥会。

冠军的背后是勤奋和刻苦，金牌的背后同样伴着风险。2016 年谷爱凌在训练中摔断了锁骨；2018 年训练时脚骨骨裂；同年比赛摔成脑震荡，当场失忆……这些只是她伤病中的一部分，面对伤痛和困难，谷爱凌永不言弃，所谓"没有人能随随便便成功"就是代表着这种精神。当别人称赞她是"天才"时，她忍不住纠正："其实我的天赋只占 0.1%，不然努力就被辜负了。"

竞技运动的魅力，在于更高、更快、更强，更在于拼搏。谷爱凌就是那个不服输的女孩儿，一次次挫折使她的性格变得更加顽强，所以她能在奥运赛场上夺得冠军。

与其羡慕她的耀眼光芒，不如像她一样顽强拼搏，无所畏惧。她，经历失败仍能重新爬起，面临困难仍能勇往直前，获得荣誉仍能攀登巅峰。她不断挑战自我，成就更好的自己。

让我们再次为谷爱凌喝彩。

闫文港——我心中的冬奥英雄

王靖慧

第 24 届冬奥会于 2022 年 2 月 4 日在首都北京举行，在家门口举行的冬奥会让我特别骄傲和自豪。

观赛时大家都在关注获得金牌的运动员，比如，神奇女侠般冲上云霄的自由式滑雪冠军谷爱凌，武林少侠般飞檐走壁的单板滑雪冠军苏翊鸣，神行太保般风驰电掣的短道速滑冠军任子威等。而我却特别佩服来自我们天津的钢架雪车运动员——闫文港，虽然他只获得了铜牌，但却是这个项目上奖牌零的突破，而且比赛中他身上体现的勇敢无畏、不断超越自我的奥运精神，更是值得我们青少年学习。

钢架雪车是一项因为危险曾被取消的冬奥会项目。运动员在推着雪车助跑加速大概 50 米之后，必须在 30 秒内趴在毫无刹车和方向装置的雪车上，靠着身体和惯性去滑行，最快时速能达到 130 千米每小时，而且要按照正确滑行路线去滑行，真是又惊险又刺激！

决赛时候，闫文港前三轮比赛只是排在第 4 名，和第三名有 0.05 秒的差距，但是他并不气馁，凭着自己强大的心理承受能力，放手一搏，沉着应对。我和爸妈都紧张得握着拳头观看比赛。只见闫文港娴熟地助跑后，迅速趴在雪车上，开始勇往直前地滑行。他时而飞驰在轨道右侧上端，时而回到轨道中心，时而自如地转过弯道，他滑行的轨迹十分流畅完美，像飞驰在铁轨上的高铁，又像在万米高空翱翔的飞鹰，更像在海底疾驰的飞鱼……最后，他一气呵成，以迅捷的速度冲向终点。我捂着眼睛紧张得不敢看电视屏幕，慢慢地从指缝中看到了决赛成绩，四轮比赛总成绩 4 分 01 秒 77，闫文港获得了铜牌！这个项目上奖牌零的突破！我和爸妈激动地在电视机前手舞足蹈地转起了圈圈！

通过观看这次钢架雪车比赛，我深深地被闫文港更高、更快、更强的奥运精神所折服，在比分落后的情况下，他不气馁、不服输，努力挑战、奋力拼搏，把自己平时训练的最好水平发挥出来，终于获得了奖牌。闫文港，把坚韧、勇气和梦想融入钢架雪车，你是我们天津的骄傲，我们中国的骄傲，更是我心目中的冬奥英雄！

一"鸽"也不能少

江宇桐

2022 年 2 月 4 日，是个万众瞩目的日子，北京冬奥会在这一天隆重拉开了序幕。高达 91 个国家和地区的代表队来到舞台上，摩拳擦掌准备一展雄风。

开幕式上，各种各样的节目精彩纷呈、不胜枚举，有让人仿佛置身于绿色海洋的早春美景，有汹涌澎湃的海水从天而降壮观场面，有令人仿佛身临其境的奥运五环破冰而出动感画面……

令我印象最深刻的要数那群和平鸽了。小朋友们演绎的和平鸽看似随意的四处游弋，却是那么的自然、恬静，让人心旷神怡。突然，鸽群里有一只小白鸽迷路了。鸽群没有弃它而去，而是待在原地静静地等着它，一只鸽子还迎上小鸽子将它带回了大部队，而小鸽子迷路的地点恰是在鸽群的东南方向——犹如宝岛台湾所处的位置。几秒钟后，全场响起震耳欲聋般的掌声。

这个小小插曲让人心里五味杂陈又心生温暖。正是在"一个也不能少"的强大理念支撑下,面对洪水的肆虐,举国上下同心协力,写下了多少可歌可泣的壮丽诗篇。同时,祖国的东南方向,是我们的宝岛台湾,祖国母亲不也像那鸽群一样敞开怀抱、翘首以盼地等待着台湾早日归队吗?

一"鸽"也不能少,其实就是"一个也不能少"!

一起向未来

王露霏

盼望着,盼望着,春天来了,2022 北京冬奥会宛如春姑娘在万众瞩目中,迎风踏雪来和我们共赴一场冰雪约会。

今日正逢"立春"。一年之计在于春,草木萌发,绿色渐渐染遍大地,中国人民和各国朋友将要共同迎接一个充满希望的春天。开幕式从充满诗情画意的 24 节气开始,到黄河之水天上来;从冰立方的逐渐破碎,到晶莹剔透的冰雪五环;从孩子们天籁般的歌声,到绚丽多彩的烟火……一个个浪漫又大气的创意撞击着我的眼球,震撼着我的心灵。这些都是中国强大、人民团结的体现,也是中国向全世界发出的诚挚邀请。

开幕式中最令我难忘的是升国旗仪式。在《我和我的祖国》的音乐声中,一面鲜红耀眼的五星红旗从孩子手中传到各行各业、各民族的优秀代表手中,他们手手相传,最后将国旗稳稳地传到解放军手中。中国人民解放军目光炯炯、整齐划一、英姿飒爽的动作燃爆了全世界。国歌响起,国旗在鸟巢上空冉冉升起,那一瞬间,我仿佛看到革命先烈奋不顾身、保家卫国的情景;看到白衣天使忠于职守、默默付出的身影;看到飞行在夜空中闪闪发光的神舟十三号;看到赛场上顽强拼搏、勇攀高峰的奥运健儿。我的脸上滑下激动的泪水,心中满满的自豪感。

"一起向未来"是北京冬奥会主题。倡议全世界人民追求团结、和平、进步、包容,表达了我们对美好明天的憧憬和希望。我是中国人,我为祖国今天的强盛而骄傲,我更愿努力学习,用自己的力量去装点祖国更加辉煌的未来。

北京冬奥——中国人民的骄傲

姜一唐

挥别了硕果累累的秋天,北风吹来了白雪皑皑的冬天……整个世界都变得银装素裹。在漫长的等待中,四年一次的冬奥会,终于来到了中国北京,点燃了中国乃至全世界人民的热情。我们感受到愈加浓烈的奥运气氛。"一起向未来"的口号与歌声回荡在我们的耳边,冬奥精神也令我们耳目一新。我今天就要和大家聊一聊"冬奥精神"。

冬奥精神是什么?也许是运动员的顽强拼搏,也许是运动员的团结一心……

最让我刻骨铭心的比赛——短道速滑混合团体接力 A 组的决赛,它让我深刻体会到浓浓的冬奥精神。

短道速滑是在长度较短的跑道上进行的冰上竞速运动。2 月 5 日的傍晚,我国的曲春雨、范可新、武大靖和任子威代表中国队与意大利队、加拿大队、匈牙利队挺进决赛,这是中国代表团距离金牌最近的一次。

中国队队员十分淡定,比赛场馆内的人们都在为所有比赛队员加油打气。枪声响起,范可新如离弦的弓箭一样直冲上去,他的动作协调有序,在冰面上轻快地飞驰。接着,准确、迅速地把接力棒传给下一位队员——曲春雨。

曲春雨加快速度,如同冰面上的一只猛兽,奋勇直前超越了加拿大队队员,此时任子威上场,他凭借着自己高超的技术超过了意大利队员,中国队暂时排名第一。

最后一棒,上场的是武大靖,他的反应力十分敏捷,就在比赛的关键时刻,意大利和加拿大队的队员摔倒了。武大靖向前拉开距离,优势十分明显。武大靖稳扎稳打,最终,完成了最后冲刺,中国队拿到金牌,夺得了冠军!这次,中国队的表现十分出色,既不紧张,又不松懈。从运动员加快的步伐能看出来他们对比赛的付出和拼搏进取的精神。

更高、更快、更强、更团结的冬奥精神,值得我们去学习;中国运动员们拼搏进取、稳扎稳打的状态,值得我们去效仿。2022 北京冬奥会——中国人民的骄傲!

德宇小讲堂——谈谈家乡的未来

　　"二十年后的家乡"是统编教材五年级第四单元习作题目。本单元习作主要是让学生插上想象的翅膀，展望二十年后，即自己从如今的五年级，经历初中、高中、大学，已参加工作多年，甚至已在业界取得一定的成绩，再回到家乡，家乡会有哪些变化。指导习作时我特别强调了时间词的把控——"二十年"，并非五年后，十年后，也不是五十年，一百年后，学生要大胆想象，但也要根据现状推想二十年的变化。班级大部分同学都能从环境、出行、学习、饮食等方面进行合理推测。在批阅习作中，我感受到学生对未来家乡的憧憬和热爱，这份乡情让我做出了一个决定，要把本次习作搬上"德宇小讲堂"。

　　德宇小讲堂，为同学们提供了习作展示的平台。小作者登上讲台，在声情并茂的演讲中，流露出对家乡日新月异变化的惊喜，对家乡科技发展的赞叹，更流露出作为家乡人的自豪感和幸福感。台下的同学聆听优秀的习作，潜移默化中对自己的家乡增加一分热爱，增加一分信心，更增加一分为家乡的美好生活而努力学习的动力。

附　小讲师发言稿

二十年后的家乡
路嘉宸

　　今天老师留了一篇习作怎么写呢？先构思一下吧，想着想着，我的上眼皮和下眼皮打起架来……嗯？这是哪里？我记得明明在构思作文啊！"欢迎来到2041 年"我顺着声音看去，一个可爱的机器人在对我讲话。我的脑海中瞬间浮现出一个大大的问号：2041 年？

　　根据机器人的介绍，我来到了 20 年后的天津！我的第一反应就是回家，于是我让机器人约了一辆出租车送我回家，车子竟然是悬浮的。上车后我刚坐好，车子就平稳地"飘"了起来。我往窗外看去，脚下的城市竟然被绿色包裹着，海河从中穿流而过，犹如银色透明的纱巾。微风吹拂，河水就泛起层层涟漪，像一片片浮动着的银鳞。记得 2021 年有一句"古话"："一周 6 天雾霾，还有一天下暴雨。"而现在的天气竟然这么好！机器人介绍道："现在已经碳中和了，地球的生态环境变得越来越好了。"

出租车"飞"了一会儿,就慢慢地减速下降直至停稳。我下车来到家门口,还没敲门,门却自己打开了。我缓缓地走进家门,映入眼帘的是各种家务机器人,如:扫地机器人,拖地机器人,烹饪机器人……这个时候我的肚子咕咕叫了起来,于是我吩咐烹饪机器人去做饭。不到五分钟,一顿丰富可口的午饭就做好了,太高效了!午饭后,我坐在沙发上看着全息投影的新闻,了解到了中国的许多变化,如现在所有交通工具都用月球采来的氦-3作燃料,既清洁,又高效;更先进,更环保的液氢-液氧飞车发动机的储存问题已基本解决,相信不久的将来就能问世了;科学家首次在火星大气中发现了——环丙烯亚基、磷化氢,这两种物质都是组成DNA的重要成分;人类已完全攻克癌症;旅居者1号飞行器已经正式升空,打开了人类使用可控核聚变火箭探索系外行星的大门……突然,耳边传来妈妈的声音:"路嘉宸,你写完作业了吗?怎么打起呼噜来了啊?"我吓得立刻睁开了双眼,原来这是一场梦啊。

也许20年后家乡的模样和我的梦境大不相同,但是我相信祖国的未来会更加繁荣昌盛。周总理"为中华之崛起而读书"的口号如灯塔般引导着万千学子,为早日实现这一目标而发奋努力。想到这些,我一下子思如泉涌,笔尖流淌出梦境中的内容:20年后的家乡……

二十年后的家乡

江宇桐

一天晚上,我半睡半醒地躺在床上。突然,窗外传来了"叮咚叮咚"的响声,随后就是一阵刺眼的亮光闪过,哆啦A梦从时光机里跳了出来,他问我想不想看看20年后的样子,没等我回答,他就迫不及待地将我拖进了时光机,飞速启动自动驾驶模式,让我来到了20年后……

经过一阵天旋地转地穿越,时光机将我传送到我的家里。我看见了老爸正看着6D折叠式电视,那电视的场景逼真到让人感到身临其境,电视里的角色可以与我们进行互动。而妈妈在津津有味地吃着午饭,服务生机器人能够与妈妈的脑电波互通,不需发号施令也能为老妈提供她想要的服务。此时,警卫机器人冲了过来,对我左扫扫右扫扫,然后又亲切地问了一声:"主人,欢迎回家!"我想起了哆啦A梦说的话,于是对警卫机器人说:"今天是什么日子了?"机器人回复道:"现在是北京时间2043年3月4日,请问主人需要什么帮助?"我非常惊喜,心想看来哆啦A梦真没有骗我,我的确穿越到20年后了。

告别了父母,我来到了我们的母校中营小学,走进熟悉的教室,只见同学们手拿一本虚拟投影出来的书,这书只有拳头一样大,比泡沫还要轻,他的内存却足以容得下上百个北京图书馆那么多的资料。有了它以后,学生们再也不用背着沉甸甸的书包去上学了。借助虚拟投影笔,同学们可以在书上做笔记。教室的墙壁涂上了最新的高科技材料,它可以感应这间教室里面人的心情,并根据绝大多数人的心情而变换颜色。比如在考试时,它就会变成蓝色,让学生们心情不再那么紧张;午睡时间,它就会调换成黑色,有助于学生们尽早入眠;课上很多同学在开小差,它就会变成红色,让同学们打起精神……

我正在母校闲逛时,突然又听见了"叮铃叮铃"的声音,难道是哆啦A梦骑着时光机来接我了吗?紧接着,我就被一张熟悉大手拍醒了,只见闹钟在我床头边"叮铃叮铃"地响着,妈妈声嘶力竭地对着我喊着:"快起床吧,要迟到了!"原来这只是一场梦啊!

二十年后的家乡

丰硕一

夜凉如水,繁星似海,此时万家灯火已熄灭,而我依旧在知识的海洋里遨游,慢慢地,眼皮似有千斤重,上眼皮激烈地与下眼皮斗争着,不知不觉间它们握手言和,相拥在一起,我迷迷糊糊地进入了梦乡!

咦!什么情况?我怎么来到了一个既陌生又熟悉的地方?我顺着宽敞的道路向前走去,只见处处绿树如茵,花香袭人,突然听见身后有人在喊:"小丰,小丰……"我转身一看,啊,原来是我的同学小王啊,只见小王眉开眼笑,悠闲地骑着一辆炫酷的自行车,让我坐在他的后座。一路上,我感到神清气爽。忽然小王向池塘方向猛骑过去,一点刹车的意思都没有,我大吃一惊,连声喊停,但小王依旧镇定自若,继续向前骑去,我吓得闭上眼睛。咦,怎么没掉进水里?我连忙睁开双眼,啊,这辆自行车居然能浮在水面上行驶,真是不可思议啊!小王得意地说:"这是我们公司2041年最新研发的自行车,上天、入地、下海,无所不能。"原来这是二十年后的家乡啊,交通工具都已经这么先进了!

我应该回家去看看,说着,我便在茫茫人海中,找到了自己的家。爸爸妈妈惊讶地看着我,好像对我的出现表示意外,我告诉他们事情的真相,他们开心地向我介绍。"现在的房子白天在阳光的照耀下吸收热量,将热能转化成电能储存起来,晚上,四面墙壁发出柔和的光,把屋子照得白昼一般,整面墙就是电视屏幕,节目效果逼真到几乎分不清虚拟与现实!"这时我的肚子"咕噜噜"地叫了起来,妈妈便让家里的烹饪机器人把热腾腾的饭菜端到了桌子上,我刚要起身去拿餐具,妈妈和我说:"你看现在都是高科技了!"只见妈妈按下桌子上红色的按钮,饭菜居然腾空而起，飘到了我的嘴里。我慢慢地享受着这顿美妙的晚餐，饭后，妈妈又按了一下黄色的按钮，机器人直接将桌子上的碗筷放进自己的身体里清洗起来，我被眼前不可思议的一切惊呆了！

"硕一，醒醒，你怎么在转椅上睡着了？"耳边传来了爸爸的声音，我睁开眼看见爸爸在我身边。这才发现原来我做了一个梦，可是梦里的情节却历历在目，于是我迫不及待地和爸爸分享梦中二十年后的家乡……

二十年后的家乡

刘翊

星期日，窗外阳光明媚，妈妈在厨房准备午饭，我坐在书桌前写作文《20年后的家乡》，20年后的家乡会是什么样呢？我趴在桌子上，似睡非睡。突然，一个很像飞碟的小东西飞到了我的面前，说："你好，你想到20年后的家乡看看吗？"这不正是我要写的内容吗？我迫不及待地说："好啊好啊！"话音刚落，我就被一股白光吸到了飞碟里。下了飞碟，刹那间，一个像科幻电影中的场景浮现在我眼前。我穿越到了20年后的家乡——天津。

20年后天津的变化太大了。有各式各样的汽车，都是用二氧化碳作为燃料，排出的尾气都会经过车内部的特殊结构净化成氧气。以前地面上随处可见的垃圾也在这些公共场所销声匿迹。因为现在的马路上有很多的机器人，只要他们发现了垃圾，就会吸起来扔到随身携带的垃圾桶里。20年后的垃圾桶还可以自动分类呢！"可回收垃圾"运到回收站分类处理，变废为宝；"有害垃圾"和"厨余垃圾"会被深埋在地下，被泥土吸收。

这时，我在想：20年后的家会是什么样子的呢？会不会有很多的机器人？会不会整个房屋变成智能声控？会不会有机器人能接我上下学？会不会放学回来后就能看见人工智能给我做的一桌子菜？越想越开心，越想越期待，越想越喜上眉梢，越想越笑逐颜开。我沿着那条熟悉而又陌生的道路回到了家，一个小巧玲珑的智能机器人向我走来，"哎呀！我可爱的主人回来了，赶快坐下。"它马上去厨房拿来一杯热茶，说："来喝杯茶吧。"我愣住了。原来二十年后真的实现了全智能啊！我还想试试它有没有别的功能，说道："有饭吗？"话音刚落机器人已拿来我平时最爱吃的烤鸡翅。现在的科技太让人不可思议！我还想试一下他还会做什么，眼睛看向了电视，他立刻明白了，下一秒就将电视打开。我惊讶极了。

我又在想：不知道我的母校怎么样了。一瞬间，我已经被机器人带到了母校。刚进学校，门口突然传来一声"请进吧"！进了校园，孩子们都向我挥手，还能听见一阵琅琅的读书声。我看了看这边，看了看那边，建筑物的表面全都是用五颜六色的涂料绘制成的。我走进教室，同学们的桌椅都是使用纳米材料制作的，可以根据身高来调整桌椅的高度，而且在午休时间还能把椅子自动放平。

当我还沉浸于同学们优美的读书声中时，我闻到了一阵诱人的香味，我醒了。这时我才发现，原来是个梦啊！不过我相信，二十年后的天津，一定更美好！

二十年后的家乡

姜思悦

那一天晚上，星光点点，许多人都进入了梦乡，而我还坐在书桌旁写作业。渐渐地，我的视线开始变得模糊……正在我昏昏欲睡的时候，我的眼前忽然出现一个戴着红帽子的小精灵。它悄悄地问我："我是从未来穿越来的小精灵，我叫优优，你想跟我穿越二十年去看看你未来的家乡吗？"我迷迷糊糊地点点头，接着就闭上了眼睛。

一小阵晕眩过后，我重重地跌到了沙发上。我缓缓睁开眼，好奇地看着周围，这一切既熟悉又陌生，但我渐渐发现这就是二十年后我的家呀！我推开房门，走到屋外，外边寒风凛凛，大雪纷飞，我把门"嘭"地关上，站在屋里瑟瑟发抖。优优见状从口袋里掏出一件薄薄的外套，笑嘻嘻地说："穿上它，你就不会冷啦！"我看着那薄薄的外套，眼里满是不信，心想：这么冷的天，你就让我穿这个！这么薄的外套能抵御寒冷吗？它看我没有动弹，接着说道："绝对没问题！这可是新型智能纳米自调温度外套，现在人们可都穿它呢。"我半信半疑地穿上，不仅不冷，还异常暖和。穿上轻薄的外套后，我就和优优在小区雪地上快乐地玩耍。

"你要去你的学校看看么？"玩过一会，优优问我。"当然想去呀！"我们走出小区，向学校的方向走去。"这会儿正是早高峰时间，路上怎么没有那么多车呢"？我自言自语道。优优神秘地对我说："你抬头看看。"我抬头一看，哇，天上飞着许多汽车，也太厉害了！但我立刻就想到汽车尾气会不会更直接污染大气层呢？我不免有点儿担心。看出我的疑惑和担心，优优补充道："别担心，现在的汽车都不用汽油了，它们都使用太阳能蓄电池，晒两个小时就足够行驶一周时间呢。"优优骄傲地说。"天啊，怪不得现在的天那么蓝，空气那么清新！"我不禁赞叹道。

不知不觉，我走到了我的学校一中营小学。以前的老教学楼都变成了智能教学楼，可以自动调整温度，同学们在教室里冬暖夏凉。桌椅都变成了全智能，可以根据同学们的身高来自动调节高度。这时，上课铃响了，同学们都向一个很大的教室走去。我转头问优优："这堂是公开课么？"优优摇摇头，对我说："不是不是，这节课是同学们最喜欢的自然科学课。那里边的虚拟现实投影仪可以高度还原不同地方不同时期的自然界生物。"我好奇地跟着同学们走进去，这节课讲的是侏罗纪时代的地球环境。那一瞬间我真的好像置身于侏罗纪时代的热带雨林中,让我分不清是现实还是幻影,太震撼了!

这时,优优看了眼手表,说:"好啦,时间差不多了,你也该回去了,我们这儿的新鲜事儿还很多,欢迎下次再来。"还没等我缓过神来,又是一阵晕眩,我重新回到了我的书桌旁。哦,原来我做了一个梦呀!真希望二十年后我的家乡像梦里的一样美好!作为一名小学生,我要好好学习,用我的聪明智慧建设我美丽的家乡。

二十年后的家乡
王露霏

一个闷热的午后,我一个人走在回家的路上,路边的一个电子屏幕吸引了我。"咦,这是什么东西?"我自言自语,快步走上去一看究竟。"订购未来——想去看看20年后世界吗?那就点击我!"我毫不犹豫地点了按钮,便立刻被吸进了机器里。

"咚——"我终于落到了地面,一下子变成了一个三十来岁的中年人。我迫不及待地睁开眼睛,呀!我来到了20年后的家乡——天津。"天津之眼"依然悬于桥上,下面的海河水清澈见底,在阳光的照耀下,像是一块碧绿的翡翠,居然比九寨沟的水还要美。水里游着各种各样、奇形怪状的鱼。正当我纳闷时,走来一个正在执勤的机器人,他告诉我,这些鱼有的是真的鱼,有的是和他一样的机器人——鱼形垃圾处理器。这些机器鱼可以随时清理河中的垃圾,维护生态平衡。河两岸依旧垂柳依依,鸟鸣声声。健步道上,还有几只黄色的机器鸟,他们正吃着垃圾,这种机器鸟还可以把垃圾转换成新能源,传送到千家万户。我心中不禁为家乡的巨变而感叹。

我走到路边,扫码,骑上一辆磁悬浮平衡车。远处,原来冰冷的钢筋水泥结构的高楼大厦,变成了一棵棵大树,近看,噢,原来是被植物覆盖了。街道上一辆辆太阳能无人驾驶汽车,在上下三层的道路上安全、飞速、有序的行驶,以前拥堵的场面再也看不到了。

不知不觉中我走到了我的母校——中营小学。走进校园,校门口的玉兰花还是那样洁白、剔透,我仿佛又看到了我和小伙伴在玉兰树下玩耍的画面……乘着电梯,循着琅琅的读书声,我来到教室。讲台后面不再是黑板,四周墙壁都是电子显示屏,老师讲课的时候,电子屏上会自动显示文字和图案,教室也会跟着老师的讲解模拟出不同的环境。同学们一会儿在圆明园中游览;一会儿爬上了天都峰一览众山小;一会儿又跟随叶圣陶乘船饱览金华双龙洞中的美景……同学们也不再背着沉重的大书包,取而代之的是课桌上的电子书。作业、练习、各种实验都可以在电子书上完成,真是方便快捷。教室中的玻璃也变成了温控玻璃。这种玻璃平时吸收太阳光能,根据户外温度自动调节室内温度,真是冬暖夏凉,坐在教室里上课成了一种享受。走出教学楼,整个操场被一个巨大的电子伸缩透明罩罩住了。晴天,可以把它打开;雨天,可以把它关上。学生们不论刮风下雨都可以在操场上自由活动。20年后的学生们真是太幸福了!

正当我沉浸在家乡的变化中时,时光机提醒我订购时间已到,我只好恋恋不舍地回到了现实。二十年后的家乡可真美,一切都是那么先进!那么神奇!我向往 20 年后的生活,我更要在今天努力学习,把 20 年后的家乡建设得更美好!

二十年后的家乡

姜一唐

空中那铺满蓝色水墨的画布上,晕开了一朵朵白色的大花,阳光从大花的缝隙中偷窥着这片大地,蝉奏着欢快的乐曲,树叶也正沙沙作响……我坐在书房内,捧着那本《未来简史》。渐渐地,我闭上眼睛,昏昏欲睡。恍惚间,我坐上了时光机,穿越到了一个新的时空。当我再次睁开眼睛,眼前的一切,令我难以置信。墙上的日历清清楚楚地写着 2041 年 10 月 23 日。家里的保姆机器人正在帮助我整理房间,扫地机器人将地上的垃圾吸入机器中。

我茫然地走出家门,看着眼前的一切,震惊不已:20 年后的家乡发生了翻天覆地的变化!原来,我们出门最担心的就是堵车,现在,家乡已经提倡了"三通"道路。空中有"天空隧道",地面上有宽敞的马路,地下则是"地底隧道"。这三种道路可进行任意选择,使家乡的交通畅通无阻。还有,以前的环卫工人那么地劳累,但是地面上还是有很多的垃圾。现在,家乡已经研制出智能环卫机器人,每一条街上,就会分布十个机器人,将每个角落都打扫得一尘不染。

这时,我想了想:对,该去我的母校看看!我乘坐着智能磁浮出租车来到了中营小学,中营小学的扫云廊没有变,而教学楼的墙壁却变成了用纳米材料建筑而成的,使墙壁更加光滑细腻;中营小学的那几棵老树没变,而操场的草皮却换成了特殊的橡胶铺砌,摔倒了就不怕身子磕青了。走进教室,我呆呆地张开了嘴,瞪大了眼睛:二十年后的教室变化更大!不仅比以前宽敞了不少,还多了许多新设备!坐在书桌前,书桌竟然自动向上调节高度,椅子也随着书桌调节起来。这是怎么回事?我百思不得其解,旁边的老师对我说:"现在的科技发达了,书桌上安装了一种微型摄像头,微型摄像头会检测你的身高,再把消息传递给智能椅,并调出合适的高度。"我正为这个科技成果感到惊叹,书桌上又出现了一个屏幕,屏幕上显示着学生在课堂上的表现。老师又解释道:"这种书桌安有自动监视器,考试时,如果有人作弊,这种课桌便会亮红灯警告;上课时,如果有人有小动作,监视器就会自动提醒同学认真听讲。"听着老师的话,我不禁感叹:未来的学校真是越来越高科技了!

"宝贝,你怎么睡着了?"温柔的声音传过耳边,我的手中依然捧着那本《未来简史》,蝉依然在奏乐,风依然在沙沙作响……回想起刚刚的未来之旅,真是令我震撼不已。科技,载着人类到浩瀚的未知大海探索着、前进着。世界在发展,社会在进步,总有一天,我的家乡会比梦中的家乡更加繁荣富强!

后　记

当我再次打开电脑,准备为这本记录了我三十载教育教学生涯的书撰写后记时,心中不仅涌起万千思绪。回首三十年,仿佛一部饱含辛苦又充满希望的电影,在脑海中缓缓播放。

这三十年,中营小学三尺讲台,三寸粉笔和那教室里一张张渴求知识的小脸没有改变;这三十年,我的童心和一双默默耕耘的双手没有改变,在教育这片沃土我静静弹奏着作为语文教师和班主任独享的幸福乐章。

三十年,我精心培养学生良好习惯,积极组织校内外活动,全力以赴上好每一节语文课,扬个性,树自信,长志气,增学识,点点滴滴,学生在改变。我走访学生家庭,组织亲子活动,真诚拉起家长的手,在共同引领学生成长中,家长在改变。我从战战兢兢地给学生上课,毫无经验地与家长沟通如何教育孩子,到如今能够游刃有余地驾驭课堂,能够深入浅出地为家长传授教育策略,我在改变。我欣慰于学生、家长以及我本人的"跬步"变化,更坚信我们的未来都是"千里"的坦途。

在此,我特别感谢那些在我从教生涯中给予我支持与帮助的人,感谢我的家人,他们一直是我坚实的后盾,无论我遇到什么困难,都能给予我无尽的理解与鼓励;感谢我的同事,他们与我并肩作战,共同面对教育中种种挑战;感谢我的学生,他们是我教学生涯中最宝贵的财富,他们的成长和进步是我最大的动力与骄傲。

最后,我想说:"根索水而入土,叶追日而上天。"教龄三十年,鬓发虽已染霜,心却永远向上飞扬,向下沉潜。未来我会更加珍惜站在讲台的每一天,更加珍惜"语文教师""班主任"这两个让我自豪的身份,更加珍惜每日朝阳下,学生对我的那一声问候:"老师,早上好"!

陈茹

2024 年 3 月